建筑施工企业主要负责人、项目负责人、专职安全生产
管理人员安全生产培训考核及继续教育教材

建设工程安全生产法律法规

（修订版）

住房城乡建设部工程质量安全监管司　组织编写

中国城市出版社
·北京·

图书在版编目（CIP）数据

　　建设工程安全生产法律法规/住房城乡建设部工程质量安全监管司
组织编写. —修订版. —北京：中国城市出版社，2014.1 (2021.6 重印)
　　建筑施工企业主要负责人、项目负责人、专职安全生产管理人
员安全生产培训考核及继续教育教材
　　1SBN 978-7-5074-2917-6

Ⅰ.①建… 　Ⅱ.①住… 　Ⅲ.①建筑工程 – 工程施工 – 安全
法规 – 中国 – 技术培训 – 教材 　Ⅳ.①D922.549

　　中国版本图书馆 CIP 数据核字（2014）第 015716 号

　　本书共分两部分，第一部分有 4 章，分别是绪论、建筑工程安全生产法律体
系、建筑工程安全生产法律责任和建设工程安全生产相关法律、法规及规范性
文件等；第二部分是安全生产法律法规试题。

　　本书可满足施工企业主要负责人、项目负责人和专职安全管理人员安全培
训的需要，适用于土建、安装、市政及装修等专业施工人员使用，既可作为培训
教材，也可供相关专业人员参考使用。

＊　　＊　　＊

　　责任编辑：杜　洁　武　洲

建筑施工企业主要负责人、项目负责人、专职安全生产管理
人员安全生产培训考核及继续教育教材

建设工程安全生产法律法规

（修订版）

住房城乡建设部工程质量安全监管司　组织编写

＊

中国城市出版社出版、发行
各地新华书店、建筑书店经销
广州恒伟电脑制作有限公司制版
北京圣夫亚美印刷有限公司印刷

＊

开本：787×1092 毫米　1/16　印张：17.25　字数：415 千字
2014 年 1 月第一版　2021 年 6 月第四十四次印刷
定价：**20.00** 元
ISBN 978-7-5074-2917-6
　　（900244）

第二版编写委员会

顾　问：
　　　　郑一军　　张青林　　王铁宏　　徐义屏

主　任：
　　　　陈　重

副主任：
　　　　吴慧娟　　王树平　　吴　涛

委　员：
　　　　邵长利　　邓　谦　　王英姿　　秦春芳　　李　印　　丛培经
　　　　马小良　　方东平　　张守健　　何佰洲

编写组成员：(以姓氏笔画排名)

丁阳华	王　昭	王天祥	王明吉	王锁炳	王晓峰
石广富	石　卫	孙宗辅	孙俊伟	伍　进	祁忠华
刘　斌	刘　锦	刘朝军	邱建仁	李华一	李朗杰
李培臣	张　健	张　强	张英明	张寒冬	张有闻
张镇华	杨东明	佘强夫	苏义坤	陈立军	陈志飞
陈永池	陈卫东	吴秀丽	郑　超	周显峰	周　伟
庞　城	胡炳炳	胡曙海	敖军楠	徐荣杰	徐崇宝
顾永才	黄吉欣	黄宝良	谢　楠	蒲宇锋	魏忠泽
魏铁山	戴贞洁				

第一版编写委员会

第 二 版 前 言

本套书自 2004 年出版以来,对于规范建筑施工企业主要负责人、项目负责人、专职安全管理人员(以下简称三类人员)的安全生产培训考核工作,提高各级安全生产管理人员及广大从业人员的安全意识和管理水平,保障建筑施工企业的安全生产起到了积极的作用。为认真贯彻"安全第一,预防为主"的方针,依据《中华人民共和国安全生产法》和《建设工程安全生产管理条例》中关于三类人员培训、考核的有关规定,结合近年来有关法律、行政法规、强制性标准的调整以及建筑施工企业安全生产工作中新问题的出现,对本套书第一版的内容予以调整和完善。

本套书的修订原则是基本保持原框架不变,章节作适当调整,内容坚持删旧补新。《建设工程安全生产管理》在以下方面进行了修订:概述部分,主要增加了建设工程安全生产的基本情况、近年来建设工程安全事故的特点及规律分析、建设工程安全管理相关理论与方法;体制部分,依据《安全生产领域违法违纪行为政纪处分暂行规定》和"刑法修正案(六)"对建设工程各方责任主体的安全责任部分进行修订;制度部分,依据《建筑施工企业安全生产许可证动态监管暂行办法》修改了建筑施工企业安全生产许可制度。同时依据近年来出台的工作导则、审查办法、管理规定和标准条例,对内容作了适当的增减和调整。《建设工程安全生产技术》依据近年来建筑安全生产事故的特点,增加了典型事故的专项预防技术内容;依据近年来修订的规范和标准及技术规程进行了修订和调整。《建设工程安全生产法律法规》依据近年来新发布和修改的各种法律法规、标准、规范、规定和通知,对相应部分的内容进行了重新整理和归类,补充了民事责任与行政责任、刑事责任的区别及相关的法律责任;增加了《中华人民共和国环境影响评价法》;删补了一些部门规章及规范性文件。本套书的试题部分也进行了相应的删改和补充(在《建设工程安全生产管理》书后附有本套书的题库光盘)。

本套书由中国建筑业协会工程项目管理委员会具体组织建筑施工企业、大专院校和行业协会的专家学者修订。本套书在修订过程中得到了湖北省建设工程质量监督总站、北京市建委施工安全管理处、广东省建设工程质量安全监督检测总站、南京市建筑安全生产监督站、武汉市城建安全生产管理站、南京建工建筑机械安全检测站、北京建工集团有限公司、中铁十六局集团有限公司、哈尔滨工业大学、清华大学、北京建筑工程学院等单位的大力支持和热情帮助。由于我们水平有限,难免存在不少疏漏之处,真诚希望读者能够提出宝贵意见,予以赐教指正。

住房城乡建设部工程质量安全监管司

第 一 版 前 言

为认真贯彻"安全第一,预防为主"的方针,依据《安全生产法》第二十条"建筑施工单位的主要负责人和安全生产管理人员,应当由有关主管部门对其安全生产知识和管理能力考核合格后方可任职",《建设工程安全生产管理条例》第三十六条"施工单位的主要负责人、项目负责人、专职安全生产管理人员应当经建设行政主管部门或其他有关部门考核合格后方可任职",我们组织编写了《建筑施工企业主要负责人、项目负责人、专职安全生产管理人员安全生产培训考核教材》(以下简称《教材》),以规范建筑施工企业主要负责人、项目负责人、专职安全生产管理人员(以下简称三类人员)的安全生产培训考核工作,提高各级安全生产管理人员及广大从业人员的安全素质和管理水平,保障建筑施工企业的安全生产。

鉴于建设工程安全生产涉及面广、影响因素多、技术要求高,因此,本《教材》内容力求以点带面,解决施工项目安全管理的实践问题,特别是在理论研究和管理要素上本着源于实践、高于实践的原则,重点介绍建设工程安全生产保证体系、人的不安全行为和物的不安全状态以及不良环境条件的控制,强调安全生产工作"以人为本"的理念。本《教材》依照《建筑施工企业主要负责人、项目负责人和专职安全生产管理人员安全生产考核管理暂行规定》(建质〔2004〕59号)要点编写;力求反映我国建设工程施工安全生产实践,并借鉴国外先进的安全管理成果,以达到学以致用的目的;文字上尽量做到深入浅出、通俗易懂,以便于三类人员自学。

本《教材》由中国建筑业协会工程项目管理委员会、中国建筑业协会建筑安全分会具体组织建筑施工企业、大专院校和行业协会的专家学者编写。本《教材》在编写过程中得到了山东省建筑施工安全监督站、武汉市城建安全生产管理站、北京建工集团、北京城建集团、天津建工集团、山西建工集团、山东建工集团、中建一局、中铁建工集团、中铁十六局集团有限公司、清华大学、哈尔滨工业大学、东北财经大学、北京建筑工程学院等单位的大力支持和热情帮助。由于我们水平有限,难免存在不少错误和不足之处,真诚希望读者能够提出宝贵意见,予以赐教指正。

建设部工程质量安全监督与行业发展司

目　　录

第1章 绪论

2002年6月29日,九届全国人大常务委员会第28次会议审议通过了《中华人民共和国安全生产法》,同日,江泽民主席签署第70号主席令予以公布,自2002年11月1日起施行。2003年11月12日,国务院第28次常务会议讨论并原则通过了《建设工程安全生产管理条例》草案,2003年11月24日温家宝总理签署第393号国务院令予以公布。这部法律法规的颁布实施,标志着安全生产成为我国现阶段建筑业工作的重点,安全生产制度被确立为促进我国建筑业发展的一项根本制度。

1.1 建设工程安全生产法律法规的重要意义

安全生产至关重要,实现安全生产的前提条件是制定一系列安全法规,使之有法可依。通过法律框架下政府对建筑业的管理,采取有效措施,加强对建筑工程的安全生产监督管理,提高建筑业生产安全水平,降低伤亡事故的发生率,从世界各国建筑业的安全管理发展情况来看还是非常有效的。如美国和英国等发达国家在20世纪70年代相继对包括建筑安全在内的安全管理模式做了根本性的调整,取得了显著成效,伤亡人数大幅下降,带来了不可估量的经济效益和社会效益。从国际环境来看,推进安全生产工作,提高劳动保护水平,符合现阶段国际通行的做法,是我国加入WTO后与国际接轨的一项重要措施。

安全生产是国民经济运行的基本保障,保护所有劳动者在工作中的安全与健康既是政府义不容辞的责任,也是现代文明的基本内容,所以我国正在改善国内的安全生产状况,与国际标准逐渐接轨。虽然当前我国多数企业安全生产实际情况与一些国际劳工标准的要求还有一定的距离,但就长远发展来说,这些国际劳工标准是我国应逐渐达到的目标。因此我们要积极创造条件,推进安全生产工作,提高劳动保护水平,尽快改变我国工伤事故频发、职业危害严重的被动局面,树立良好的国际形象。

对建筑业来说,为进一步完善我国有关建筑安全卫生的立法,建立健全建筑安全卫生保障体系,提高我国的建筑安全卫生水平,原建设部从1996年开始申办在我国执行建筑业安全卫生公约,并于2001年10月27日经全国人大常务委员会通过,我国正式批准在中国除香港特别行政区以外实施建筑施工安全卫生公约,成为国际上实施建筑业安全卫生公约的第15个国家,实现了建筑业安全生产工作与国际标准的接轨。

近年来,《建筑法》、《安全生产法》、《建设工程安全生产管理条例》等法律、法规及部门规章、施工安全技术标准的相继出台,为保障我国建筑业的安全生产提供了有利的法律武器,在建筑业的安全生产工作方面做到了有法可依。但有法可依仅仅是实现安全生产的前提条件,在实际工作中要加以落实还必须要求生产经营单位及其从业人员严格遵守各项安全生产规章制度,做到有法必依,同时要求各级安全生产监督管理部门执法必严、违法必究。经营单位的从业人员是各项生产经营活动最直接的劳动者,是各项安全生产法律权利和义务的承担者。生产经营单位是安全生产的主体,它的安全设施、设备、作业场所和环境、安全技术装备等是保证安全生产的"硬件"。从业人员能否规范、熟练地操作各种生产经营工具或者作业,能否严格遵守安全规程和安全生产规章制度,往往决定了一个生产经营单位的安全水平。从业人员既是各类生产经营活动的直接承担者,又是生产安全事故的受害者或责任者。只有高度重视和充分发挥从业人员在生产经营活动中的主观能动性,最大限度地提高从业人员的安全素质,才能把不安全因素和事故隐患降到最低限度,从而做到预防事故,减少人身伤亡。对建筑业来说,建筑施工企业主要负责人、项目负责人和专职安全生产管理人员在管理过程中能否按法律规定办事起着至关重要的作用。

1.2　建设工程安全生产法律法规的立法历程

新中国成立以来,安全生产始终得到国家的高度重视。特别是改革开放 20 多年来,我国始终在探寻治标治本的安全生产道路。建筑业安全生产活动的立法历程就反映了我国对安全生产工作制度化的历程。

《建筑法》从起草到出台历经了 13 年。早在 1984 年,原城乡建设环境保护部就着手研究和起草《建筑法》。到了 1994 年,原建设部进一步加快了立法步伐,并于同年底将立法草案上报国务院。1996 年 8 月,国务院第 49 次常务会议讨论通过了《建筑法(草案)》,并提请全国人大常委会审议。经全国人大八届常委会第 28 次会议审议,并于 1997 年 11 月 1 日正式颁布,1998 年 3 月 1 日起正式施行。《建筑法》的出台,为建筑业发展成为国民经济的支柱产业提供了重要的法律依据,为解决当前建筑活动中存在的突出问题提供了法律武器,也为推进和完善建筑活动的法制建设提供了重要的法律依据。《建筑法》共八章八十五条,其中共有五章二十五条有有关安全管理的规定或涉及安全的内容,并且第五章建筑安全生产管理,就安全生产的方针、原则,安全技术措施,安全工作职责与分工,安全教育和事故报告等做出了明确的规定。在《安全生产法》出台之前的一段时间内,《建筑法》是规范我国建筑工程安全生产的唯一一部法律。

《安全生产法》于 2002 年 6 月 29 日经全国人大常委会三次审议正式通过。《安全生产法》是我国安全生产领域的综合性基本法,它的颁布实施是我国安全生产领域的一件大事,是我国安全生产监督与管理正式纳入法制化管理轨道的重要标志,是入世后依照国际惯例,以人为本、关爱生产、热爱生命、尊重人权、关注安全生产的具体体现,是我国为加强安全生产监督管理,防止和减少安全生产事故,保障人民群众生命财产安全所采取的一项具有战略意义、标本兼治的重大措施。

早在 1996 年,原建设部就起草了《建设工程安全生产管理条例》并上报国务院。

1998年,国务院法制办将收到的24个地区和27个部门对《建设工程安全生产管理条例》的修改意见返回原建设部。原建设部结合《建筑法》、《招标投标法》、《建设工程质量管理条例》等法律、法规,认真研究了各地区、部门提出的意见,对《建设工程安全生产管理条例》作了相应修改。《安全生产法》颁布后,原建设部根据《安全生产法》再次进行了修改,又征求了各地区、各有关部门的意见,并召开了法律界专家、建设活动各责任主体等有关方面人员参加的专家论证会,于2003年1月21日形成《建设工程安全生产管理条例》送审稿。2003年国务院法制办将其列入立法计划,并在送审稿的基础上,经过反复论证和完善,形成《建设工程安全生产管理条例》草案。2003年11月12日,国务院第28次常务会议讨论并原则通过了该草案,11月24日国务院第393号令予以公布,自2004年2月1日起施行。《建设工程安全生产管理条例》确立了有关建设工程安全生产监督管理的基本制度,明确了参与建设活动各方责任主体的安全责任,确保了参与各方责任主体安全生产利益及建筑工人安全与健康的合法权益,为维护建筑市场秩序,加强建设工程安全生产监督管理提供了重要的法律依据。

《建设工程安全生产管理条例》是我国第一部规范建设工程安全生产的行政法规。它的颁布实施是工程建设领域贯彻落实《建筑法》和《安全生产法》的具体表现,标志着我国建设工程安全生产管理进入法制化、规范化发展的新时期。《建设工程安全生产管理条例》全面总结了我国建设工程安全管理的实践经验,借鉴了国外发达国家建设工程安全管理的成熟做法,对建设活动各方主体的安全责任、政府监督管理、生产安全事故的应急救援和调查处理以及相应的法律责任作了明确规定,确立了一系列符合中国国情以及适应社会主义市场经济要求的建设工程安全管理制度。《建设工程安全生产管理条例》的颁布实施,对于规范和增强建设工程各方主体的安全行为和安全责任意识,强化和提高政府安全监管水平和依法行政能力,保障从业人员和广大人民群众的生命财产安全,具有十分重要的意义。

《生产安全事故报告和调查处理条例》于2007年3月28日国务院第172次常务会议通过,国务院总理于2007年4月9日签署第493号国务院令予以公布,自2007年6月1日起施行。《生产安全事故报告和调查处理条例》是《中华人民共和国安全生产法》的重要配套行政法规,对生产安全事故的报告和调查处理作出了全面、明确的具体规定,是各级人民政府、安全生产监督管理部门和负有安全生产监督管理职责的有关部门做好事故报告和调查处理工作的重要依据。国务院1989年公布施行的《特别重大事故调查程序暂行规定》和1991年公布施行的《企业职工伤亡事故报告和调查处理规定》对规范事故报告和调查处理发挥了重要作用。但是,随着社会主义市场经济的发展,安全生产领域出现了一些新情况、新问题。比如,生产经营单位的所有制形式多元化,由过去以国有和集体所有为主发展为多种所有制的生产经营单位并存,特别是私营、个体等非公有生产经营单位在数量上占据多数,并且出现了公司、合伙企业、合作企业、个人独资企业等多样化的组织形式,生产经营单位的内部管理和决策机制也随之多样化、复杂化,给安全生产监督管理提出了新的课题;在经济持续快速发展的同时,安全生产面临着严峻形势,特别是矿山、危险化学品、建筑施工、道路交通等行业或者领域事故多发的势头没有得到根本遏制;安全生产监管体制发生了较大变化,各级政府特别是地方政府在安全生产工作中负有越来越重要的职责;社会各界对于生产安全事故报告和调查处理的关注度越来越高,强烈呼吁采取更加有效的措施,进一步规范事故报告和调查处理。为了适应安全生产的新形势、新情况,迫切需要在总结经验的基础上,制定一部全面、系统地规范生产安全事故报告和调查处理的行政法规,为规范事故报告和调查处理工作,落实事故责任追究制度,维护事故受害人的合法权益和社会稳定,预防和减少事故发生进一步提供法律保障。

新修订的《安全生产违法行为行政处罚办法》于 2008 年 1 月 1 日起施行。新版对旧版作出了较大幅度的修订,特别是对行政处罚的程序、适用和执行方面作了进一步补充和完善,对法律、行政法规已有明确规定,不需要进一步量化、细化的条文进行了删减,对法律、行政法规已经作出的处罚规定(如对事故责任者的处罚)作出了衔接性规定。

第2章 建筑工程安全生产法律体系

目前,我国建设工程安全生产法律体系主要由《建筑法》、《安全生产法》、《建设工程安全生产管理条例》以及相关的法律、法规、规章和工程建设强制性标准构成。

2.1 法　　律

这里所说的法律是指狭义的法律,是指全国人大及其常务委员会制定的规范性文件,在全国范围内施行,其地位和效力仅次于宪法。

我国法律根据其制定机关不同可分为两类:一类是基本法律,由全国人大制定和修改,如民法、刑法等;另一类是基本法律以外的其他法律,由全国人大常务委员会制定和修改,如商标法、文物保护法等。另外,全国人大及其常务委员会作出的具有规范性的决议、决定、规定、办法等也都属于此处所指的狭义的法律。

在法律层面上,《建筑法》和《安全生产法》是构建建设工程安全生产法规体系的两大基础。

《建筑法》是我国第一部规范建筑活动的部门法律,它的颁布施行强化了建筑工程质量和安全的法律保障。《建筑法》总计八十五条,通篇贯穿了质量安全问题,具有很强的针对性,对影响建筑工程质量和安全的各方面因素作了较为全面的规范。

《安全生产法》是安全生产领域的综合性基本法,它是我国第一部全面规范安全生产的专门法律,是我国安全生产法律体系的主体法,是各类生产经营单位及其从业人员实现安全生产所必须遵循的行为准则,是各级人民政府及其有关部门进行监督管理和行政执法的法律依据,是制裁各种安全生产违法犯罪的有力武器。

一、《建筑法》的主要内容

《中华人民共和国建筑法》于1997年11月1日第八届全国人民代表大会常务委员会第28次会议通过,1997年11月1日中华人民共和国主席令第91号发布,自1998年3月1日起施行。

《建筑法》主要规定了建筑许可、建筑工程发包承包、建筑工程监理、建筑安全生产管理、建筑工程质量管理及法律责任等方面的内容。

《建筑法》确立了安全生产责任制度。安全生产责任制度是建筑生产中最基本的安全管理制度,是所有安全规章制度的核心。安全生产责任制度是指将各种不同的安全责任落实到负责有安全管理责任的人员和具体岗位人员身上的一种制度。这一制度是"安全第一，预防为主"方针的具体体现，是建筑安全生产管理的基本制度。

在建筑活动中，只有明确安全责任，分工负责，才能形成完整有效的安全管理体系，激发每个人的安全责任感，严格执行建筑工程安全的法律、法规和安全规程、技术规范，防患于未然，减少和杜绝建筑工程事故，为建筑工程的生产创造一个良好的环境。

《建筑法》确立了群防群治制度。群防群治制度是职工群众进行预防和治理安全的一种制度。这一制度也是"安全第一、预防为主"的具体体现，同时也是群众路线在安全工作中的具体体现，是企业进行民主管理的重要内容，要求建筑企业职工在施工中遵守有关生产的法律、法规的规定和建筑行业安全规章、规程，不得违章作业，同时对于危及生命安全和身体健康的行为有权提出批评、检举和控告。

《建筑法》确立了安全生产教育培训制度。安全生产教育培训制度是对广大建筑干部职工进行安全教育培训，提高安全意识，增加安全知识和技能的制度。安全生产，人人有责，只有通过对广大职工进行安全教育、培训，才能使广大职工真正认识到安全生产的重要性、必要性，使广大职工掌握更多更有效的安全生产的科学技术知识，牢固树立安全第一的思想，自觉遵守各项安全生产和规章制度。

《建筑法》确立了安全生产检查制度。安全生产检查制度是上级管理部门或建筑施工企业，对安全生产状况进行定期或不定期检查的制度。通过检查可以发现问题，查出隐患，从而采取有效措施，堵塞漏洞，把事故消灭在发生之前，做到防患于未然，是"预防为主"的具体体现。通过检查，还可总结出好的经验加以推广，为进一步搞好安全工作打下基础。

《建筑法》确立了伤亡事故处理报告制度。施工中发生事故时，建筑企业应当采取紧急措施减少人员伤亡和事故损失，并按照国家有关规定及时向有关部门报告。事故处理必须遵循一定的程序，做到"四不放过"（事故原因未查清不放过；职工和事故责任人受不到教育不放过；事故隐患不整改不放过；事故责任人不处理不放过）。通过对事故的严格处理，可以总结出经验教训，为制定规程、规章提供第一手素材，指导今后的施工。

《建筑法》还确立了安全责任追究制度。规定建设单位、设计单位、施工单位、监理单位，由于没有履行职责造成人员伤亡和事故损失的，视情节给予相应处理；情节严重的，责令停业整顿，降低资质等级或吊销资质证书；构成犯罪的，依法追究刑事责任。

二、《安全生产法》的主要内容

《中华人民共和国安全生产法》于2002年6月29日全国人民代表大会常务委员会第28次会议通过，2002年6月29日中华人民共和国主席令第70号公布，自2002年11月1日起施行。

《安全生产法》中提供了四种监督途径，即工会民主监督、社会舆论监督、公众举报监督和社区服务监督。通过这些监督途径，使许多安全隐患及时得以发现，也将使许多安全管理工作中的不足得以改善；《安全生产法》中明确了生产经营单位必须做好安全生产的保证工作，既要在安全生产条件上、技术上符合生产经营的要求，也要在组织管理上建立健全安全生产责任并进行有效落实；《安全生产法》不仅明确了从业人员为保证安全生产所应尽的义务，也明确了从业人员进行安全生产所享有的权利。在正面强调从业人员应该为安全生产尽职尽责的同时,赋予从业人员的权利;也从另一方面有效保障了安全生产管理工作的有效开展;《安全生产法》明确规定了生产经营单位负责人的安全生产责任,因为一切安全管理,归根到底是对人的管理,只有生产经营单位的负责人真正认识到安全管理的重要性并认真落实安全管理的各项工作,安全管理工作才有可能真正有效进行。违法必究是我国法律的基本原则,在《安全生产法》中明确了对违法单位和个人的法律责任追究制度。生产安全事故,特别是重特大生产安全事故往往具有突发性、紧迫性,如果事先没有做好充分准备工作,很难在短时间内组织有效的抢救,防止事故的扩大,减少人员伤亡和财产损失。因此,《安全生产法》明确了要建立事故应急救援制度,制定应急救援预案,形成应急救援预案体系。

三、其他有关建设工程安全生产的法律的主要内容

1.《劳动法》

《中华人民共和国劳动法》于 1994 年 7 月 5 日中华人民共和国第八届全国人民代表大会常务委员会第 8 次会议通过,1994 年 7 月 5 日中华人民共和国主席令第 28 号发布,自 1995 年 1 月 1 日起施行。

该法与建设工程安全生产密切相关的规定主要包括:劳动安全卫生设施必须符合国家规定的标准。新建、改建、扩建工程的劳动安全卫生设施必须与主体工程同时设计、同时施工、同时投入生产和使用;用人单位必须为劳动者提供符合国家规定的劳动安全卫生条件和必要的劳动防护用品,对从事有职业危害作业的劳动者应当定期进行健康检查;从事特种作业的劳动者必须经过专门培训并取得特种作业资格;劳动者在劳动过程中必须严格遵守安全操作规程。劳动者对用人单位管理人员违章指挥、强令冒险作业,有权拒绝执行;对危害生命安全和身体健康的行为,有权提出批评、检举和控告;国家建立伤亡事故和职业病统计报告和处理制度。县级以上各级人民政府劳动行政部门、有关部门和用人单位应当依法对劳动者在劳动过程中发生的伤亡事故和劳动者的职业病状况,进行统计、报告和处理。

2.《刑法》

《中华人民共和国刑法》于 1979 年 7 月 1 日第五届全国人民代表大会第二次会议通过,1997 年 3 月 14 日第八届全国人民代表大会第五次会议修订,至 2006 年 6 月 29 日经过六次修正。

《刑法》中有关建设工程安全生产的规定主要包括:

(1)在生产、作业中违反有关安全管理的规定,因而发生重大伤亡事故或者造成其他严重后果的,处三年以下有期徒刑或者拘役;情节特别恶劣的,处三年以上七年以下有期徒刑。

强令他人违章冒险作业,因而发生重大伤亡事故或者造成其他严重后果的,处五年以下有期徒刑或者拘役;情节特别恶劣的,处五年以上有期徒刑。

(2)安全生产设施或者安全生产条件不符合国家规定,因而发生重大伤亡事故或者造成其他严重后果的,对直接负责的主管人员和其他直接责任人员,处三年以下有期徒刑或者拘役;情节特别恶劣的,处三年以上七年以下有期徒刑。

举办大型群众性活动违反安全管理规定,因而发生重大伤亡事故或者造成其他严重后果的,对直接负责的主管人员和其他直接责任人员,处三年以下有期徒刑或者拘役;情节特别恶劣的,处三年以上七年以下有期徒刑

(3)违反爆炸性、易燃性、放射性、毒害性、腐蚀性物品的管理规定,在生产、储存、运输、使用中发生重大事故,造成严重后果的,处三年以下有期徒刑或者拘役;后果特别严重的,处三年以上七年以下有期徒刑。

(4)建设单位、设计单位、施工单位、工程监理单位违反国家规定,降低工程质量标准,造成重大安全事故的,对直接责任人员,处五年以下有期徒刑或者拘役,并处罚金;后果特别严重的,处五年以上十年以下有期徒刑,并处罚金。

(5)违反消防管理法规,经消防监督机构通知采取改正措施而拒绝执行,造成严重后果的,对直接责任人员,处三年以下有期徒刑或者拘役;后果特别严重的,处三年以上七年以下有期徒刑。

在安全事故发生后,负有报告职责的人员不报或者谎报事故情况,贻误事故抢救,情节严重的,处三年以下有期徒刑或者拘役;情节特别严重的,处三年以上七年以下有期徒刑。

3.《消防法》

《中华人民共和国消防法》于1998年4月29日中华人民共和国第九届全国人民代表大会常务委员会第2次会议通过,自1998年9月1日起施行。

《中华人民共和国消防法》与建设工程安全生产密切相关的规定主要包括:按照国家工程建筑消防技术标准需要进行消防设计的建筑工程,设计单位应当按照国家工程建筑消防技术标准进行设计,建设单位应当将建筑工程的消防设计图纸及有关资料报送公安消防机构审核;未经审核或者经审核不合格的,建设行政主管部门不得发给施工许可证,建设单位不得施工。经公安消防机构审核的建筑工程消防设计需要变更的,应当报经原审核的公安消防机构核准;未经核准的,任何单位、个人不得变更。按照国家工程建筑消防技术标准进行消防设计的建筑工程竣工时,必须经公安消防机构进行消防验收;未经验收或者经验收不合格的,不得投入使用。建筑构件和建筑材料的防火性能必须符合国家标准或者行业标准的要求。公共场所室内装修、装饰根据国家工程建筑消防技术标准的规定,应当使用不燃、难燃材料的,必须选用依照产品质量法的规定确定的检验机构检验合格的材料。

4.《环境保护法》及相关法律

为保护和改善环境,防止污染,国家制定了一系列环境保护的法律、法规,如《中华人民共和国环境保护法》、《中华人民共和国大气污染防治法》、《中华人民共和国固体废物污染环境防治法》、《中华人民共和国环境噪声污染防治法》等。

上述法律的有关条文对施工单位保护环境的义务和法律责任做出了具体规定,如《中华人民共和国环境保护法》规定,产生环境污染和其他公害的单位,必须把环境保护工作纳入计划,建立环境保护责任制度;采取有效措施,防治在生产建设或者其他活动中产生的废气、废水、废渣、粉尘、放射性物质以及噪声、振动、电磁波辐射等对环境的污染和危害。

《中华人民共和国环境噪声污染防治法》规定,在城市市区范围内向周围生活环境排放建筑施工噪声的,应当符合国家规定的建筑施工场界环境噪声排放标准;在城市市区范围内,建筑施工过程使用机械设备,可能产生环境噪声污染的,施工单位必须向环境保护行政主管部门申报;因特殊需要必须连续作业的应由县级以上人民政府或者其他有关主管部门的证明,且须公告附近居民。

《中华人民共和国固体废物污染环境防治法》规定,施工单位应当及时清运、处置建筑施工过程中产生的垃圾,并采取措施,防止污染环境。对施工单位违反上述法律条文的,环境保护行政主管部门和有关部门可以对施工单位给予责令改正、停产整顿、处以罚款等处罚。

5.《行政处罚法》

《中华人民共和国行政处罚法》于1996年3月17日第八届全国人民代表大会第4次会议通过,1996年10月1日公布施行。

行政处罚是一种非常重要的行政管理手段。《行政处罚法》的规定,行政处罚只能由法律、法规或者规章设定,其他规范性文件不得设定行政处罚;规章只能设定警告或者一定数额的罚款;对违法行为给予行政处罚的规定必须公布,未经公布的,不得作为行政处罚的依据。行政处罚原则上只能由行政机关实施,事业单位未经法律、法规的授权或行政机关的委托,不得行使行政处罚权;没有法律、法规或者规章的明确规定,行政机关不得委托事业组织实施行政处罚。处罚主体是行政机关或其他行政主体;处罚对象是行政管理相对人;处罚的客体是违反行政法律规范的行为;处罚目的是惩戒违法,体现在:一是对违法的相对人权益的限制、剥夺;二是对其科以新的义务。

《行政处罚法》设定了:

(1)警告;

(2)罚款;

(3)没收违法所得、没收非法财物;

(4)责令停产停业;

(5)暂扣或吊销许可证、暂扣或吊销执照;

(6)行政拘留;

(7)法律、行政法规规定的其他行政处罚等七种行政处罚。

6.《行政复议法》

《中华人民共和国行政复议法》于1999年4月29日第九届全国人民代表大会常务委员会第9次会议通过,自1999年10月1日起施行。

行政复议是指行政管理的相对人认为行政主体的具体行政行为侵犯其合法权益,依法向法定的机关提出申请,由受理机关根据法定程序对具体行政行为的合法性和适当性进行审查并作出相应决定的活动。行政复议法是行政机关解决行政纠纷的法律。主要规定了行政复议的条件,包括行政复议的范围、管辖与参加人,行政复议的程序与规则。

7.《行政诉讼法》

《中华人民共和国行政诉讼法》于1989年4月4日第七届全国人民代表大会第2次会议通过,自1990年10月1日起施行。

行政诉讼法，是调整人民法院、诉讼当事人和其他诉讼参与人在行政诉讼中权利义务关系的法律规范的总称。行政诉讼法，是保证行政法贯彻落实和发展完善的最重要的程序法，是审理行政案件的程序法，是人民法院审判行政案件和诉讼参与人进行行政诉讼活动必须遵守的准则。《中华人民共和国行政诉讼法》分11章75条，主要内容有行政诉讼法的重要原则；人民法院对行政案件的受案范围、管辖、受理、审理和判决；行政诉讼参加人；行政诉讼的证据；执行；行政侵权赔偿责任；涉外行政诉讼等。

2.2 行政法规

行政法规是由国务院制定的规范性文件，颁布后在全国范围内施行。《立法法》第五十六条规定："国务院根据宪法和法律，制定行政法规。"

行政法规可以就下列事项作出规定：

（1）为执行法律的规定需要制定行政法规的事项；

（2）宪法第八十九条规定的国务院行政管理职权的事项。

应当由全国人民代表大会及其常务委员会制定法律的事项，国务院根据全国人民代表大会及其常务委员会的授权决定先制定的行政法规，经过实践检验，制定法律的条件成熟时，国务院应当及时提请全国人民代表大会及其常务委员会制定法律。我国行政法规的名称，按照《行政法规制定程序条例》第4条的规定，一般称为"条例"、"规定"、"办法"。

在行政法规层面上，《安全生产许可证条例》和《建设工程安全生产管理条例》是建设工程安全生产法规体系中主要的行政法规。在《安全生产许可证条例》中，我国第一次以法律形式确立了企业安全生产的准入制度，是强化安全生产源头管理，全面落实"安全第一，预防为主"安全生产方针的重大举措。《建设工程安全生产管理条例》是根据《建筑法》和《安全生产法》制定的一部关于建筑工程安全生产的专项法规。它确立了我国关于建设工程安全生产监督管理的基本制度，明确了参与建设活动各方责任主体的安全责任，确保了建设工程参与各方责任主体安全生产利益及建筑从业人员安全与健康的合法权益，为维护建筑市场秩序，加强建设工程安全生产监督管理提供了重要的法律依据。

一、《建设工程安全生产管理条例》的主要内容

《建设工程安全生产管理条例》（以下简称《安全条例》）是我国工程建设领域安全生产工作发展历史上一件具有里程碑意义的大事，也是工程建设领域贯彻落实《中华人民共和国建筑法》和《中华人民共和国安全生产法》的具体表现，标志着我国建设工程安全生产管理进入法制化、规范化发展的新时期。该条例较为详细地规定了建设单位、勘察、设计、工程监理、其他有关单位的安全责任和施工单位的安全责任，以及政府部门对建设工程安全生产实施监督管理的责任等。

1. 建设单位安全责任

《安全条例》中规定了建设单位应当承担的安全生产责任：

一是建设单位不得对勘察、设计、施工、工程监理单位提出不符合建设工程安全生产法律、法规和强制性标准规范的要求，不得压缩合同约定的工期，违反规定可处罚 20～50 万元；

二是在工程概算中确定安全措施费用(责令改正逾期可停工)；

三是建设单位不得明示或暗示施工单位购买、租赁、使用不符合安全施工要求的安全防护用具、机械设备、施工机具及构配件、消防设施和器材，违反规定可处罚 20～50 万元；

四是领取施工许可证证时，应当向施工单位提供工程所需有关资料，并将安全施工措施报送有关主管部门备案；

五是将拆除工程发包给有施工资质的单位等。

《安全条例》中对建设单位的安全责任规定，完全适应当前及今后建筑安全生产工作发展的需要。

2. 工程勘察、工程设计、工程监理及其他有关单位的安全责任

《安全条例》对这些单位的安全生产责任作出了明确规定：

勘察单位应当按照法律、法规和工程建设强制性标准进行勘察，提供的勘察文件应当真实、准确，满足建设工程安全生产的需要；勘察单位在勘察作业时，应当严格执行操作规程，采取措施保证各类管线、设施和周边建筑物、构筑物的安全。

设计单位在建设工程设计中应充分考虑施工安全问题，防止因设计不合理产生坍塌等施工安全事故：

一是要对涉及施工安全的重点部位和环节在设计文件中注明，并提出防范事故的指导意见；

二是对于采用新结构、新材料、新工艺以及特殊结构的建设工程，应提出保障作业人员安全和防范事故的措施建议。《安全条例》还规定，设计单位和注册建筑师等注册执业人员应当对其设计负责。

工程监理单位对建设工程应当承担的三个方面的安全责任：

一是应当审查施工组织设计中的安全技术措施或专项施工方案是否符合工程建设强制性标准；

二是发现存在安全事故隐患，应当要求施工单位整改或暂停施工并报告建设单位；

三是应当按照法律、法规和工程建设强制性标准对建设工程安全生产承担监理责任。

对其他相关单位的安全责任，主要是：提供机械设备和配件的单位，应当配备齐全有效的保险、限位等安全设施和装置；禁止出租检测不合格的机械设备和施工机具及配件；安装、拆卸施工起重机械等必须由具有相应资质的单位承担；检验检测机构应对施工起重机械等的检验检测结果负责。

3. 关于施工单位安全责任

建设工程的施工是工程建设的关键环节，《安全条例》从以下几个方面强化了施工单位的安全责任：

一是施工单位在申请领取资质证书时，应当具备国家规定的注册资本、专业技术人员、技术准备和安全生产等条件。

二是施工单位建立健全安全生产责任制度和安全生产教育培训制度，制定安全生产

规章制度和操作规程,对所承担的建设工程进行定期和专项安全检查,并明确规定了施工单位主要责任人和项目负责人的安全生产责任,施工单位主要负责人依法对本单位的安全生产工作全面负责,项目负责人对建设工程项目的安全施工负责。

三是为了从资金上保证安全生产,规定施工单位对列入建设工程概算的安全作业环境及安全施工措施所需费用,应当用于施工安全防护用具及设施的采购和更新、安全施工措施的落实、安全生产条件的改善,不得挪作他用。

四是进一步明确总承包单位与分包单位的安全责任,草案规定:建设工程实施施工总承包的,由总承包单位对施工现场的安全生产负总责,总承包单位依法将建设工程分包给其他单位的,分包合同中应当明确各自安全生产方面的权利和义务,并对分包工程的安全生产承担连带责任。同时,草案规定:分包单位应当服从总承包单位的安全生产管理,分包单位不服从管理导致生产安全事故的,由分包单位承担主要责任。

五是施工单位应当在施工组织设计中编制安全技术措施和施工现场临时用电方案,对一些特殊的工程还需要编制专项施工方案;建设工程施工前,施工单位负责项目管理的技术人员应当对有关安全施工的技术要求向施工作业班组、作业人员作出详细说明,并由双方签字确认。

六是为了保障施工现场作业人员的安全,规定施工单位应当对作业人员进行安全教育培训,向作业人员提供合格的安全防护用具和安全防护服装,书面告知危险岗位的操作规范和违章操作的危害,为施工现场从事危险作业的人员办理意外伤害保险;作业人员有权对施工现场的作业条件、作业程序和作业方式中存在的安全问题提出批评、检举和控告,有权拒绝违章指挥和强令冒险作业;在施工中发生危及人身安全的紧急情况时,作业人员有权立即停止作业或者在采取必要的应急措施后撤离危险区域。同时,为了改善作业人员的生活条件,规定施工单位应当将施工现场的办公、生活区与作业区分开设置,并保持安全距离,职工的膳食、饮水、休息场所等应当符合卫生标准,不得在尚未竣工的建筑物内设置员工集体宿舍。

4.《安全条例》确立了建设工程安全生产的基本管理制度

《安全条例》对政府部门、有关企业及相关人员的建设工程安全生产和管理行为进行了全面规范,确立了十三项主要制度。其中,涉及政府部门的安全生产监管制度有七项:依法批准开工报告的建设工程和拆除工程备案制度、三类人员考核任职制度、特种作业人员持证上岗制度、施工起重机械使用登记制度、政府安全监督检查制度、危及施工安全工艺、设备、材料淘汰制度、生产安全事故报告制度。《安全条例》进一步明确了施工企业的六项安全生产制度,即安全生产责任制度、安全生产教育培训制度、专项施工方案专家论证审查制度、施工现场消防安全责任制度、意外伤害保险制度和生产安全事故应急救援制度。

二、《安全生产许可证条例》的主要内容

《安全生产许可证条例》于2004年1月7日国务院第34次常务会议通过,自2004年1月13日起施行。该条例的颁布施行标志着我国依法建立起了安全生产许可制度,其主要内容如下:

1. 国家对矿山企业、建筑施工企业和危险化学品、烟花爆竹、民用爆破器材生产企业

（以下统称企业）实行安全生产许可制度。企业未取得安全生产许可证的，不得从事生产活动。国务院建设主管部门负责中央管理的建筑施工企业安全生产许可证的颁发和管理。省、自治区、直辖市人民政府建设主管部门负责非中央管理的建筑施工企业安全生产许可证的颁发和管理，并接受国务院建设主管部门的指导和监督。

2. 企业取得安全生产许可证，应当具备下列安全生产条件：

（1）建立、健全安全生产责任制，制定完备的安全生产规章制度和操作规程；

（2）安全投入符合安全生产要求；

（3）设置安全生产管理机构，配备专职安全生产管理人员；

（4）主要负责人和安全生产管理人员经考核合格；

（5）特种作业人员经有关业务主管部门考核合格，取得特种作业操作资格证书；

（6）从业人员经安全生产教育和培训合格；

（7）依法参加工伤保险，为从业人员缴纳保险费；

（8）厂房、作业场所和安全设施、设备、工艺符合有关安全生产法律、法规、标准和规程的要求；

（9）有职业危害防治措施，并为从业人员配备符合国家标准或者行业标准的劳动防护用品；

（10）依法进行安全评价；

（11）有重大危险源检测、评估、监控措施和应急预案；

（12）有生产安全事故应急救援预案、应急救援组织或者应急救援人员，配备必要的应急救援器材、设备；

（13）法律、法规规定的其他条件。

3. 企业进行生产前，应当依照条例的规定向安全生产许可证颁发管理机关申请领取安全生产许可证，并提供条例第六条规定的相关文件、资料。安全生产许可证颁发管理机关应当自收到申请之日起45日内审查完毕，经审查符合本条例规定的安全生产条件的，颁发安全生产许可证；不符合本条例规定的安全生产条件的，不予颁发安全生产许可证，书面通知企业并说明理由。

4. 安全生产许可证的有效期为3年。安全生产许可证有效期满需要延期的，企业应当于期满前3个月向原安全生产许可证颁发管理机关办理延期手续。企业在安全生产许可证有效期内，严格遵守有关安全生产的法律法规，未发生死亡事故的，安全生产许可证有效期届满时，经原安全生产许可证颁发管理机关同意，不再审查，安全生产许可证有效期延期3年。

二、《国务院关于特大安全事故行政责任追究的规定》的主要内容

《国务院关于特大安全事故行政责任追究的规定》于2001年4月21日由国务院第302号令公布，自公布之日起施行。该规定对各级政府部门对特大安全事故的预防、处理职责作了相应规定，并明确了对特大安全事故行政责任进行追究的有关规定。现将该规定主要内容概述如下：

1. 各级政府部门对特大安全事故预防的法律规定

（1）地方各级人民政府应当每个季度至少召开一次防范特大安全事故工作会议，分析、布置、督促、检查本地区防范特大安全事故的工作。

（2）市、县人民政府应当对本地区容易发生特大安全事故的单位、设施和场所安全事故的防范明确责任、采取措施，并组织有关部门对上述单位、设施和场所进行严格检查。发现特大安全事故隐患的，责令立即排除。

（3）市、县人民政府必须制定本地区特大安全事故应急处理预案。

（4）依法对涉及安全生产事项负责行政审批的政府部门或者机构，必须严格依照法律、法规和规章规定的安全条件和程序进行审查；不符合法律、法规和规章规定的安全条件的，不得批准。

2. 各级政府部门对特大安全事故处理的法律规定

（1）地方各级人民政府及政府有关部门应当依照有关法律、法规和规章的规定，采取行政措施，对本地区实施安全监督管理，保障本地区人民群众生命、财产安全，对本地区或者职责范围内防范特大安全事故的发生、特大安全事故发生后的迅速和妥善处理负责。

（2）特大安全事故发生后，有关地方人民政府应当迅速组织救助，有关部门应当服从指挥、调度，参加或者配合救助，将事故损失降到最低限度。

（3）特大安全事故发生后，省、自治区、直辖市人民政府应当按照国家有关规定迅速、如实发布事故消息。

（4）特大安全事故发生后，按照国家有关规定组织调查组对事故进行调查，由调查组提出调查报告。调查报告应当包括依照本规定对有关责任人员追究行政责任或者其他法律责任的意见。省、自治区、直辖市人民政府应当自调查报告提交之日起30日内，对有关责任人员作出处理决定；必要时，国务院可以对特大安全事故的有关责任人员作出处理决定。

3. 各级政府部门负责人对特大安全事故应承担的法律责任

（1）发生特大安全事故，社会影响特别恶劣或者性质特别严重的，由国务院对负有领导责任的省长、自治区主席、直辖市市长和国务院有关部门正职负责人给予行政处分。

（2）特大安全事故发生后，有关地方人民政府及政府有关部门隐瞒不报、谎报或者拖延报告的，对政府主要领导人和政府部门正职负责人给予降级的行政处分。

（3）市、县人民政府未履行或者未按照规定的职责和程序履行依照本规定应当履行的职责，本地区发生特大安全事故的，对政府主要领导人，根据情节轻重，给予降级或者撤职的行政处分；构成玩忽职守罪的，依法追究刑事责任。

负责行政审批的政府部门或者机构、负责安全监督管理的政府有关部门，未依照本规定履行职责，发生特大安全事故的，对部门或者机构的正职负责人，根据情节轻重，给予撤职或者开除公职的行政处分；构成玩忽职守罪或者其他罪的，依法追究刑事责任。

四、《特种设备安全监察条例》的主要内容

《特种设备安全监察条例》于2003年2月19日国务院第68次常务会议通过2003年3月11日中华人民共和国国务院令第373号公布，自2003年6月1日起施行。

《特种设备安全监察条例》规定了特种设备的生产（含设计、制造、安装、改造、维修，下同）、使用、检验检测及其监督检查，应当遵守本条例。军事装备、核设施、航空航天器、

铁路机车、海上设施和船舶以及煤矿矿井使用的特种设备的安全监察不适用本条例。房屋建筑工地和市政工程工地用起重机械的安装、使用的监督管理，由建设行政主管部门依照有关法律、法规的规定执行。

五、《国务院关于进一步加强安全生产的决定》的主要内容

国务院于 2004 年 1 月 9 日发布了《国务院关于进一步加强安全生产的决定》（国发[2004]2 号）。

《决定》共 23 条,约 6000 字,分五部分,包括:提高认识,明确指导思想和奋斗目标;完善政策,大力推进安全生产各项工作;强化管理,落实生产经营单位安全生产主体责任;完善制度,加强安全生产监督管理;加强领导,形成齐抓共管的合力。

《决定》重点提出了党中央、国务院高度重视安全生产工作,新中国成立以来特别是改革开放以来,采取了一系列重大举措加强安全生产工作。颁布实施了《中华人民共和国安全生产法》等法律法规,明确了安全生产责任;初步建立了安全生产监管体系,安全生产监督管理得到加强;对重点行业和领域集中开展了安全生产专项整治,生产经营秩序和安全生产条件有所改善,安全生产状况总体上趋于稳定好转。

《决定》指出目前全国的安全生产形势依然严峻,煤矿、道路交通运输、建筑等领域伤亡事故多发的状况尚未根本扭转;安全生产基础比较薄弱,保障体系和机制不健全;部分地方和生产经营单位安全意识不强,责任不落实,投入不足;安全生产监督管理机构、队伍建设以及监管工作亟待加强。

《决定》强调各地区、各部门和各单位要加强调查研究,注意发现安全生产工作中出现的新情况,研究新问题,推进安全生产理论、监管体制和机制、监管方式和手段、安全科技、安全文化等方面的创新,不断增强安全生产工作的针对性和实效性,努力开创我国安全生产工作的新局面,为完善社会主义市场经济体制,实现党的十六大提出的全面建设小康社会的宏伟目标创造安全稳定的环境。

六、《生产安全事故报告和调查处理条例》的主要内容

《生产安全事故报告和调查处理条例》于 2007 年 3 月 28 日国务院第 172 次常务会议通过,2007 年 4 月 9 日中华人民共和国国务院令第 493 号公布,自 2007 年 6 月 1 日起施行。《生产安全事故报告和调查处理条例》突出了"四不放过"的原则,规定了对事故发生单位最高可处 200 万元以上 500 万元以下的罚款,将事故划分为特别重大事故、重大事故、较大事故和一般事故 4 个等级,并按照"政府统一领导、分级负责"的原则规定了不同等级事故组织事故调查的责任,这就明确了事故查处的操作规程。有了此操作规程,事故相关单位、相关人员再不可能推卸责任、逃脱处罚,即:事故原因未查明不会被放过、责任人未处理不会被放过、整改措施未落实不会被放过、有关人员未受到教育不会被放过。《生产安全事故报告和调查处理条例》的及时出台,解决了过去很多不能解决尤其是不能区分的责任,引起社会的广泛关注,其主要内容如下:

1. 事故报告

（1）事故发生后,事故现场有关人员应当立即向本单位负责人报告;单位负责人接到

报告后,应当于 1 小时内向事故发生地县级以上人民政府安全生产监督管理部门和负有安全生产监督管理职责的有关部门报告。情况紧急时,事故现场有关人员可以直接向事故发生地县级以上人民政府安全生产监督管理部门和负有安全生产监督管理职责的有关部门报告。

(2)安全生产监督管理部门和负有安全生产监督管理职责的有关部门接到事故报告后,应当上报事故情况,并通知公安机关、劳动保障行政部门、工会和人民检察院,同时报告本级人民政府。国务院安全生产监督管理部门和负有安全生产监督管理职责的有关部门以及省级人民政府接到发生特别重大事故、重大事故的报告后,应当立即报告国务院。

(3)安全生产监督管理部门和负有安全生产监督管理职责的有关部门逐级上报事故情况,每级上报的时间不得超过 2 小时。

2. 事故调查

(1)特别重大事故由国务院或者国务院授权有关部门组织事故调查组进行调查。重大事故、较大事故、一般事故分别由事故发生地省级人民政府、设区的市级人民政府、县级人民政府负责调查。省级人民政府、设区的市级人民政府、县级人民政府可以直接组织事故调查组进行调查,也可以授权或者委托有关部门组织事故调查组进行调查。未造成人员伤亡的一般事故,县级人民政府也可以委托事故发生单位组织事故调查组进行调查。

(2)上级人民政府认为必要时,可以调查由下级人民政府负责调查的事故。自事故发生之日起 30 日内(道路交通事故、火灾事故自发生之日起 7 日内),因事故伤亡人数变化导致事故等级发生变化,依照本条例规定应当由上级人民政府负责调查的,上级人民政府可以另行组织事故调查组进行调查。

(3)特别重大事故以下等级事故,事故发生地与事故发生单位不在同一个县级以上行政区域的,由事故发生地人民政府负责调查,事故发生单位所在地人民政府应当派人参加。

3. 事故处理

(1)对于重大事故、较大事故和一般事故,负责事故调查的人民政府应当自收到事故调查报告之日起 15 日内作出批复;特别重大事故,30 日内作出批复;特殊情况下,批复时间可以适当延长,但延长的时间最长不超过 30 日。

(2)事故发生单位应当认真吸取事故教训,落实防范和整改措施,防止事故再次发生。防范和整改措施的落实情况应当接受工会和职工的监督。安全生产监督管理部门和负有安全生产监督管理职责的有关部门应当对事故发生单位落实防范和整改措施的情况进行监督检查。

(3)事故处理的情况由负责事故调查的人民政府或者其授权的有关部门、机构向社会公布,依法应当保密的除外。

2.3　部门规章

规章是行政性法律规范文件,根据其制定机关不同可分为两类:一类是部门规章,是由国务院组成部门及直属机构在它们的职权范围内制定的规范性文件,部门规章规定的事项属于执行法律或国务院的行政法规、决定、命令的事项;另一类是地方政府规章,是由省、自治区、直辖市人民政府以及省、自治区人民政府所在地的市和经国务院批准的较大的市的人民政府依照法定程序制定的规范性文件。规章在各自的权限范围内施行。

《立法法》第七十一条规定:"国务院各部、委员会、中国人民银行、审计署和具有行政管理职能的直属机构,可以根据法律和国务院的行政法规、决定、命令,在本部门的权限范围内,制定规章"。第七十三条规定:"省、自治区、直辖市和较大的市的人民政府,可以根据法律、行政法规和本省、自治区、直辖市的地方性法规,制定规章。"

一、《建筑安全生产监督管理规定》的主要内容

《建筑安全生产监督管理规定》于 1991 年 7 月 9 日由原建设部第 13 号令发布,自发布之日起施行。本规定共 15 条,主要规定了各级人民政府建设行政主管部门及其授权的建筑安全生产监督机构对于建筑安全生产所实施的行业监督管理,贯彻了"预防为主"的方针,确立了"管生产必须管安全"的原则。

二、《建设工程施工现场管理规定》的主要内容

《建设工程施工现场管理规定》于 1991 年 12 月 5 日由原建设部第 15 号令发布,自 1992 年 1 月 1 日起施行。本规定共 6 章 39 条,其制定目的是加强建设工程施工现场管理,保障建设工程施工顺利进行,主要规定了建设工程施工现场管理的一般性规定,施工单位文明施工的要求以及施工单位对建设工程施工现场的环境管理。

1. 一般规定

(1)建设工程开工实行施工许可证制度。

(2)建设工程开工前,建设单位或者发包单位应当指定施工现场总代表人,施工单位应当指定项目经理,项目经理全面负责施工过程中的现场管理。

(3)施工单位必须编制建设工程施工组织设计。建设工程施工必须按照批准的施工组织设计进行。

(4)建设工程竣工后,建设单位应当组织设计、施工单位共同编制工程竣工图,进行工程质量评议,整理各种技术资料,及时完成工程初验,并向有关主管部门提交竣工验收报告。

2. 文明施工管理

(1)施工单位应当贯彻文明施工的要求,推行现代管理方法,科学组织施工,做好施工现场的各项管理工作。

(2)施工单位应当按照施工总平面布置图设置各项临时设施。

(3)施工现场必须设置明显的标牌,标明工程项目名称、建设单位、设计单位、施工单位、项目经理和施工现场总代表人的姓名、开、竣工日期、施工许可证批准文号等,施工单位负责施工现场标牌的保护工作。施工现场主要管理人员在施工现场应当佩戴证明其身份的证卡。

(4)施工现场的用电线路、用电设施的安装和使用必须符合安装规范和安全操作规程,并按照施工组织设计进行架设,严禁任意拉线接电。

（5）施工现场应当设置各类必要的职工生活设施，并符合卫生、通风、照明等要求。

（6）施工单位应当严格依照《中华人民共和国消防条例》的规定，采取消防安全措施。

3. 环境管理

（1）施工单位应当遵守国家有关环境保护的法律规定，采取措施控制施工现场的各种粉尘、废气、废水、固体废弃物以及噪声、振动对环境的污染和危害。

（2）建设工程由于受技术、经济条件限制，对环境的污染不能控制在规定范围内的，建设单位应当会同施工单位事先报请当地人民政府建设行政主管部门和环境保护行政主管部门批准。

三、《建设行政处罚程序暂行规定》的主要内容

《建设行政处罚程序暂行规定》于1999年2月3日由原建设部第66号令发布，自发布之日起施行。本规定共6章40条，其制定的依据是《中华人民共和国行政处罚法》，制定目的是保障和监督建设行政执法机关有效实施行政管理，保护公民、法人和其他组织的合法权益，促进建设行政执法工作的程序化、规范化。在第三章行政处罚程序规定了3种建设行政处罚程序，现将其主要内容概述如下：

1. 一般程序

（1）执法机关对于发现的违法行为，认为应当给予行政处罚的，应当立案，但适用简易程序的除外。

（2）立案后，执法人员应及时进行调查，收集证据；必要时可依法进行检查。只有查证属实的证据，才能作为处罚的依据。

（3）案件调查终结，执法人员应当出具书面案件调查终结报告。调查终结报告连同案件材料，由执法人员提交执法机关的法制工作机构，由法制工作机构会同有关单位进行书面核审。

（4）执法机关的法制工作机构对案件接审后，应提出以下书面意见：

1）对事实清楚、证据充分、定性准确、程序合法、处理适当的案件，同意执法人员意见。

2）对定性不准、适用法律不当、处罚不当的案件，建议执行人员修改。

3）对事实不清、证据不足的案件，建议执法人员补正。

4）对程序不合法的案件，建议执法人员纠正。

5）对超出管辖权的案件，按有关规定移送。

（5）执法机关对当事人作出行政处罚，必须制作行政处罚决定书，行政处罚决定书必须盖有作出处罚机关的印章。处罚决定确有错误需要变更或修改的，应由原执法机关撤销原处罚决定，重新作出处罚决定。

2. 听证程序

（1）执法机关在作出吊销资质证书、执业资格证书、责令停业整顿（包括属于停业整顿性质的、责令在规定的时限内不得承接新的业务）、责令停止执业业务、没收违法建筑物、构筑物和其他设施以及处以较大数额罚款等行政处罚决定之前，应当告知当事人有要

求举行听证的权利。省、自治区、直辖市人大常委会或者人民政府对听证范围有特殊规定的，从其规定。

（2）当事人要求听证的，应自接到听证通知之日起三日内以书面或口头方式向执法机关提出。执法机关应当组织听证。听证规则可以由省、自治区、直辖市建设行政主管部门依据《行政处罚法》的规定制定。

3. 简易程序

违法事实清楚、证据确凿，对公民处以 50 元以下、对法人或者其他组织处以 1000 元以下罚款或者警告的行政处罚，可以当场作出处罚决定。当场作出处罚决定，执法人员应当向当事人出示执法证件，填写处罚决定书并交付当事人。处罚决定书由执法人员签名或盖章。

四、《实施工程建设强制性标准监督规定》的主要内容

《实施工程建设强制性标准监督规定》于 2000 年 8 月 21 日第 27 次建设部常务会议通过，自 2000 年 8 月 25 日起施行。本规定共 24 条，主要规定了实施工程建设强制性标准的监督管理工作的政府部门，对工程建设各阶段执行强制性标准的情况实施监督的机构以及强制性标准监督检查的内容。

1. 国务院建设行政主管部门负责全国实施工程建设强制性标准的监督管理工作。国务院有关行政主管部门按照国务院的职能分工负责实施工程建设强制性标准的监督管理工作。县级以上地方人民政府建设行政主管部门负责本行政区域内实施工程建设强制性标准的监督管理工作。

2. 建设项目规划审查机构应当对工程建设规划阶段执行强制性标准的情况实施监督。施工图设计文件审查单位应当对工程建设勘察、设计阶段执行强制性标准的情况实施监督。建筑安全监督管理机构应当对工程建设施工阶段执行施工安全强制性标准的情况实施监督。工程质量监督机构应当对工程建设施工、监理、验收等阶段执行强制性标准的情况实施监督。

3. 强制性标准监督检查的内容包括：

（1）有关工程技术人员是否熟悉、掌握强制性标准；

（2）工程项目的规划、勘察、设计、施工、验收等是否符合强制性标准的规定；

（3）工程项目采用的材料、设备是否符合强制性标准的规定；

（4）工程项目的安全、质量是否符合强制性标准的规定；

（5）工程中采用的导则、指南、手册、计算机软件的内容是否符合强制性标准的规定。

2.4 规范性文件

规范性文件是各级机关、团体、组织制定的各类文件中最主要的一类，因其内容具有约束和规范人们行为的性质，故名称为规范性文件。目前我国法律法规对于规范性文件的涵义、制定主体、制定程序和权限以及审查机制等，尚无全面、统一的规定。

通常对于规范性文件的理解分为广义和狭义两种情况。广义的规范性文件，一般是指属于法律范畴（即宪法、法律、行政法规、地方性法规、自治条例、单行条例、国务院部门规章和地方政府规章）的立法性文件和除此以外的由国家机关和其他团体、组织制定的具有约束力的非立法性文件的总和。

狭义的规范性文件，一般是指法律范畴以外的其他具有约束力的非立法性文件。目前这类非立法性文件的制定主体非常之多，例如各级党组织、各级人民政府及其所属工作部门、人民团体、社团组织、企事业单位、法院、检察院等。

规章与规范性文件的主要区别包括以下几个方面：从内容上看，凡是法律、法规规定以规章形式规定的事项，应当制定规章，比如，设定行政处罚，出台法律、法规的配套制度，均属于规章。至于规范性文件，主要用于部署工作，通知特定事项、说明具体问题。如，原建设部关于加强建筑意外伤害保险工作的指导意见（建质〔2003〕107号）。

2.5　工程建设标准

工程建设标准是做好安全生产工作的重要技术依据，对规范建设工程各方责任主体的行为、保障安全生产具有重要意义。根据标准化法的规定，标准包括国家标准、行业标准、地方标准和企业标准。

国家标准是指由国务院标准化行政主管部门或者其他有关主管部门对需要在全国范围内统一的技术要求制定的技术规范。

行业标准是指国务院有关主管部门对没有国家标准而又需要在全国某个行业范围内统一的技术要求所制定的技术规范。

按照标准化法的规定，国家标准和行业标准的性质可分为强制性标准和推荐性标准。《安全生产法》、《建设工程质量管理条例》、《建设工程勘察设计管理条例》和《建设工程安全生产管理条例》均把工程建设强制性标准的效力与法律、法规并列起来，使得工程建设强制性标准在法律效力上与法律、法规同等，明确了违反工程建设强制性标准就是违法，就要依法承担法律责任。

一、《建筑施工安全检查标准》的主要内容

《建筑施工安全检查标准》（JGJ 59—99）是强制性行业标准，于1999年实施。制定该标准的目的是为了科学地评价建筑施工安全生产情况，提高安全生产工作和文明施工的管理水平，预防伤亡事故的发生，确保职工的安全和健康，实现检查评价工作的标准化和规范化。

标准采用了安全系统工程原理，结合建筑施工中伤亡事故规律，依据国家有关法律法规、标准和规程而编制，适用于建筑施工企业及其主管部门对建筑施工安全工作的检查和评价。

标准分为安全管理、文明施工、脚手架、基坑支护与模板工程、"三宝"及"四口"防护、施工用电、物料提升机与外用电梯、塔吊、起重吊装和施工机具10个分项158个子项。

建筑施工安全检查标准的内容很多,对于不同岗位的工作人员应有不同的要求。但任何级别的工作人员都有努力掌握标准的主要要求内容的义务。建筑施工安全检查的总评分为优良、合格和不合格三个等级。

标准的每个分项的评分均采用百分制。满分为 100 分。凡是有保证项目的分项,其保证项目满分为 60 分,其余项目满分为 40 分。为保证施工安全,当保证项目中有一个子项不得分或保证项目小计不足 40 分者,此分项评分表不得分。

汇总表也采用百分制,但各个分项在汇总表中所占的满分值不同。文明施工占 20 分、起重吊装和施工机具各占 5 分,其余分项各占 10 分。

二、《施工企业安全生产评价标准》的主要内容

《施工企业安全生产评价标准》(JGJ/T 77—2003)是一部推荐性行业标准,于 2003 年正式实施。制定该标准的目的是为了加强施工企业安全生产的监督管理,科学地评价施工企业安全生产业绩及相应的安全生产能力,实现施工企业安全生产评价工作的规范化和制度化,促进施工企业安全生产管理水平的提高。

标准中的大部分内容是依据《中华人民共和国安全生产法》和《中华人民共和国建筑法》中对建筑企业安全生产保障的具体的基本要求编制而成。编制时,还结合了《建筑施工安全检查标准》(JGJ 59—99)等各项标准,力求各项规定要求的一致性。

标准的编制使评价方和被评价方均有统一的标准可依,被评价方参照标准。可找出自身不完善的地方加以完善提高;评价方根据标准进行系统的客观的评价。这样,一方面帮助施工企业管理理念,加强安全管理规范化、制度化建设,完善安全生产条件,实现施工过程安全生产的主动控制,促进施工企业生产管理的基本水平的提高;另一方面通过建立安全生产评价的完整体系,转变安全监督管理模式,提高监督管理实效,促进安全生产评价的标准化、规范化和制度化。

标准可用于企业的自我评价、企业上级主管对企业进行评价、政府上级主管对企业进行评价、政府建设行政主管部门及其委托单位对企业进行评价等,随着市场经济的发展,其他相关方(如建设单位)根据需要也可依照标准对企业进行评价。目前主要用于企业自我评价。

国务院令第 397 号《安全生产许可证条例》中规定,依法进行安全评价是企业取得安全生产许可证应当具备的条件之一。

评价方式可依据平时相关方的检查记录,也可在评价时抽查若干个工程项目,通过抽查工程项目的情况,以点带面,反映企业真实的安全管理情况,以便客观评价。

2.6 国际公约

国际公约是指我国作为国际法主体同外国缔结的双边、多边协议和其他具有条约、协定性质的文件。国际惯例是指以国际法院等各种国际裁决机构的判例所体现或确认的国际法规则和国际交往中形成的共同遵守的不成文的习惯。

对于涉外民事关系的法律适用我国民法通则第一百四十二条规定:"中华人民共和国缔结或者参加的国际条约同中华人民共和国的民事法律有不同规定的,适用国际条约的规定,但中华人民共和国声明保留的条款除外。中华人民共和国法律和中华人民共和国缔结或者参加的国际条约没有规定的,可以适用国际惯例。"

《建筑业安全卫生公约》的主要内容:

建筑业安全卫生公约,也称 167 号公约或称建筑施工安全卫生公约,为建筑施工安全卫生的国际标准。1986 年国际劳动组织将 1937 年编制的建筑施工安全卫生规定进行了修订,利用三年的时间,在世界各国的建筑行业征求意见,我国建设系统也分别在 1986 年和 1987 年提出过修改意见和建议。

1988 年 6 月 1 日在日内瓦举行的第七十五届会议上,通过了建筑施工安全卫生国际标准,同年 6 月 20 日公布,编号为 167 号公约,为了区别 1937 年的公约而称为《1988 年建筑业安全卫生公约》,于 1991 年 1 月 11 日生效。

为进一步完善我国有关建筑安全卫生的立法,建立健全建筑安全卫生保障体系,提高我国的建筑安全卫生水平,原建设部于 1996 年开始申办在我国执行第 167 号公约,于 2001 年 10 月 27 日由我国人大常务委员会通过,成为国际上实施 167 号公约的第 15 个国家。

167 号公约共分五章 44 条,是建筑施工安全卫生的国际标准,它在实施的过程中,强调了政府、雇主、工人三结合的原则。对于任何一项标准、措施在制定、实施和奖罚时都要由三方共同商议,以三方都能接受的原则而确定三方共同执行。

第3章 建筑工程安全生产法律责任

3.1 法律责任概述

3.1.1 法律责任的概念和构成要件

一、法律责任的概念

法律责任是指行为人由于违法行为、违约行为或者由于法律规定而应承受的某种不利的法律后果。

法律责任具有如下基本特征：

1. 法定性

法律责任的法定性主要表现是法律的强制性，即违反法律就必然要受到法律的制裁，它是国家强制力在法律规范中的具体体现。

2. 法律关系主体违法

法律关系主体违反法律既包括没有履行法定义务，还包括越权行使法定权利。任何不履行法定义务或越权行使法定权利的行为，都是对法律秩序的破坏，因而必然要受到国家强制力的制裁。

3. 法律责任的大小同违法程度相适应

违法程度越深，法律责任就越大，相反法律责任就小。

4. 法律责任由专门的国家机关或部门认定

法律责任是根据法律的规定而让违法者承担的一定责任，是法律适用的一个组成部分。因此，它必须由专门的国家机关或部门来认定，任何个人和无权单位是不能确定法律责任的。

二、法律责任的构成要件

通常情况下，有违法行为就要承担法律责任，受到法律制裁，但是并不是每一个违法行为都能引起法律责任，只有符合一定条件的违法行为才能引起法律责任，这种能够引起法律责任的各种条件的总和称之为法律责任的构成要件。

法律责任的构成要件有两种：一类是一般构成要件，即只要具备了这些条件就可以引起法律责任，法律无需明确规定这些条件；另一类是特殊构成要件，即只有具备法律规定的要件时,才能构成法律责任,特殊要件必须有法律的明确规定。

1. 一般构成要件

法律责任的一般构成要件由以下四个条件构成,它们之间互为联系、互为作用,缺一不可。

(1)有损害事实发生

损害事实就是违法行为对法律所保护的社会关系和社会秩序造成的侵害。这种损害事实要具有客观性,即已经存在,不存在损害事实,则不构成法律责任。损害事实不同于损害结果,损害结果是违法行为对行为指向的对象所造成的实际损害。有些违法行为尽管没有损害结果,但是已经侵犯了一定的社会关系或社会秩序,因而也要承担法律责任,如犯罪的预备、未遂、中止等。

(2)存在违法行为

如果没有违法行为,就无需承担法律责任,所以只要行为没有违法,尽管有损害事实发生,也不承担法律责任。如正当防卫、紧急避险和执行职务的行为,虽然造成了一定的损害,但不承担法律责任。

(3)违法行为与损害事实之间有因果关系

违法行为与损害事实之间的因果关系,指的是违法行为与损害事实之间存在着客观的、必然的因果关系。就是说,违法行为是引起导致损害事实的原因。

(4)违法者主观上有过错

所谓过错,是指行为人对其行为及由此引起的损害事实所持的主观态度,包括故意和过失两种。如果行为在主观上既没有故意也没有过失,则行为人对损害结果不承担法律责任。如企业在施工中遇到严重的暴风雨造成停工,从而延误了工期,在这种情况下,停工行为和延误工期造成损失的结果并非出自施工方的故意和过失,属于不可抗力,因而不应承担法律责任。

2. 特殊构成要件

特殊构成要件是指由法律特殊规定的法律责任的构成要件,它们不是有机地结合在一起的,而是分别同一般要件构成法律责任。

(1)特殊主体

在一般构成要件中对违法者即承担责任的主体没有特殊规定,只有具备了相应的行为能力即可成为责任主体,而特殊主体则不同,它是指法律规定违法者必须具备一定的身份和职务时才能承担法律责任。如刑事责任中的职务犯罪,如贪污、受贿等,以及行政责任中的职务违法,如徇私舞弊、以权谋私等。当不具备这一条件时,则不承担法律责任。

(2)特殊结果

在一般构成要件中,只要有损害事实的发生就要承担相应的法律责任,而在特殊结果中则要求后果严重、损失重大,否则不能构成法律责任。如质量监督人员对工程的质量监督工作粗心大意、不负责任,致使应当发现的隐患而没有发现,造成严重的质量事故,那么他就要承担玩忽职守的法律责任。

(3)无过错责任

一般构成要件要求违法者主观上要有过错,但许多民事责任的构成要件则不要求行为者主观上是否有过错,只要有损害事实的发生,受益人就要承担一定的法律责任。这种责任,主要反映了法律责任的补偿性,而不具有法律制裁意义。

（4）转承责任

一般构成要件要求实施违法行为者承担法律责任,但在民法和行政法中,有些法律责任则要求与违法者有一定关系的第三人来承担。如未成年人将他人打伤的侵权赔偿责任,应由未成年人的监护人来承担。

3.1.2　民事责任的概念和种类

一、民事责任概念

民事责任是指民事主体对自己在民事活动中违反民事法律规范的行为所引起的法律后果应当承担的法律责任。我国民法通则第一百零六条规定:"公民、法人违反合同或者不履行其他义务的,应当承担民事责任。公民、法人由于过错侵害国家的、集体的财产,侵害他人财产、人身的应当承担民事责任。没有过错,但法律规定应当承担民事责任的,应当承担民事责任"。

以产生责任的法律基础为标准,民事责任可分为违约责任和侵权责任。违约责任是指行为人不履行合同义务而承担的责任;侵权责任是指行为人侵犯国家、集体和公民的财产权利以及侵犯法人名称权和自然人的人身权时所应承担的责任。

二、民事责任的特点

民事责任除具有法律责任的一般特点外,还有以下几个特点:

1. 民事责任是一种违反民事法律规范的法律责任

民事法律规范是对平等主体之间的民事权利与义务以及承担义务形式等所作的规定。违反民事法律规范的行为即民事违法行为,包括:侵害他人的财产权、人身权的侵权行为;违反合同约定义务的违约行为;不履行其他民事法律规定义务的行为,即既不属于授权行为也不同于违约行为的其他民事违法行为,如不当得利等。

2. 民事责任是一种以财产为主要内容的法律责任

民事主体之间的权利义务关系一般直接或间接地与他们的经济利益相联系,不履行民事义务,违反民事法律规范往往会给他人造成财产上的损失。因此,法律要求法律责任的承担者主要是从经济方面承担责任,以弥补受损害人的经济损失。当然,民事责任也并非完全限于财产责任,它还包括非财产性质的责任。如侵害他人人身权时,加害人应承担消除影响、恢复名誉、赔礼道歉等民事责任。

3. 民事责任是为保护民事主体的合法民事权益所设置的法律武器,民事责任制度的实施,可以起到防止、减少民事违法行为和民事权益纠纷的重要作用。

三、承担民事责任的方式

1. 停止侵害

当侵权行为人实施的侵权行为仍然处于继续状态时,受害人可以依法要求法院责令加害人停止侵害人身或财产权的行为。停止侵害可以及时制止侵权行为,防止侵害后果的继续扩大。

2. 排除妨碍

当侵权行为人实施的侵权行为使受害人的财产权利、人身权利无法正常行使时,受害人有权请求排除妨碍。

3. 消除危险

当行为人的行为对他人的人身财产安全造成了威胁,或存在对他人人身、财产造成损害的危险时,处于危险中的人有权要求行为人采取措施消除危险。

4. 返还财产

当侵权行为人没有合法依据,将他人财产据为己有时,受害人有权要求其返还财产。返还财产是物的追及权的表现形式,根据民法理论,无论物权标的物辗转于何人之手,其所有人均可要求物的占有人进行返还。

5. 恢复原状

恢复原状是指侵权行为致使他人的财产遭到损坏或形状改变,受害人有权要求加害人对受损财产进行修复或采取其他措施,使其回复到原来状态。

6. 赔偿损失

当侵权行为人给他人造成财产或人身损害时,应当给予赔偿。所谓赔偿就是以金钱方式对受害人遭受的损失进行弥补。一般来说包括对财产损失的赔偿,对人身损害的赔偿以及精神损害的赔偿。

(1)对财产损失的赔偿。侵权行为人侵犯他人财产权的,首先应返还原物,原物如果损坏但能修复的要尽量修复,修复后导致价值减少的应给予经济补偿,如果既不能返还原物,又不能恢复原状的,就应考虑赔偿损失。

(2)对人身损害的赔偿。侵害公民身体造成伤害的,应当赔偿医疗费、因误工减少收入、残废者生活补助费等费用;造成死亡的,并应当支付丧葬费、死者生前扶养的人必要的生活费等费用。

(3)精神损害的赔偿。所谓精神损害,是指民事主体依法享有的人格权和身份权受到不法侵害,遭受到的精神上的痛苦。对精神损害以金钱的方式给予赔偿可以对受害者以经济上的补偿、精神上的抚慰。精神损害赔偿的内容除要求侵权人承担停止侵害、恢复名誉、消除影响、赔礼道歉等民事责任外,受害人还可要求侵权人赔偿相应的精神损害抚慰金。精神抚慰金的方式包括:致人残疾的,为残疾赔偿金;致人死亡的,为死亡赔偿金;以及其他损害情形的精神抚慰金。

7. 消除影响、恢复名誉

(1)公民的姓名权、肖像权、名誉权、荣誉权受到侵害的,有权要求恢复名誉,消除影响。

(2)法人的名称权、名誉权、荣誉权受到侵害的,也可要求恢复名誉、消除影响。

(3)消除影响,是指行为人因为其侵权行为在一定范围内对受害人的人格权造成了不良影响,应该予以消除。

(4)恢复名誉,是指侵权行为人因其侵权行为导致被害人人格评价降低的,应该使受害人的人格利益恢复至未受侵害前的状态。

8. 赔礼道歉

（1）赔礼道歉是指侵权行为人通过向受害人承认错误、表达歉意、请求原谅的方式以弥补受害人心理上的创伤。

（2）赔礼道歉适用于对公民的姓名权、肖像权、名誉权、荣誉权的侵害及对法人的名称权、名誉权、荣誉权的侵害。

9. 支付违约金

违约金，是指当事人在合同中或合同订立后约定因一方违约而应向另一方支付一定数额的金钱。违约金可分为约定违约金和法定违约金。

《合同法》第114条规定："当事人可以约定一方违约时应当根据违约情况向对方支付一定数额的违约金，也可以约定因违约产生的损失赔偿额的计算方法。

约定的违约金低于造成的损失的，当事人可以请求人民法院或者仲裁机构予以增加；约定的违约金过分高于造成的损失的，当事人可以请求人民法院或者仲裁机构予以适当减少。

当事人就迟延履行约定违约的，违约支付违约金后，还应当履行债务。"

10. 修理、重作、更换

修理、重作、更换，主要适用于违反合同质量条款的民事责任形式。修理，是指使受损害的财产或者不符合合同约定质量的标的物具有应当具备的功能、质量。重作，是指重新加工、制作标的物。更换，是指以符合质量要求的标的物替代已交付的质量不符合要求的标的物。修理和重作可以适用于种类物或者特定物，而更换只能适用于种类物。

种类物是指不具有独立特征，可以互相代替，并可以用品种、规格、度量衡加以计算的物。如一般商店中的商品等。

特定物是指具有独立特征，不能相互代替，可以与其他物相区别的物。它主要包括两类：

（1）独一无二的物，如某画家的某幅画等；

（2）特定化的种类物，就是从一般商品中独立出来的物，它可能与一般种类物差不多，规格、质量、性能等方面都一样，但是它却具有特殊的意义，具有不可代替性，如结婚纪念照等。

3.1.3 行政责任的概念和种类

一、行政责任的概念

行政责任是指行政法律关系主体因违反行政法律规范所应承担的法律后果或应负的法律责任。它包括两种情况：一种是公民和法人因违反行政管理法律、法规的行为而应承担的行政处罚；另一种是国家工作人员因违反政纪或在执行职务时违反行政法规的规定而受到的行政处分。

二、行政责任具有的法律特征

1. 责任主体既包括公民、法人或其他组织，又包括行政机关及其公务员。

2. 行政责任是基于行政法律关系而发生的，是在行政管理中，行政主体一方违法或相对一方违法所引起的。行政主体与公民、法人或其他组织在民事法律关系中违法而引起的责任不是行政责任。

3．行政责任是一种独立的责任,其他法律责任不能代替行政责任,行政责任也不能代替其他法律责任。

三、行政责任的种类

1．行政处罚

为规范行政处罚的设定和实施,我国于1996年3月17日发布了《中华人民共和国行政处罚法》,《行政处罚法》第八条规定了行政处罚的种类,有警告,罚款,没收违法所得、没收非法财物,责令停产停业,暂扣或吊销许可证、暂扣或吊销执照,行政拘留以及法律、行政法规规定的其他行政处罚。

行政处罚的设定有严格的限制:

(1) 法律可以设定各种行政处罚;

(2) 行政法规可以设定除限制人身自由以外的行政处罚;

(3) 地方性法规可以设定除限制人身自由、吊销企业营业执照以外的行政处罚;

(4) 国务院部、委员会制定的规章,可以在法律、行政法规规定的给予行政处罚的行为、种类和幅度的范围内作出具体规定;尚未制定法律、行政法规的,国务院部、委员会制定的规章对违反行政管理秩序的行为,可以设定警告或者一定数量罚款的行政处罚,罚款的限额由国务院规定;

(5) 省、自治区、直辖市人民政府和省、自治区人民政府所在地的市人民政府以及经国务院批准的较大的市人民政府制定的规章,可以在法律、法规规定的给予行政处罚的行为、种类和幅度的范围内作出具体规定;尚未制定法律、法规的,上述地方人民政府制定的规章对违反行政管理秩序的行为,可以设定警告或者一定数量罚款的行政处罚,罚款的限额由省、自治区、直辖市人民代表大会常务委员会规定。

行政机关实施行政处罚,必须严格遵守《行政处罚法》的有关"行政处罚的实施机关"、"行政处罚的管辖和适用"、"行政处罚的决定"以及"行政处罚的执行"等规定。建设行政处罚程序的法律依据是《行政处罚法》和《建设行政处罚程序暂行规定》。没有法定依据或者不遵守法定程序的行政处罚无效。依据《行政处罚法》第六条规定:"公民、法人或者其他组织对行政机关所给予的行政处罚,享有陈述权、申辩权;对行政处罚不服的,有权依法申请行政复议或者提起行政诉讼。公民、法人或者其他组织因行政机关违法给予行政处罚受到损害的,有权依法提出赔偿要求。"

2．行政处分

行政处分,即由国家机关、企事业单位对其工作人员违反行政法规或政纪的行为所实施的制裁,主要有警告、记过、记大过、降职、降薪、撤职、留用察看、开除等。我国对行政处分的规定分布在各个具体的法律法规中。

3.1.4 刑事责任的概念和种类

一、刑事责任的概念

刑事责任是指违法犯罪人对违反刑律的后果所应负的法律责任。它是一种严厉的法

28

律责任。在我国,只有犯罪行为才应当承担刑事责任。

二、刑事责任的特征

根据我国刑法规定,犯罪行为具有如下三个特征:

1. 社会危害性

即犯罪是一种危害社会的行为,如果某一行为根本不可能给社会带来危害,该行为就不是犯罪行为,行为人不应当承担刑事责任。

2. 刑事违法性

即犯罪是触犯刑律的行为,一般违法行为构不成犯罪。

3. 刑罚处罚性

即犯罪是应受刑罚处罚的行为,也只有犯罪行为才能受到刑罚的处罚。

三、刑事责任的种类

我国刑法对触犯刑律的犯罪行为人。主要采取剥夺其某些权利,包括剥夺财产、人身自由、政治权利,甚至剥夺生命等刑罚措施。我国刑法规定的刑罚分主刑、附加刑两类。

主刑包括管制、拘役、有期徒刑、无期徒刑和死刑五种。

附加刑包括罚金、剥夺政治权利和没收财产三种。

3.1.5 民事责任与行政责任、刑事责任的区别

民事责任与行政责任、刑事责任虽然都是具有强制性的法律责任,但他们又分别用于民法、行政法、刑法等不同的法律制度,它们的主要区别有以下几个方面:

1. 性质不同

行政责任、刑事责任是对违反行政法律、触犯刑律的违法行为人的惩戒和处罚,具有鲜明的惩罚性;而民事责任则是民事违法行为人对因违法行为所造成的法律后果所承担的责任,其主要目的是在经济方面补偿受害人受到的财产损失,补偿性是民事责任的根本特征。

2. 根据不同

由于行政责任、刑事责任是对违反行政法、触犯刑律的后果所应负的法律责任,因此,追究违法行为人的行政责任、刑事责任是根据行政法和刑法;而民事责任承担人违反的是民事法律规范,追究其民事责任只能根据民事法律,当然,这也包括其他部门法律中有关民事法律责任的法律规定。

3. 责任承担方式不同

追究行政责任时,对违反行政法的违法行为人主要是采取行政方面的处理、处罚措施,如行政警告、罚款等;追究刑事责任时,对触犯刑律的犯罪行为人主要是采取剥夺其某些权益,包括剥夺财产、人身自由、政治权利,甚至剥夺生命等刑罚措施;而民事责任主要是采取财产责任承担方式,即由民事违法行为人对受害人所造成的损失予以经济上的赔偿。行政责任、刑事责任的某些承担方式中虽也有财产方面的内容,如罚款、没收等,但这些款项不像民事责任那样用来补偿受害人,而是上缴国库。

3.2 建筑工程安全生产主要法律责任的内容

3.2.1 违反《建筑法》的相关法律责任

一、建设单位相关法律责任

建设单位违反本法规定,要求建筑设计单位或者建筑施工企业违反建筑工程质量、安全标准,降低工程质量的,责令改正,可以处以罚款;构成犯罪的,依法追究刑事责任。

二、建筑施工企业相关法律责任

建筑施工企业违反本法规定,对建筑安全事故隐患不采取措施予以消除的,责令改正,可以处以罚款;情节严重的,责令停业整顿,降低资质等级或者吊销资质证书;构成犯罪的,依法追究刑事责任。

建筑施工企业的管理人员违章指挥、强令职工冒险作业,因而发生重大伤亡事故或者造成其他严重后果的,依法追究刑事责任。

三、设计单位相关法律责任

建筑设计单位不按照建筑工程质量、安全标准进行设计的,责令改正,处以罚款;造成工程质量事故的,责令停业整顿,降低资质等级或者吊销资质证书,没收违法所得,并处罚款;造成损失的,承担赔偿责任;构成犯罪的,依法追究刑事责任。

3.2.2 违反《安全生产法》的相关法律责任

一、安全生产监督管理部门相关法律责任

1. 负有安全生产监督管理职责的部门的工作人员,有下列行为之一的,给予降级或者撤职的行政处分;构成犯罪的,依照刑法有关规定追究刑事责任:

(1) 对不符合法定安全生产条件的涉及安全生产的事项予以批准或者验收通过的;

(2) 发现未依法取得批准、验收的单位擅自从事有关活动或者接到举报后不予取缔或者不依法予以处理的;

(3) 对已经依法取得批准的单位不履行监督管理职责,发现其不再具备安全生产条件而不撤销原批准或者发现安全生产违法行为不予查处的。

2. 负有安全生产监督管理职责的部门,要求被审查、验收的单位购买其指定的安全设备、器材或者其他产品的,在对安全生产事项的审查、验收中收取费用的,由其上级机关或者监察机关责令改正,责令退还收取的费用;情节严重的,对直接负责的主管人员和其他直接责任人员依法给予行政处分。

二、生产经营单位相关法律责任

1. 生产经营单位的决策机构、主要负责人、个人经营的投资人不依照本法规定保证安全生产所必需的资金投入,致使生产经营单位不具备安全生产条件的,责令限期改正,提供必需的资金;逾期未改正的,责令生产经营单位停产停业整顿。

有上述违法行为,导致发生生产安全事故,构成犯罪的,依照刑法有关规定追究刑事责任;尚不够刑事处罚的,对生产经营单位的主要负责人给予撤职处分,对个人经营的投资人处 2 万元以上 20 万元以下的罚款。

2. 生产经营单位的主要负责人未履行本法规定的安全生产管理职责的,责令限期改正;逾期未改正的,责令生产经营单位停产停业整顿。

生产经营单位的主要负责人有上述违法行为,导致发生生产安全事故,构成犯罪的,依照刑法有关规定追究刑事责任;尚不够刑事处罚的,给予撤职处分或者处 2 万元以上 20 万元以下的罚款。

生产经营单位的主要负责人依照上述规定受刑事处罚或者撤职处分的,自刑罚执行完毕或者受处分之日起,五年内不得担任任何生产经营单位的主要负责人。

3. 生产经营单位有下列行为之一的,责令限期改正;逾期未改正的,责令停产停业整顿,可以并处 2 万元以下的罚款:

(1) 未按照规定设立安全生产管理机构或者配备安全生产管理人员的;

(2) 危险物品的生产、经营、储存单位以及矿山、建筑施工单位的主要负责人和安全生产管理人员未按照规定经考核合格的;

(3) 未按照本法第二十一条、第二十二条的规定对从业人员进行安全生产教育和培训,或者未按照本法第三十六条的规定如实告知从业人员有关的安全生产事项的;

(4) 特种作业人员未按照规定经专门的安全作业培训并取得特种作业操作资格证书,上岗作业的。

4. 生产经营单位有下列行为之一的,责令限期改正;逾期未改正的,责令停止建设或者停产停业整顿,可以并处 5 万元以下的罚款;造成严重后果,构成犯罪的,依照刑法有关规定追究刑事责任:

(1) 矿山建设项目或者用于生产、储存危险物品的建设项目没有安全设施设计或者安全设施设计未按照规定报经有关部门审查同意的;

(2) 矿山建设项目或者用于生产、储存危险物品的建设项目的施工单位未按照批准的安全设施设计施工的;

(3) 矿山建设项目或者用于生产、储存危险物品的建设项目竣工投入生产或者使用前,安全设施未经验收合格的;

(4) 未在有较大危险因素的生产经营场所和有关设施、设备上设置明显的安全警示标志的;

(5) 安全设备的安装、使用、检测、改造和报废不符合国家标准或者行业标准的;

(6) 未对安全设备进行经常性维护、保养和定期检测的;

(7) 未为从业人员提供符合国家标准或者行业标准的劳动防护用品的;

（8）特种设备以及危险物品的容器、运输工具未经取得专业资质的机构检测、检验合格，取得安全使用证或者安全标志，投入使用的；

（9）使用国家明令淘汰、禁止使用的危及生产安全的工艺、设备的。

5. 未经依法批准，擅自生产、经营、储存危险物品的，责令停止违法行为或者予以关闭，没收违法所得，违法所得10万元以上的，并处违法所得一倍以上五倍以下的罚款，没有违法所得或者违法所得不足10万元的，单处或者并处2万元以上10万元以下的罚款；造成严重后果，构成犯罪的，依照刑法有关规定追究刑事责任。

6. 生产经营单位有下列行为之一的，责令限期改正；逾期未改正的，责令停产停业整顿，可以并处2万元以上10万元以下的罚款；造成严重后果，构成犯罪的，依照刑法有关规定追究刑事责任：

（1）生产、经营、储存、使用危险物品，未建立专门安全管理制度、未采取可靠的安全措施或者不接受有关主管部门依法实施的监督管理的；

（2）对重大危险源未登记建档，或者未进行评估、监控，或者未制定应急预案的；

（3）进行爆破、吊装等危险作业，未安排专门管理人员进行现场安全管理的。

7. 生产经营单位将生产经营项目、场所、设备发包或者出租给不具备安全生产条件或者相应资质的单位或者个人的，责令限期改正，没收违法所得；违法所得5万元以上的，并处违法所得一倍以上五倍以下的罚款；没有违法所得或者违法所得不足5万元的，单处或者并处1万元以上5万元以下的罚款；导致发生生产安全事故给他人造成损害的，与承包方、承租方承担连带赔偿责任。

生产经营单位未与承包单位、承租单位签订专门的安全生产管理协议或者未在承包合同、租赁合同中明确各自的安全生产管理职责，或者未对承包单位、承租单位的安全生产统一协调、管理的，责令限期改正；逾期未改正的，责令停产停业整顿。

8. 两个以上生产经营单位在同一作业区域内进行可能危及对方安全生产的生产经营活动，未签订安全生产管理协议或者未指定专职安全生产管理人员进行安全检查与协调的，责令限期改正；逾期未改正的，责令停产停业。

9. 生产经营单位有下列行为之一的，责令限期改正；逾期未改正的，责令停产停业整顿；造成严重后果，构成犯罪的，依照刑法有关规定追究刑事责任：

（1）生产、经营、储存、使用危险物品的车间、商店、仓库与员工宿舍在同一座建筑内，或者与员工宿舍的距离不符合安全要求的；

（2）生产经营场所和员工宿舍未设有符合紧急疏散需要、标志明显、保持畅通的出口，或者封闭、堵塞生产经营场所或者员工宿舍出口的。

10. 生产经营单位与从业人员订立协议，免除或者减轻其对从业人员因生产安全事故伤亡依法应承担的责任的，该协议无效；对生产经营单位的主要负责人、个人经营的投资人处2万元以上10万元以下的罚款。

11. 生产经营单位的从业人员不服从管理，违反安全生产规章制度或者操作规程的，由生产经营单位给予批评教育，依照有关规章制度给予处分；造成重大事故，构成犯罪的，依照刑法有关规定追究刑事责任。

12. 生产经营单位主要负责人在本单位发生重大生产安全事故时，不立即组织抢救或者在事故调查处理期间擅离职守或者逃匿的,给予降职、撤职的处分,对逃匿的处15日以下拘留;构成犯罪的,依照刑法有关规定追究刑事责任。

生产经营单位主要负责人对生产安全事故隐瞒不报、谎报或者拖延不报的,依照上述规定处罚。

13. 有关地方人民政府、负有安全生产监督管理职责的部门,对生产安全事故隐瞒不报、谎报或者拖延不报的,对直接负责的主管人员和其他直接责任人员依法给予行政处分;构成犯罪的,依照刑法有关规定追究刑事责任。

14. 生产经营单位不具备本法和其他有关法律、行政法规和国家标准或者行业标准规定的安全生产条件,经停产停业整顿仍不具备安全生产条件的,予以关闭;有关部门应当依法吊销其有关证照。

15. 本法规定的行政处罚,由负责安全生产监督管理的部门决定;予以关闭的行政处罚由负责安全生产监督管理的部门报请县级以上人民政府按照国务院规定的权限决定;给予拘留的行政处罚由公安机关依照治安管理处罚条例的规定决定。有关法律、行政法规对行政处罚的决定机关另有规定的,依照其规定。

16. 生产经营单位发生生产安全事故造成人员伤亡、他人财产损失的,应当依法承担赔偿责任;拒不承担或者其负责人逃匿的,由人民法院依法强制执行。

生产安全事故的责任人未依法承担赔偿责任,经人民法院依法采取执行措施后,仍不能对受害人给予足额赔偿的,应当继续履行赔偿义务;受害人发现责任人有其他财产的,可以随时请求人民法院执行。

三、中介机构相关法律责任

承担安全评价、认证、检测、检验工作的机构,出具虚假证明,构成犯罪的,依照刑法有关规定追究刑事责任;尚不够刑事处罚的,没收违法所得,违法所得在5千元以上的,并处违法所得2倍以上5倍以下的罚款,没有违法所得或者违法所得不足5千元的,单处或者并处5千元以上2万元以下的罚款,对其直接负责的主管人员和其他直接责任人员处5千元以上5万元以下的罚款;给他人造成损害的,与生产经营单位承担连带赔偿责任。对有上述违法行为的机构,撤销其相应资格。

3.2.3 违反《建设工程安全生产管理条例》的相关法律责任

一、建设行政主管部门相关法律责任

县级以上人民政府建设行政主管部门或者其他有关行政管理部门的工作人员,有下列行为之一的,给予降级或者撤职的行政处分;构成犯罪的,依照刑法有关规定追究刑事责任:

1. 对不具备安全生产条件的施工单位颁发资质证书的;
2. 对没有安全施工措施的建设工程颁发施工许可证的;
3. 发现违法行为不予查处的;
4. 不依法履行监督管理职责的其他行为。

二、建设单位相关法律责任

1. 建设单位未提供建设工程安全生产作业环境及安全施工措施所需费用的,责令限期改正;逾期未改正的,责令该建设工程停止施工。建设单位未将保证安全施工的措施或者拆除工程的有关资料报送有关部门备案的,责令限期改正,给予警告。

2. 建设单位有下列行为之一的,责令限期改正,处20万元以上50万元以下的罚款;造成重大安全事故,构成犯罪的,对直接责任人员,依照刑法有关规定追究刑事责任;造成损失的,依法承担赔偿责任:

（1）对勘察、设计、施工、工程监理等单位提出不符合安全生产法律、法规和强制性标准规定的要求的;

（2）要求施工单位压缩合同约定的工期的;

（3）将拆除工程发包给不具有相应资质等级的施工单位的。

三、勘察、设计单位相关法律责任

勘察单位、设计单位有下列行为之一的,责令限期改正,处10万元以上30万元以下的罚款;情节严重的,责令停业整顿,降低资质等级,直至吊销资质证书;造成重大安全事故,构成犯罪的,对直接责任人员,依照刑法有关规定追究刑事责任;造成损失的,依法承担赔偿责任:

1. 未按照法律、法规和工程建设强制性标准进行勘察、设计的;

2. 采用新结构、新材料、新工艺的建设工程和特殊结构的建设工程,设计单位未在设计中提出保障施工作业人员安全和预防生产安全事故的措施建议的。

四、工程监理单位相关法律责任

工程监理单位有下列行为之一的,责令限期改正;逾期未改正的,责令停业整顿,并处10万元以上30万元以下的罚款;情节严重的,降低资质等级,直至吊销资质证书;造成重大安全事故,构成犯罪的,对直接责任人员,依照刑法有关规定追究刑事责任;造成损失的,依法承担赔偿责任:

1. 未对施工组织设计中的安全技术措施或者专项施工方案进行审查的;

2. 发现安全事故隐患未及时要求施工单位整改或者暂时停止施工的;

3. 施工单位拒不整改或者不停止施工,未及时向有关主管部门报告的;

4. 未依照法律、法规和工程建设强制性标准实施监理的。

五、施工单位相关法律责任

1. 施工起重机械和整体提升脚手架、模板等自升式架设设施安装、拆卸单位有下列行为之一的,责令限期改正,处5万元以上10万元以下的罚款;情节严重的,责令停业整顿,降低资质等级,直至吊销资质证书;造成损失的,依法承担赔偿责任:

（1）未编制拆装方案、制定安全施工措施的;

（2）未由专业技术人员现场监督的;

（3）未出具自检合格证明或者出具虚假证明的；

（4）未向施工单位进行安全使用说明，办理移交手续的。

施工起重机械和整体提升脚手架、模板等自升式架设设施安装、拆卸单位有前款规定的第1、3项行为，经有关部门或者单位职工提出后，对事故隐患仍不采取措施，因而发生重大伤亡事故或者造成其他严重后果，构成犯罪的，对直接责任人员，依照刑法有关规定追究刑事责任。

2. 施工单位有下列行为之一的，责令限期改正；逾期未改正的，责令停业整顿，依照《中华人民共和国安全生产法》的有关规定处以罚款；造成重大安全事故，构成犯罪的，对直接责任人员，依照刑法有关规定追究刑事责任：

（1）未设立安全生产管理机构、配备专职安全生产管理人员或者分部分项工程施工时无专职安全生产管理人员现场监督的；

（2）施工单位的主要负责人、项目负责人、专职安全生产管理人员、作业人员或者特种作业人员，未经安全教育培训或者经考核不合格即从事相关工作的；

（3）未在施工现场的危险部位设置明显的安全警示标志，或者未按照国家有关规定在施工现场设置消防通道、消防水源、配备消防设施和灭火器材的；

（4）未向作业人员提供安全防护用具和安全防护服装的；

（5）未按照规定在施工起重机械和整体提升脚手架、模板等自升式架设设施验收合格后登记的；

（6）使用国家明令淘汰、禁止使用的危及施工安全的工艺、设备、材料的。

3. 施工单位挪用列入建设工程概算的安全生产作业环境及安全施工措施所需费用的，责令限期改正，处挪用费用20%以上50%以下的罚款；造成损失的，依法承担赔偿责任。

4. 施工单位有下列行为之一的，责令限期改正；逾期未改正的，责令停业整顿，并处5万元以上10万元以下的罚款；造成重大安全事故，构成犯罪的，对直接责任人员，依照刑法有关规定追究刑事责任：

（1）施工前未对有关安全施工的技术要求作出详细说明的；

（2）未根据不同施工阶段和周围环境及季节、气候的变化，在施工现场采取相应的安全施工措施，或者在城市市区内的建设工程的施工现场未实行封闭围挡的；

（3）在尚未竣工的建筑物内设置员工集体宿舍的；

（4）施工现场临时搭建的建筑物不符合安全使用要求的；

（5）未对因建设工程施工可能造成损害的毗邻建筑物、构筑物和地下管线等采取专项防护措施的。

施工单位有前款规定第4、5项行为，造成损失的，依法承担赔偿责任。

5. 施工单位有下列行为之一的，责令限期改正；逾期未改正的，责令停业整顿，并处10万元以上30万元以下的罚款；情节严重的，降低资质等级，直至吊销资质证书；造成重大安全事故，构成犯罪的，对直接责任人员，依照刑法有关规定追究刑事责任；造成损失的，依法承担赔偿责任：

（1）安全防护用具、机械设备、施工机具及配件在进入施工现场前未经查验或者查验不合格即投入使用的；

（2）使用未经验收或者验收不合格的施工起重机械和整体提升脚手架、模板等自升式架设设施的；

（3）委托不具有相应资质的单位承担施工现场安装、拆卸施工起重机械和整体提升脚手架、模板等自升式架设设施的；

（4）在施工组织设计中未编制安全技术措施、施工现场临时用电方案或者专项施工方案的。

6. 施工单位取得资质证书后，降低安全生产条件的，责令限期改正；经整改仍未达到与其资质等级相适应的安全生产条件的，责令停业整顿，降低其资质等级直至吊销资质证书。

六、设备供应单位相关法律责任

1. 为建设工程提供机械设备和配件的单位，未按照安全施工的要求配备齐全有效的保险、限位等安全设施和装置的，责令限期改正，处合同价款 1 倍以上 3 倍以下的罚款；造成损失的，依法承担赔偿责任。

2. 出租单位出租未经安全性能检测或者经检测不合格的机械设备和施工机具及配件的，责令停业整顿，并处 5 万元以上 10 万元以下的罚款；造成损失的，依法承担赔偿责任。

七、建设工程安全生产有关人员相关法律责任

1. 注册执业人员未执行法律、法规和工程建设强制性标准的，责令停止执业 3 个月以上 1 年以下；情节严重的，吊销执业资格证书，5 年内不予注册；造成重大安全事故的，终身不予注册；构成犯罪的，依照刑法有关规定追究刑事责任。

2. 施工单位的主要负责人、项目负责人未履行安全生产管理职责的，责令限期改正；逾期未改正的，责令施工单位停业整顿；造成重大安全事故、重大伤亡事故或者其他严重后果，构成犯罪的，依照刑法有关规定追究刑事责任。

作业人员不服管理、违反规章制度和操作规程冒险作业造成重大伤亡事故或者其他严重后果，构成犯罪的，依照刑法有关规定追究刑事责任。

施工单位的主要负责人、项目负责人有前款违法行为，尚不够刑事处罚的，处 2 万元以上 20 万元以下的罚款或者按照管理权限给予撤职处分；自刑罚执行完毕或者受处分之日起，5 年内不得担任任何施工单位的主要负责人、项目负责人。

3.2.4 违反工程建设强制性标准的相关法律责任

工程建设强制性标准是指直接涉及工程质量、安全、卫生及环境保护等方面的工程建设标准强制性条文。

一、建设单位相关法律责任

建设单位有下列行为之一的，责令改正，并处以 20 万元以上 50 万元以下的罚款：

1. 明示或暗示施工单位使用不合格的建筑材料、建筑构配件的;

2. 明示或暗示设计单位或者施工单位违反工程建设强制性标准,降低工程质量的。

二、勘察、设计单位相关法律责任

勘察、设计单位违反工程建设强制性标准进行勘察、设计的,责令改正,并处以 10 万元以上 30 万元以下的罚款。有前款行为,造成工程质量事故的,责令停业整顿,降低资质等级;情节严重的,吊销资质证书;造成损失的,依法承担赔偿责任。

三、施工单位相关法律责任

施工单位违反工程建设强制性标准的,责令改正,处工程合同价款 2% 以上 4% 以下的罚款;造成建设工程质量不符合规定的质量标准的,负责返工、修理,并赔偿因此而造成的损失;情节严重的,责令停业整顿,降低资质等级或者吊销资质证书。

四、工程监理单位相关法律责任

工程监理单位违反工程建设强制性标准的,将不合格的建设工程以及建筑材料、建筑构配件和设备按照合格签字的,责令改正,处 50 万元以上 100 万元以下的罚款,降低资质等级或者吊销资质证书;有违法所得的,予以没收;造成损失的,承担连带赔偿责任。

五、有关人员的相关法律责任

违反工程建设强制性标准造成工程质量、安全隐患或者工程事故的,按照《建设工程质量管理条例》有关规定,对事故责任单位和责任人进行处罚。

《建设工程质量管理条例》第 73 条:依照本条例规定,注册建筑师、注册结构工程师、监理工程师等注册执业人员因过错造成质量事故的,责令停止执业 1 年;造成重大质量事故的,吊销执业资格证书,5 年以内不予注册;情节特别恶劣的,终身不予注册。

3.2.5 违反《生产安全事故报告和调查处理条例》的相关法律责任

一、事故发生单位主要负责人的法律责任

事故发生单位主要负责人有下列行为之一的,处上一年年收入 40% 至 80% 的罚款;属于国家工作人员的,并依法给予处分;构成犯罪的,依法追究刑事责任:

1. 不立即组织事故抢救的;

2. 迟报或者漏报事故的;

3. 在事故调查处理期间擅离职守的。

事故发生单位主要负责人未依法履行安全生产管理职责,导致事故发生的,依照下列规定处以罚款;属于国家工作人员的,并依法给予处分;构成犯罪的,依法追究刑事责任:

1. 发生一般事故的,处上一年年收入 30% 的罚款;

2. 发生较大事故的,处上一年年收入 40% 的罚款;

3. 发生重大事故的,处上一年年收入 60% 的罚款;

4. 发生特别重大事故的,处上一年年收入80%的罚款。

二、事故发生单位及其有关人员的法律责任

事故发生单位及其有关人员有下列行为之一的,对事故发生单位处100万元以上500万元以下的罚款;对主要负责人、直接负责的主管人员和其他直接责任人员处上一年年收入60%至100%的罚款;属于国家工作人员的,并依法给予处分;构成违反治安管理行为的,由公安机关依法给予治安管理处罚;构成犯罪的,依法追究刑事责任:

1. 谎报或者瞒报事故的;
2. 伪造或者故意破坏事故现场的;
3. 转移、隐匿资金、财产,或者销毁有关证据、资料的;
4. 拒绝接受调查或者拒绝提供有关情况和资料的;
5. 在事故调查中作伪证或者指使他人作伪证的;
6. 事故发生后逃匿的。

三、事故发生单位的法律责任

事故发生单位对事故发生负有责任的,依照下列规定处以罚款:
1. 发生一般事故的,处10万元以上20万元以下的罚款;
2. 发生较大事故的,处20万元以上50万元以下的罚款;
3. 发生重大事故的,处50万元以上200万元以下的罚款;
4. 发生特别重大事故的,处200万元以上500万元以下的罚款。

四、安全生产监督管理部门的法律责任

有关地方人民政府、安全生产监督管理部门和负有安全生产监督管理职责的有关部门有下列行为之一的,对直接负责的主管人员和其他直接责任人员依法给予处分;构成犯罪的,依法追究刑事责任:

1. 不立即组织事故抢救的;
2. 迟报、漏报、谎报或者瞒报事故的;
3. 阻碍、干涉事故调查工作的;
4. 在事故调查中作伪证或者指使他人作伪证的。

五、参与事故调查的人员的法律责任

参与事故调查的人员在事故调查中有下列行为之一的,依法给予处分;构成犯罪的,依法追究刑事责任:

1. 对事故调查工作不负责任,致使事故调查工作有重大疏漏的;
2. 包庇、袒护负有事故责任的人员或者借机打击报复的。

3.2.6　建筑施工企业违反其他有关法律法规的相关法律责任

一、《中华人民共和国大气污染防治法》

违反本法第四十三条第二款规定,在城市市区进行建设施工或者从事其他产生扬尘污染的活动,未采取有效扬尘防治措施,致使大气环境受到污染的,限期改正,处 2 万元以下罚款;对逾期仍未达到当地环境保护规定要求的,可以责令其停工整顿。

前款规定的对因建设施工造成扬尘污染的处罚,由县级以上地方人民政府建设行政主管部门决定;对其他造成扬尘污染的处罚,由县级以上地方人民政府指定的有关主管部门决定。

二、《中华人民共和国环境噪声污染防治法》

建筑施工单位违反本法第三十条第一款的规定,在城市市区噪声敏感建筑物集中区域内,夜间进行禁止进行的产生环境噪声污染的建筑施工作业的,由工程所在地县级以上地方人民政府环境保护行政主管部门责令改正,可以并处罚款。

三、《中华人民共和国劳动法》

1. 用人单位非法招用未满十六周岁的未成年人的,由劳动行政部门责令改正,处以罚款;情节严重的,由工商行政管理部门吊销营业执照。

2. 用人单位违反本法对女职工和未成年工的保护规定,侵害其合法权益的,由劳动行政部门责令改正,处以罚款;对女职工或者未成年工造成损害的,应当承担赔偿责任。

四、《特种设备安全监察条例》

特种设备使用单位有下列情形之一的,由特种设备安全监督管理部门责令限期改正;逾期未改正的,处 2000 元以上 2 万元以下罚款;情节严重的,责令停止使用或者停产停业整顿:

1. 特种设备投入使用前或者使用后 30 日内,未向特种设备安全监督管理部门登记,擅自将其投入使用的;

2. 未依照条例第二十六条的规定,建立特种设备安全技术档案的;

3. 未依照条例第二十七条的规定,对在用特种设备进行经常性日常维护保养和定期自行检查的,或者对在用特种设备的安全附件、安全保护装置、测量调控装置及有关附属仪器仪表进行定期校验、检修,作出记录的;

4. 未按照安全技术规范的定期检验要求,在安全检验合格有效期届满前 1 个月向特种设备检验检测机构提出定期检验要求的;

5. 使用未经定期检验或者检验不合格的特种设备的;

6. 特种设备出现故障或者发生异常情况,未对其进行全面检查、消除事故隐患,继续投入使用的;

7. 未制定特种设备的事故应急措施和救援预案的;

8. 未依照条例第三十二条第二款的规定,对电梯进行清洁、润滑、调整和检查的。

第4章 建设工程
安全生产相关法律、法规及规范性文件

4.1 法 律

4.1.1 中华人民共和国建筑法(节选)

(1997年11月1日中华人民共和国第八届全国人民代表大会常务委员会第二十八次会议通过;1997年11月1日中华人民共和国主席令第91号发布,自1998年3月1日起施行)

第三条 建筑活动应当确保建筑工程质量和安全,符合国家的建筑工程安全标准。

第三十六条 建筑工程安全生产管理必须坚持安全第一、预防为主的方针,建立健全安全生产的责任制度和群防群治制度。

第三十七条 建筑工程设计应当符合按照国家规定制定的建筑安全规程和技术规范,保证工程的安全性能。

第三十八条 建筑施工企业在编制施工组织设计时,应当根据建筑工程的特点制定相应的安全技术措施;对专业性较强的工程项目,应当编制专项安全施工组织设计,并采取安全技术措施。

第三十九条 建筑施工企业应当在施工现场采取维护安全、防范危险、预防火灾等措施;有条件的,应当对施工现场实行封闭管理。施工现场对毗邻的建筑物、构筑物和特殊作业环境可能造成损害的,建筑施工企业应当采取安全防护措施。

第四十条 建设单位应当向建筑施工企业提供与施工现场相关的地下管线资料,建筑施工企业应当采取措施加以保护。

第四十一条 建筑施工企业应当遵守有关环境保护和安全生产的法律、法规的规定,采取控制和处理施工现场的各种粉尘、废气、废水、固体废物以及噪声、振动对环境的污染和危害的措施。

第四十二条 有下列情形之一的,建筑单位应当按照国家有关规定办理申请批准手续:

(一)需要临时占用规划批准范围以外场地的;

(二)可能损坏道路、管线、电力、邮电通讯等公共的;

(三)需要临时停水、停电、中断道路交通的;

(四)需要进行爆破作业的;

（五）法律、法规规定需要办理报批手续的其他情形。

第四十三条　建设行政主管部门负责建筑安全生产的管理，并依法接受劳动行政主管部门对建筑安全生产的指导和监督。

第四十四条　建筑施工企业必须依法加强对建筑安全生产的管理，执行安全生产责任制度，采取有效措施，防止伤亡和其他安全生产事故的发生。建筑施工企业的法定代表人对本企业的安全生产负责。

第四十五条　施工现场安全由建筑施工企业负责。实行施工总承包的，由总承包单位负责。分包单位向总承包单位负责，服从总承包单位对施工现场的安全生产管理。

第四十六条　建筑施工企业应当建立健全劳动安全生产教育培训制度，加强对职工安全生产的教育培训；未经安全生产教育培训的人员，不得上岗作业。

第四十七条　建筑施工企业和作业人员在施工过程中，应当遵守有关安全生产的法律、法规和建筑行业安全规章、规程，不得违章指挥或者违章作业。作业人员有权对影响人身健康的作业程序和作业条件提出改进意见，有权获得安全生产所需的防护用品。作业人员对危及生命安全和人身健康的行为有权提出批评、检举和控告。

第四十八条　建筑施工企业必须为从事危险作业的职工办理意外伤害保险，支付保险费。

第四十九条　涉及建筑主体和承重结构变动的装修工程，建设单位应当在施工前委托原设计单位或者具有相应资质条件的设计单位提出设计方案；没有设计方案的，不得施工。

第五十条　房屋拆除应当由具备保证安全条件的建筑施工单位承担，由建筑施工单位负责人对安全负责。

第五十一条　施工中发生事故时，建筑施工企业应当采取紧急措施减少人员伤亡和事故损失，并按照国家有关规定及时向有关部门报告。

4.1.2　中华人民共和国安全生产法（节选）

（2002 年 6 月 29 日中华人民共和国第九届全国人民代表大会常务委员会第二十八次会议通过 2002 年 6 月 29 日中华人民共和国主席令第 70 号发布，自 2002 年 11 月 1 日起施行）

第四条　生产经营单位必须遵守本法和其他有关安全生产的法律、法规，加强安全生产管理，建立、健全安全生产责任制度，完善安全生产条件，确保安全生产。

第五条　生产经营单位的主要负责人对本单位的安全生产工作全面负责。

第六条　生产经营单位的从业人员有依法获得安全生产保障的权利，并应当依法履行安全生产方面的义务。

第十三条　国家实行生产安全事故责任追究制度，依照本法和有关法律、法规的规定，追究生产安全事故责任人员的法律责任。

第十七条　生产经营单位的主要负责人对本单位安全生产工作负有下列职责：

（一）建立、健全本单位安全生产责任制；

（二）组织制定本单位安全生产规章制度和操作规程；

（三）保证本单位安全生产投入的有效实施；

（四）督促、检查本单位的安全生产工作，及时消除生产安全事故隐患；

（五）组织制定并实施本单位的生产安全事故应急救援预案；

（六）及时、如实报告生产安全事故。

第十八条　生产经营单位应当具备的安全生产条件所必需的资金投入，由生产经营单位的决策机构、主要负责人或者个人经营的投资人予以保证，并对由于安全生产所必需的资金投入不足导致的后果承担责任。

第十九条　矿山、建筑施工单位和危险物品的生产、经营、储存单位，应当设置安全生产管理机构或者配备专职安全生产管理人员。前款规定以外的其他生产经营单位，从业人员超过三百人的，应当设置安全生产管理机构或者配备专职安全生产管理人员；从业人员在三百人以下的，应当配备专职或者兼职的安全生产管理人员，或者委托具有国家规定的相关专业技术资格的工程技术人员提供安全生产管理服务。生产经营单位依照前款规定委托工程技术人员提供安全生产管理服务的，保证安全生产的责任仍由本单位负责。

第二十条　生产经营单位的主要负责人和安全生产管理人员必须具备与本单位所从事的生产经营活动相应的安全生产知识和管理能力。危险物品的生产、经营、储存单位以及矿山、建筑施工单位的主要负责人和安全生产管理人员，应当由有关主管部门对其安全生产知识和管理能力考核合格后方可任职。考核不得收费。

第二十一条　生产经营单位应当对从业人员进行安全生产教育和培训，保证从业人员具备必要的安全生产知识，熟悉有关的安全生产规章制度和安全操作规程，掌握本岗位的安全操作技能。未经安全生产教育和培训合格的从业人员，不得上岗作业。

第二十四条　生产经营单位新建、改建、扩建工程项目（以下统称建设项目）的安全设施，必须与主体工程同时设计、同时施工、同时投入生产和使用。安全设施投资应当纳入建设项目概算。

第二十六条　建设项目安全设施的设计人、设计单位应当对安全设施设计负责。矿山建设项目和用于生产、储存危险物品的建设项目的安全设施设计应当按照国家有关规定报经有关部门审查，审查部门及其负责审查的人员对审查结果负责。

第二十七条　矿山建设项目和用于生产、储存危险物品的建设项目的施工单位必须按照批准的安全设施设计施工，并对安全设施的工程质量负责。矿山建设项目和用于生产、储存危险物品的建设项目竣工投入生产或者使用前，必须依照有关法律、行政法规的规定对安全设施进行验收；验收合格后，方可投入生产和使用。验收部门及其验收人员对验收结果负责。

第二十八条　生产经营单位应当在有较大危险因素的生产经营场所和有关设施、设备上，设置明显的安全警示标志。

第三十条　生产经营单位使用的涉及生命安全、危险性较大的特种设备，以及危险物品的容器、运输工具，必须按照国家有关规定，由专业生产单位生产，并经取得专业资质的检测、检验机构检测、检验合格，取得安全使用证或者安全标志，方可投入使用。检测、检验机构对检测、检验结果负责。涉及生命安全、危险性较大的特种设备的目录由国务院负责特种设备安全监督管理的部门制定，报国务院批准后执行。

第三十一条　国家对严重危及生产安全的工艺、设备实行淘汰制度。生产经营单位不得使用国家明令淘汰、禁止使用的危及生产安全的工艺、设备。

第三十六条　生产经营单位应当教育和督促从业人员严格执行本单位的安全生产规章制度和安全操作规程；并向从业人员如实告知作业场所和工作岗位存在的危险因素、防范措施以及事故应急措施。

第三十七条　生产经营单位必须为从业人员提供符合国家标准或者行业标准的劳动防护用品，并监督、教育从业人员按照使用规则佩戴、使用。

第四十二条　生产经营单位发生重大生产安全事故时，单位的主要负责人应当立即组织抢救，并不得在事故调查处理期间擅离职守。

第四十七条　从业人员发现直接危及人身安全的紧急情况时，有权停止作业或者在采取可能的应急措施后撤离作业场所。生产经营单位不得因从业人员在前款紧急情况下停止作业或者采取紧急撤离措施而降低其工资、福利等待遇或者解除与其订立的劳动合同。

第五十二条　工会有权对建设项目的安全设施与主体工程同时设计、同时施工、同时投入生产和使用进行监督，提出意见。工会对生产经营单位违反安全生产法律、法规，侵犯从业人员合法权益的行为，有权要求纠正；发现生产经营单位违章指挥、强令冒险作业或者发现事故隐患时，有权提出解决的建议，生产经营单位应当及时研究答复；发现危及从业人员生命安全的情况时，有权向生产经营单位建议组织从业人员撤离危险场所，生产经营单位必须立即作出处理。工会有权依法参加事故调查，向有关部门提出处理意见，并要求追究有关人员的责任。

第五十三条　县级以上地方各级人民政府应当根据本行政区域内的安全生产状况，组织有关部门按照职责分工，对本行政区域内容易发生重大生产安全事故的生产经营单位进行严格检查；发现事故隐患，应当及时处理。

第五十四条　依照本法第九条规定对安全生产负有监督管理职责的部门（以下统称负有安全生产监督管理职责的部门）依照有关法律、法规的规定，对涉及安全生产的事项需要审查批准（包括批准、核准、许可、注册、认证、颁发证照等，下同）或者验收的，必须严格依照有关法律、法规和国家标准或者行业标准规定的安全生产条件和程序进行审查；不符合有关法律、法规和国家标准或者行业标准规定的安全生产条件的，不得批准或者验收通过。对未依法取得批准或者验收合格的单位擅自从事有关活动的，负责行政审批的部门发现或者接到举报后应当立即予以取缔，并依法予以处理。对已经依法取得批准的单位，负责行政审批的部门发现其不再具备安全生产条件的，应当撤销原批准。

第五十五条　负有安全生产监督管理职责的部门对涉及安全生产的事项进行审查、验收，不得收取费用；不得要求接受审查、验收的单位购买其指定品牌或者指定生产、销售单位的安全设备、器材或者其他产品。

第六十八条　县级以上地方各级人民政府应当组织有关部门制定本行政区域内特大生产安全事故应急救援预案，建立应急救援体系。

第六十九条　危险物品的生产、经营、储存单位以及矿山、建筑施工单位应当建立应急救援组织；生产经营规模较小，可以不建立应急救援组织的，应当指定兼职的应急救援人员。

危险物品的生产、经营、储存单位以及矿山、建筑施工单位应当配备必要的应急救援器材、设备,并进行经常性维护、保养,保证正常运转。

第七十条　生产经营单位发生生产安全事故后,事故现场有关人员应当立即报告本单位负责人。单位负责人接到事故报告后,应当迅速采取有效措施,组织抢救,防止事故扩大,减少人员伤亡和财产损失,并按照国家有关规定立即如实报告当地负有安全生产监督管理职责的部门,不得隐瞒不报、谎报或者拖延不报,不得故意破坏事故现场、毁灭有关证据。

第八十三条　生产经营单位有下列行为之一的,责令限期改正;逾期未改正的,责令停止建设或者停产停业整顿,可以并处 5 万元以下的罚款;造成严重后果,构成犯罪的,依照刑法有关规定追究刑事责任:

（一）矿山建设项目或者用于生产、储存危险物品的建设项目没有安全设施设计或者安全设施设计未按照规定报经有关部门审查同意的;

（二）矿山建设项目或者用于生产、储存危险物品的建设项目的施工单位未按照批准的安全设施设计施工的;

（三）矿山建设项目或者用于生产、储存危险物品的建设项目竣工投入生产或者使用前,安全设施未经验收合格的;

（四）未在有较大危险因素的生产经营场所和有关设施、设备上设置明显的安全警示标志的;

（五）安全设备的安装、使用、检测、改造和报废不符合国家标准或者行业标准的;

（六）未对安全设备进行经常性维护、保养和定期检测的;

（七）未为从业人员提供符合国家标准或者行业标准的劳动防护用品的;

（八）特种设备以及危险物品的容器、运输工具未经取得专业资质的机构检测、检验合格,取得安全使用证或者安全标志,投入使用的;

（九）使用国家明令淘汰、禁止使用的危及生产安全的工艺、设备的。

4.1.3　中华人民共和国劳动法（节选）

（1994 年 7 月 5 日中华人民共和国第八届全国人民代表大会常务委员会第八次会议通过,1994 年 7 月 5 日中华人民共和国主席令第 28 号发布,自 1995 年 1 月 1 日起施行。）

第五十二条　用人单位必须建立、健全劳动安全卫生制度,严格执行国家劳动安全卫生规程和标准,对劳动者进行劳动安全卫生教育,防止劳动过程中的事故,减少职业危害。

第五十三条　劳动安全卫生设施必须符合国家规定的标准。新建、改建、扩建工程的劳动安全卫生设施必须与主体工程同时设计、同时施工、同时投入生产和使用。

第五十四条　用人单位必须为劳动者提供符合国家规定的劳动安全卫生条件和必要的劳动防护用品,对从事有职业危害作业的劳动者应当定期进行健康检查。

第五十五条　从事特种作业的劳动者必须经过专门培训并取得特种作业资格。

第五十六条　劳动者在劳动过程中必须严格遵守安全操作规程。劳动者对用人单位管理人员违章指挥、强令冒险作业,有权拒绝执行;对危害生命安全和身体健康的行为,有权提出批评、检举和控告。

第五十七条 国家建立伤亡事故和职业病统计报告和处理制度。县级以上各级人民政府劳动行政部门、有关部门和用人单位应当依法对劳动者在劳动过程中发生的伤亡事故和劳动者的职业病状况,进行统计、报告和处理。

第九十二条 用人单位的劳动安全设施和劳动卫生条件不符合国家规定或者未向劳动者提供必要的劳动防护用品和劳动保护设施的,由劳动行政部门或者有关部门责令改正,可以处以罚款;情节严重的,提请县级以上人民政府决定责令停产整顿;对事故隐患不采取措施,致使发生重大事故,造成劳动者生命和财产损失的,对责任人员比照刑法第一百八十七条的规定追究刑事责任。

第九十三条 用人单位强令劳动者违章冒险作业,发生重大伤亡事故,造成严重后果的,对责任人员依法追究刑事责任。

4.1.4 中华人民共和国刑法(节选)

(1979 年 7 月 1 日第五届全国人民代表大会第二次会议通过,1997 年 3 月 14 日第八届全国人民代表大会第五次会议修订,根据 1999 年 12 月 25 日第九届全国人民代表大会常务委员会第十三次会议通过的《中华人民共和国刑法修正案》、2001 年 8 月 31 日第九届全国人民代表大会常务委员会第二十三次会议通过的《中华人民共和国刑法修正案(二)》、2001 年 12 月 29 日中华人民共和国第九届全国人民代表大会常务委员会第二十五次会议通过的《中华人民共和国刑法修正案(三)》、2002 年 12 月 28 日第九届全国人民代表大会常务委员会第三十一次会议通过的《中华人民共和国刑法修正案(四)》、2005 年 2 月 28 日第十届全国人民代表大会常务委员会第十四次会议通过的《中华人民共和国刑法修正案(五)》和 2006 年 6 月 29 日第十届全国人民代表大会常务委员会第二十二次会议通过的《中华人民共和国刑法修正案(六)》修正)

第一编 总 则

第一章 刑法的任务、基本原则和适用范围

第一条 为了惩罚犯罪,保护人民,根据宪法,结合我国同犯罪作斗争的具体经验及实际情况,制定本法。

第二条 中华人民共和国刑法的任务,是用刑罚同一切犯罪行为作斗争,以保卫国家安全,保卫人民民主专政的政权和社会主义制度,保护国有财产和劳动群众集体所有的财产,保护公民私人所有的财产,保护公民的人身权利、民主权利和其他权利,维护社会秩序、经济秩序,保障社会主义建设事业的顺利进行。

第三条 法律明文规定为犯罪行为的,依照法律定罪处刑;法律没有明文规定为犯罪行为的,不得定罪处刑。

第四条 对任何人犯罪,在适用法律上一律平等。不允许任何人有超越法律的特权。

第五条 刑罚的轻重,应当与犯罪分子所犯罪行和承担的刑事责任相适应。

第六条 凡在中华人民共和国领域内犯罪的,除法律有特别规定的以外,都适用本法。凡在中华人民共和国船舶或者航空器内犯罪的,也适用本法。

犯罪的行为或者结果有一项发生在中华人民共和国领域内的,就认为是在中华人民共和国领域内犯罪。

第七条　中华人民共和国公民在中华人民共和国领域外犯本法规定之罪的,适用本法,但是按本法规定的最高刑为三年以下有期徒刑的,可以不予追究。

中华人民共和国国家工作人员和军人在中华人民共和国领域外犯本法规定之罪的,适用本法。

第八条　外国人在中华人民共和国领域外对中华人民共和国国家或者公民犯罪,而按本法规定的最低刑为三年以上有期徒刑的,可以适用本法,但是按照犯罪地的法律不受处罚的除外。

第九条　对于中华人民共和国缔结或者参加的国际条约所规定的罪行,中华人民共和国在所承担条约义务的范围内行使刑事管辖权的,适用本法。

第十条　凡在中华人民共和国领域外犯罪,依照本法应当负刑事责任的,虽然经过外国审判,仍然可以依照本法追究,但是在外国已经受过刑罚处罚的,可以免除或者减轻处罚。

第十一条　享有外交特权和豁免权的外国人的刑事责任,通过外交途径解决。

第十二条　中华人民共和国成立以后本法施行以前的行为,如果当时的法律不认为是犯罪的,适用当时的法律;如果当时的法律认为是犯罪的,依照本法总则第四章第八节的规定应当追诉的,按照当时的法律追究刑事责任,但是如果本法不认为是犯罪或者处刑较轻的,适用本法。

本法施行以前,依照当时的法律已经作出的生效判决,继续有效。

第二章　犯　罪

第一节　犯罪和刑事责任

第十三条　一切危害国家主权、领土完整和安全,分裂国家、颠覆人民民主专政的政权和推翻社会主义制度,破坏社会秩序和经济秩序,侵犯国有财产或者劳动群众集体所有的财产,侵犯公民私人所有的财产,侵犯公民的人身权利、民主权利和其他权利,以及其他危害社会的行为,依照法律应当受刑罚处罚的,都是犯罪,

但是情节显著轻微危害不大的,不认为是犯罪。

第十四条　明知自己的行为会发生危害社会的结果,并且希望或者放任这种结果发生,因而构成犯罪的,是故意犯罪。

故意犯罪,应当负刑事责任。

第十五条　应当预见自己的行为可能发生危害社会的结果,因为疏忽大意而没有预见,或者已经预见而轻信能够避免,以致发生这种结果的,是过失犯罪。

过失犯罪,法律有规定的才负刑事责任。

第十六条　行为在客观上虽然造成了损害结果,但是不是出于故意或者过失,而是由于不能抗拒或者不能预见的原因所引起的,不是犯罪。

第十七条　已满十六周岁的人犯罪,应当负刑事责任。

已满十四周岁不满十六周岁的人,犯故意杀人、故意伤害致人重伤或者死亡、强奸、抢劫、贩卖毒品、放火、爆炸、投毒罪的,应当负刑事责任。

已满十四周岁不满十八周岁的人犯罪,应当从轻或者减轻处罚。

因不满十六周岁不予刑事处罚的,责令他的家长或者监护人加以管教;在必要的时候,也可以由政府收容教养。

第十八条 精神病人在不能辨认或者不能控制自己行为的时候造成危害结果,经法定程序鉴定确认的,不负刑事责任,但是应当责令他的家属或者监护人严加看管和医疗;在必要的时候,由政府强制医疗。

间歇性的精神病人在精神正常的时候犯罪,应当负刑事责任。

尚未完全丧失辨认或者控制自己行为能力的精神病人犯罪的,应当负刑事责任,但是可以从轻或者减轻处罚。

醉酒的人犯罪,应当负刑事责任。

第十九条 又聋又哑的人或者盲人犯罪,可以从轻、减轻或者免除处罚。

第二十条 为了使国家、公共利益、本人或者他人的人身、财产和其他权利免受正在进行的不法侵害,而采取的制止不法侵害的行为,对不法侵害人造成损害的,属于正当防卫,不负刑事责任。

正当防卫明显超过必要限度造成重大损害的,应当负刑事责任,但是应当减轻或者免除处罚。

对正在进行行凶、杀人、抢劫、强奸、绑架以及其他严重危及人身安全的暴力犯罪,采取防卫行为,造成不法侵害人伤亡的,不属于防卫过当,不负刑事责任。

第二十一条 为了使国家、公共利益、本人或者他人的人身、财产和其他权利免受正在发生的危险,不得已采取的紧急避险行为,造成损害的,不负刑事责任。

紧急避险超过必要限度造成不应有的损害的,应当负刑事责任,但是应当减轻或者免除处罚。

第一款中关于避免本人危险的规定,不适用于职务上、业务上负有特定责任的人。

第二节　犯罪的预备、未遂和中止

第二十二条 为了犯罪,准备工具、制造条件的,是犯罪预备。

对于预备犯,可以比照既遂犯从轻、减轻处罚或者免除处罚。

第二十三条 已经着手实行犯罪,由于犯罪分子意志以外的原因而未得逞的,是犯罪未遂。

对于未遂犯,可以比照既遂犯从轻或者减轻处罚。

第二十四条 在犯罪过程中,自动放弃犯罪或者自动有效地防止犯罪结果发生的,是犯罪中止。

对于中止犯,没有造成损害的,应当免除处罚;造成损害的,应当减轻处罚。

第三节　共同犯罪

第二十五条 共同犯罪是指二人以上共同故意犯罪。

二人以上共同过失犯罪,不以共同犯罪论处;应当负刑事责任的,按照他们所犯的罪分别处罚。

第二十六条 组织、领导犯罪集团进行犯罪活动的或者在共同犯罪中起主要作用的，是主犯。

三人以上为共同实施犯罪而组成的较为固定的犯罪组织，是犯罪集团。

对组织、领导犯罪集团的首要分子，按照集团所犯的全部罪行处罚。

对于第三款规定以外的主犯，应当按照其所参与的或者组织、指挥的全部犯罪处罚。

第二十七条 在共同犯罪中起次要或者辅助作用的，是从犯。

对于从犯，应当从轻、减轻处罚或者免除处罚。

第二十八条 对于被胁迫参加犯罪的，应当按照他的犯罪情节减轻处罚或者免除处罚。

第二十九条 教唆他人犯罪的，应当按照他在共同犯罪中所起的作用处罚。教唆不满十八周岁的人犯罪的，应当从重处罚。

如果被教唆的人没有犯被教唆的罪，对于教唆犯，可以从轻或者减轻处罚。

第四节　单位犯罪

第三十条 公司、企业、事业单位、机关、团体实施的危害社会的行为，法律规定为单位犯罪的，应当负刑事责任。

第三十一条 单位犯罪的，对单位判处罚金，并对其直接负责的主管人员和其他直接责任人员判处刑罚。

本法分则和其他法律另有规定的，依照规定。

第三章　刑　　罚

第一节　刑罚的种类

第三十二条 刑罚分为主刑和附加刑。

第三十三条 主刑的种类如下：

（一）管制；

（二）拘役；

（三）有期徒刑；

（四）无期徒刑；

（五）死刑。

第三十四条 附加刑的种类如下：

（一）罚金；

（二）剥夺政治权利；

（三）没收财产。

附加刑也可以独立适用。

第三十五条 对于犯罪的外国人，可以独立适用或者附加适用驱逐出境。

第三十六条 由于犯罪行为而使被害人遭受经济损失的，对犯罪分子除依法给予刑事处罚外，并应根据情况判处赔偿经济损失。

承担民事赔偿责任的犯罪分子，同时被处罚金，其财产不足以全部支付的，或者被判处没收财产的,应当先承担对被害人的民事赔偿责任。

第三十七条　对于犯罪情节轻微不需要判处刑罚的,可以免予刑事处罚,但是可以根据案件的不同情况,予以训诫或者责令具结悔过、赔礼道歉、赔偿损失,或者由主管部门予以行政处罚或者行政处分。

第二节　管　　制

第三十八条　管制的期限,为三个月以上二年以下。

被判处管制的犯罪分子,由公安机关执行。

第三十九条　被判处管制的犯罪分子,在执行期间,应当遵守下列规定:

(一)遵守法律、行政法规,服从监督;

(二)未经执行机关批准,不得行使言论、出版、集会、结社、游行、示威自由的权利;

(三)按照执行机关规定报告自己的活动情况;

(四)遵守执行机关关于会客的规定;

(五)离开所居住的市、县或者迁居,应当报经执行机关批准。

对于被判处管制的犯罪分子,在劳动中应当同工同酬。

第四十条　被判处管制的犯罪分子,管制期满,执行机关应即向本人和其所在单位或者居住地的群众宣布解除管制。

第四十一条　管制的刑期,从判决执行之日起计算;判决执行以前先行羁押的,羁押一日折抵刑期二日。

第三节　拘　　役

第四十二条　拘役的期限,为一个月以上六个月以下。

第四十三条　被判处拘役的犯罪分子,由公安机关就近执行。

在执行期间,被判处拘役的犯罪分子每月可以回家一天至两天;参加劳动的,可以酌量发给报酬。

第四十四条　拘役的刑期,从判决执行之日起计算;判决执行以前先行羁押的,羁押一日折抵刑期一日。

第二编　分　　则

第一百三十四条　在生产、作业中违反有关安全管理的规定,因而发生重大伤亡事故或者造成其他严重后果的,处三年以下有期徒刑或者拘役;情节特别恶劣的,处三年以上七年以下有期徒刑。

强令他人违章冒险作业,因而发生重大伤亡事故或者造成其他严重后果的,处五年以下有期徒刑或者拘役;情节特别恶劣的,处五年以上有期徒刑。

第一百三十五条　安全生产设施或者安全生产条件不符合国家规定,因而发生重大伤亡事故或者造成其他严重后果的,对直接负责的主管人员和其他直接责任人员,处三年以下有期徒刑或者拘役;情节特别恶劣的,处三年以上七年以下有期徒刑。

举办大型群众性活动违反安全管理规定,因而发生重大伤亡事故或者造成其他严重后果的,对直接负责的主管人员和其他直接责任人员,处三年以下有期徒刑或者拘役;情节特别恶劣的,处三年以上七年以下有期徒刑。

第一百三十六条　违反爆炸性、易燃性、放射性、毒害性、腐蚀性物品的管理规定,在生产、储存、运输、使用中发生重大事故,造成严重后果的,处三年以下有期徒刑或者拘役;后果特别严重的,处三年以上七年以下有期徒刑。

第一百三十七条　建设单位、设计单位、施工单位、工程监理单位违反国家规定,降低工程质量标准,造成重大安全事故的,对直接责任人员,处五年以下有期徒刑或者拘役,并处罚金;后果特别严重的,处五年以上十年以下有期徒刑,并处罚金。

第一百三十九条　违反消防管理法规,经消防监督机构通知采取改正措施而拒绝执行,造成严重后果的,对直接责任人员,处三年以下有期徒刑或者拘役;后果特别严重的,处三年以上七年以下有期徒刑。

在安全事故发生后,负有报告职责的人员不报或者谎报事故情况,贻误事故抢救,情节严重的,处三年以下有期徒刑或者拘役;情节特别严重的,处三年以上七年以下有期徒刑。

第二百二十三条　投标人相互串通投标报价,损害招标人或者其他投标人利益,情节严重的,处三年以下有期徒刑或者拘役,并处或者单处罚金。

投标人与招标人串通投标,损害国家、集体、公民的合法利益的,依照前款的规定处罚。

第二百二十八条　以牟利为目的,违反土地管理法规,非法转让、倒卖土地使用权,情节严重的,处三年以下有期徒刑或者拘役,并处或者单处非法转让、倒卖土地使用权价额百分之五以上百分之二十以下罚金;情节特别严重的,处三年以上七年以下有期徒刑,并处非法转让、倒卖土地使用权价额百分之五以上百分之二十以下罚金。

第二百四十四条　用人单位违反劳动管理法规,以限制人身自由方法强迫职工劳动,情节严重的,对直接责任人员,处三年以下有期徒刑或者拘役,并处或者单处罚金。

违反劳动管理法规,雇用未满十六周岁的未成年人从事超强度体力劳动的,或者从事高空、井下作业的,或者在爆炸性、易燃性、放射性、毒害性等危险环境下从事劳动,情节严重的,对直接责任人员,处三年以下有期徒刑或者拘役,并处罚金;情节特别严重的,处三年以上七年以下有期徒刑,并处罚金。

有前款行为,造成事故,又构成其他犯罪的,依照数罪并罚的规定处罚。

第三百三十八条　违反国家规定,向土地、水体、大气排放、倾倒或者处置有放射性的废物、含传染病病原体的废物、有毒物质或者其他危险废物,造成重大环境污染事故,致使公私财产遭受重大损失或者人身伤亡的严重后果的,处三年以下有期徒刑或者拘役,并处或者单处罚金;后果特别严重的,处三年以上七年以下有期徒刑,并处罚金。

第三百四十二条　违反土地管理法规,非法占用耕地、林地等农用地,改变被占用土地用途,数量较大,造成耕地、林地等农用地大量毁坏的,处五年以下有期徒刑或者拘役,并处或者单处罚金。

4.1.5　中华人民共和国消防法(节选)

(1998年4月29日第九届全国人民代表大会常务委员会第二次会议通过,1998年中华人民共和国主席令第四号公布,自1998年9月1日起施行)

第九条　生产、储存和装卸易燃易爆危险物品的工厂、仓库和专用车站、码头,必须设置在城市的边缘或者相对独立的安全地带。易燃易爆气体和液体的充装站、供应站、调压站,应当设置在合理的位置,符合防火防爆要求。原有的生产、储存和装卸易燃易爆危险物品的工厂、仓库和专用车站、码头,易燃易爆气体和液体的充装站、供应站、调压站,不符合前款规定的,有关单位应当采取措施,限期加以解决。

第十条 按照国家工程建筑消防技术标准需要进行消防设计的建筑工程,设计单位应当按照国家工程建筑消防技术标准进行设计,建设单位应当将建筑工程的消防设计图纸及有关资料报送公安消防机构审核;未经审核或者经审核不合格的,建设行政主管部门不得发给施工许可证,建设单位不得施工。经公安消防机构审核的建筑工程消防设计需要变更的,应当报经原审核的公安消防机构核准;未经核准的,任何单位、个人不得变更。按照国家工程建筑消防技术标准进行消防设计的建筑工程竣工时,必须经公安消防机构进行消防验收;未经验收或者经验收不合格的,不得投入使用。

第十一条 建筑构件和建筑材料的防火性能必须符合国家标准或者行业标准。公共场所室内装修、装饰根据国家工程建筑消防技术标准的规定,应当使用不燃、难燃材料的,必须选用依照产品质量法的规定确定的检验机构检验合格的材料。

第十八条 禁止在具有火灾、爆炸危险的场所使用明火;因特殊情况需要使用明火作业的,应当按照规定事先办理审批手续。作业人员应当遵守消防安全规定,并采取相应的消防安全措施。进行电焊、气焊等具有火灾危险的作业的人员和自动消防系统的操作人员,必须持证上岗,并严格遵守消防安全操作规程。

第二十一条 任何单位、个人不得损坏或者擅自挪用、拆除、停用消防设施、器材,不得埋压、圈占消火栓,不得占用防火间距,不得堵塞消防通道。公用和城建等单位在修建道路以及停电、停水、截断通信线路时有可能影响消防队灭火救援的,必须事先通知当地公安消防机构。

第四十条 违反本法的规定,有下列行为之一的,责令限期改正;逾期不改正的,责令停止施工、停止使用或者停产停业,可以并处罚款:

(一)建筑工程的消防设计未经公安消防机构审核或者经审核不合格,擅自施工的;

(二)依法应当进行消防设计的建筑工程竣工时未经消防验收或者经验收不合格,擅自使用的;

(三)公众聚集的场所未经消防安全检查或者经检查不合格,擅自使用或者开业的。

单位有前款行为的,依照前款的规定处罚,并对其直接负责的主管人员和其他直接责任人员处警告或者罚款。

第四十二条 违反本法的规定,擅自降低消防技术标准施工、使用防火性能不符合国家标准或者行业标准的建筑构件和建筑材料或者不合格的装修、装饰材料施工的,责令限期改正;逾期不改正的,责令停止施工,可以并处罚款。单位有前款行为的,依照前款的规定处罚,并对其直接负责的主管人员和其他直接责任人员处警告或者罚款。

第五十二条 公安消防机构的工作人员在消防工作中滥用职权、玩忽职守、徇私舞弊,有下列行为之一,给国家和人民利益造成损失,尚不构成犯罪的,依法给予行政处分:

(一)对不符合国家建筑工程消防技术标准的消防设计、建筑工程通过审核、验收的;

(二)对应当依法审核、验收的消防设计、建筑工程,故意拖延,不予审核、验收的;

(三)发现火灾隐患不及时通知有关单位或者个人改正的;

（四）利用职务为用户指定消防产品的销售单位、品牌或者指定建筑消防设施施工单位的；

（五）其他滥用职权、玩忽职守、徇私舞弊的行为。

4.1.6　中华人民共和国环境保护法（节选）

（1989 年 12 月 26 日第七届全国人民代表大会常务委员会第十一次会议通过，1989 年 12 月 26 日中华人民共和国主席令第二十二号公布，1989 年 12 月 26 日起施行）

第二十三条　城乡建设应当结合当地自然环境的特点，保护植被、水域和自然景观，加强城市园林、绿地和风景名胜区的建设。

第二十六条　建设项目中防治污染的设施，必须与主体工程同时设计、同时施工、同时投产使用。防治污染的设施必须经原审批环境影响报告书的环境保护行政主管部门验收合格后，该建设项目方可投入生产或者使用。防治污染的设施不得擅自拆除或者闲置，确有必要拆除或者闲置的，必须征得所在地的环境保护行政主管部门同意。

第三十六条　建设项目的防治污染设施没有建成或者没有达到国家规定的要求投入生产或者使用的，由批准该建设项目的环境影响报告书的环境保护行政主管部门责令停止生产或者使用，可以并处罚款。

4.1.7　中华人民共和国环境噪声污染防治法（节选）

（1996 年 10 月 29 日第八届全国人民代表大会常务委员会第二十二次会议通过，中华人民共和国主席令 77 号公布，自 1997 年 3 月 1 日起施行）

第五条　地方各级人民政府在制定城乡建设规划时，应当充分考虑建设项目和区域开发、改造所产生的噪声对周围生活环境的影响，统筹规划，合理安排功能区和建设布局，防止或者减轻环境噪声污染。

第十二条　城市规划部门在确定建设布局时，应当依据国家声环境质量标准和民用建筑隔声设计规范，合理划定建筑物与交通干线的防噪声距离，并提出相应的规划设计要求。

第十三条　新建、改建、扩建的建设项目，必须遵守国家有关建设项目环境保护管理的规定。建设项目可能产生环境噪声污染的，建设单位必须提出环境影响报告书，规定环境噪声污染的防治措施，并按照国家规定的程序报环境保护行政主管部门批准。环境影响报告书中，应当有该建设项目所在地单位和居民的意见。

第十四条　建设项目的环境噪声污染防治设施必须与主体工程同时设计、同时施工、同时投产使用。

建设项目在投入生产或者使用之前，其环境噪声污染防治设施必须经原审批环境影响报告书的环境保护行政主管部门验收；达不到国家规定要求的，该建设项目不得投入生产或者使用。

第十五条　产生环境噪声污染的企业事业单位，必须保持防治环境噪声污染的设施的正常使用；拆除或者闲置环境噪声污染防治设施的，必须事先报经所在地的县级以上地方人民政府环境保护行政主管部门批准。

第二十七条　本法所称建筑施工噪声,是指在建筑施工过程中产生的干扰周围生活环境的声音。

第二十八条　在城市市区范围内向周围生活环境排放建筑施工噪声的,应当符合国家规定的建筑施工场界环境噪声排放标准。

第二十九条　在城市市区范围内,建筑施工过程中使用机械设备,可能产生环境噪声污染的,施工单位必须在工程开工十五日以前向工程所在地县级以上地方人民政府环境保护行政主管部门申报该工程的项目名称、施工场所和期限、可能产生的环境噪声值以及所采取的环境噪声污染防治措施的情况。

第三十条　在城市市区噪声敏感建筑物集中区域内,禁止夜间进行产生环境噪声污染的建筑施工作业,但抢修、抢险作业和因生产工艺上要求或者特殊需要必须连续作业的除外。因特殊需要必须连续作业的,必须有县级以上人民政府或者其有关主管部门的证明。前款规定的夜间作业,必须公告附近居民。

第四十八条　违反本法第十四条的规定,建设项目中需要配套建设的环境噪声污染防治设施没有建成或者没有达到国家规定的要求,擅自投入生产或者使用的,由批准该建设项目的环境影响报告书的环境保护行政主管部门责令停止生产或者使用,可以并处罚款。

第五十六条　建筑施工单位违反本法第三十条第一款的规定,在城市市区噪声敏感建筑物集中区域内,夜间进行禁止进行的产生环境噪声污染的建筑施工作业的,由工程所在地县级以上地方人民政府环境保护行政主管部门责令改正,可以并处罚款。

4.1.8　中华人民共和国固体废物污染环境防治法(节选)

(1995年10月30日第八届全国人民代表大会常务委员会第十六次会议通过,中华人民共和国主席令第58号发布,自1996年4月1日起施行)

第四十一条　施工单位应当及时清运、处置建筑施工过程中产生的垃圾,并采取措施,防止污染环境。

4.1.9　中华人民共和国环境影响评价法(节选)

(2002年10月28日中华人民共和国主席令第77号公布,自2003年9月1日起施行。)

第三章　建设项目的环境影响评价

第十六条　国家根据建设项目对环境的影响程度,对建设项目的环境影响评价实行分类管理。

建设单位应当按照下列规定组织编制环境影响报告书、环境影响报告表或者填报环境影响登记表(以下统称环境影响评价文件):

(一)可能造成重大环境影响的,应当编制环境影响报告书,对产生的环境影响进行全面评价;

(二)可能造成轻度环境影响的,应当编制环境影响报告表,对产生的环境影响进行分析或者专项评价；

（三）对环境影响很小、不需要进行环境影响评价的,应当填报环境影响登记表。

建设项目的环境影响评价分类管理名录,由国务院环境保护行政主管部门制定并公布。

第十七条 建设项目的环境影响报告书应当包括下列内容：

（一）建设项目概况；

（二）建设项目周围环境现状；

（三）建设项目对环境可能造成影响的分析、预测和评估；

（四）建设项目环境保护措施及其技术、经济论证；

（五）建设项目对环境影响的经济损益分析；

（六）对建设项目实施环境监测的建议；

（七）环境影响评价的结论。

涉及水土保持的建设项目,还必须有经水行政主管部门审查同意的水土保持方案。

环境影响报告表和环境影响登记表的内容和格式,由国务院环境保护行政主管部门制定。

第十八条 建设项目的环境影响评价,应当避免与规划的环境影响评价相重复。

作为一项整体建设项目的规划,按照建设项目进行环境影响评价,不进行规划的环境影响评价。

已经进行了环境影响评价的规划所包含的具体建设项目,其环境影响评价内容建设单位可以简化。

第十九条 接受委托为建设项目环境影响评价提供技术服务的机构,应当经国务院环境保护行政主管部门考核审查合格后,颁发资质证书,按照资质证书规定的等级和评价范围,从事环境影响评价服务,并对评价结论负责。为建设项目环境影响评价提供技术服务的机构的资质条件和管理办法,由国务院环境保护行政主管部门制定。

国务院环境保护行政主管部门对已取得资质证书的为建设项目环境影响评价提供技术服务的机构的名单,应当予以公布。

为建设项目环境影响评价提供技术服务的机构,不得与负责审批建设项目环境影响评价文件的环境保护行政主管部门或者其他有关审批部门存在任何利益关系。

第二十条 环境影响评价文件中的环境影响报告书或者环境影响报告表,应当由具有相应环境影响评价资质的机构编制。

任何单位和个人不得为建设单位指定对其建设项目进行环境影响评价的机构。

第二十一条 除国家规定需要保密的情形外,对环境可能造成重大影响、应当编制环境影响报告书的建设项目,建设单位应当在报批建设项目环境影响报告书前,举行论证会、听证会,或者采取其他形式,征求有关单位、专家和公众的意见。

建设单位报批的环境影响报告书应当附具对有关单位、专家和公众的意见采纳或者不采纳的说明。

第二十二条 建设项目的环境影响评价文件,由建设单位按照国务院的规定报有审批权的环境保护行政主管部门审批;建设项目有行业主管部门的,其环境影响报告书或者环境影响报告表应当经行业主管部门预审后,报有审批权的环境保护行政主管部门审批。

海洋工程建设项目的海洋环境影响报告书的审批,依照《中华人民共和国海洋环境保护法》的规定办理。

审批部门应当自收到环境影响报告书之日起 60 日内,收到环境影响报告表之日起 30 日内,收到环境影响登记表之日起 15 日内,分别作出审批决定并书面通知建设单位。

预审、审核、审批建设项目环境影响评价文件,不得收取任何费用。

第二十三条 国务院环境保护行政主管部门负责审批下列建设项目的环境影响评价文件:

(一)核设施、绝密工程等特殊性质的建设项目;

(二)跨省、自治区、直辖市行政区域的建设项目;

(三)由国务院审批的或者由国务院授权有关部门审批的建设项目。

前款规定以外的建设项目的环境影响评价文件的审批权限,由省、自治区、直辖市人民政府规定。

建设项目可能造成跨行政区域的不良环境影响,有关环境保护行政主管部门对该项目的环境影响评价结论有争议的,其环境影响评价文件由共同的上一级环境保护行政主管部门审批。

第二十四条 建设项目的环境影响评价文件经批准后,建设项目的性质、规模、地点、采用的生产工艺或者防治污染、防止生态破坏的措施发生重大变动的,建设单位应当重新报批建设项目的环境影响评价文件。

建设项目的环境影响评价文件自批准之日起超过五年,方决定该项目开工建设的,其环境影响评价文件应当报原审批部门重新审核;原审批部门应当自收到建设项目环境影响评价文件之日起十日内,将审核意见书面通知建设单位。

第二十五条 建设项目的环境影响评价文件未经法律规定的审批部门审查或者审查后未予批准的,该项目审批部门不得批准其建设,建设单位不得开工建设。

第二十六条 建设项目建设过程中,建设单位应当同时实施环境影响报告书、环境影响报告表以及环境影响评价文件审批部门审批意见中提出的环境保护对策措施。

第二十七条 在项目建设、运行过程中产生不符合经审批的环境影响评价文件的情形的,建设单位应当组织环境影响的后评价,采取改进措施,并报原环境影响评价文件审批部门和建设项目审批部门备案;原环境影响评价文件审批部门也可以责成建设单位进行环境影响的后评价,采取改进措施。

第二十八条 环境保护行政主管部门应当对建设项目投入生产或者使用后所产生的环境影响进行跟踪检查,对造成严重环境污染或者生态破坏的,应当查清原因、查明责任。对属于为建设项目环境影响评价提供技术服务的机构编制不实的环境影响评价文件的,依照本法第三十三条的规定追究其法律责任;属于审批部门工作人员失职、渎职,对依法不应批准的建设项目环境影响评价文件予以批准的,依照本法第三十五条的规定追究其法律责任。

4.1.10　中华人民共和国行政处罚法(节选)

(1996 年 3 月 17 日 第八届全国人民代表大会第四次会议通过,1996 年 10 月 1 日公布,自公布之日起施行)

第六条　公民、法人或者其他组织对行政机关所给予的行政处罚,享有陈述权、申辩权;对行政处罚不服的,有权依法申请行政复议或者提起行政诉讼。

公民、法人或者其他组织因行政机关违法给予行政处罚受到损害的,有权依法提出赔偿要求。

第七条　公民、法人或者其他组织因违法受到行政处罚,其违法行为对他人造成损害的,应当依法承担民事责任。

违法行为构成犯罪的,应当依法追究刑事责任,不得以行政处罚代替刑事处罚。

第三十条　公民、法人或者其他组织违反行政管理秩序的行为,依法应当给予行政处罚的,行政机关必须查明事实;违法事实不清的,不得给予行政处罚。

第三十一条　行政机关在作出行政处罚决定之前,应当告知当事人作出行政处罚决定的事实、理由及依据,并告知当事人依法享有的权利。

第三十二条　当事人有权进行陈述和申辩。行政机关必须充分听取当事人的意见,对当事人提出的事实、理由和证据,应当进行复核;当事人提出的事实、理由或者证据成立的,行政机关应当采纳。

行政机关不得因当事人申辩而加重处罚。

第三十九条　行政机关依照本法第三十八条的规定给予行政处罚,应当制作行政处罚决定书。行政处罚决定书应当载明下列事项:

(一) 当事人的姓名或者名称、地址;

(二) 违反法律、法规或者规章的事实和证据;

(三) 行政处罚的种类和依据;

(四) 行政处罚的履行方式和期限;

(五) 不服行政处罚决定,申请行政复议或者提起行政诉讼的途径和期限;

(六) 作出行政处罚决定的行政机关名称和作出决定的日期。

行政处罚决定书必须盖有作出行政处罚决定的行政机关的印章。

第四十条　行政处罚决定书应当在宣告后当场交付当事人;当事人不在场的,行政机关应当在七日内依照民事诉讼法的有关规定,将行政处罚决定书送达当事人。

第四十一条　行政机关及其执法人员在作出行政处罚决定之前,不依照本法第三十一条、第三十二条的规定向当事人告知给予行政处罚的事实、理由和依据,或者拒绝听取当事人的陈述、申辩的,行政处罚决定不能成立;当事人放弃陈述或者申辩权利的除外。

第四十二条　行政机关作出责令停产停业、吊销许可证或者执照、较大数额罚款等行政处罚决定之前,应当告知当事人有要求举行听证的权利;当事人要求听证的,行政机关应当组织听证。当事人不承担行政机关组织听证的费用。听证依照以下程序组织:

(一) 当事人要求听证的,应当在行政机关告知后三日内提出;

(二) 行政机关应当在听证的七日前,通知当事人举行听证的时间、地点;

（三）除涉及国家秘密、商业秘密或者个人隐私外，听证公开举行；

（四）听证由行政机关指定的非本案调查人员主持；当事人认为主持人与本案有直接利害关系的，有权申请回避；

（五）当事人可以亲自参加听证，也可以委托一至二人代理；

（六）举行听证时，调查人员提出当事人违法的事实、证据和行政处罚建议；当事人进行申辩和质证；

（七）听证应当制作笔录；笔录应当交当事人审核无误后签字或者盖章。

当事人对限制人身自由的行政处罚有异议的，依照治安管理处罚条例有关规定执行。

第四十三条　听证结束后，行政机关依照本法第三十八条的规定，作出决定。

第四十四条　行政处罚决定依法作出后，当事人应当在行政处罚决定的期限内，予以履行。

第四十五条　当事人对行政处罚决定不服申请行政复议或者提起行政诉讼的，行政处罚不停止执行，法律另有规定的除外。

4.1.11　中华人民共和国行政复议法（节选）

（1999 年 4 月 29 日第九届全国人民代表大会常务委员会第九次会议通过，自 1999 年 10 月 1 日起施行）

第六条　有下列情形之一的，公民、法人或者其他组织可以依照本法申请行政复议：

（一）对行政机关作出的警告、罚款、没收违法所得、没收非法财物、责令停产停业、暂扣或者吊销许可证、暂扣或者吊销执照、行政拘留等行政处罚决定不服的；

（二）对行政机关作出的限制人身自由或者查封、扣押、冻结财产等行政强制措施决定不服的；

（三）对行政机关作出的有关许可证、执照、资质证、资格证等证书变更、中止、撤销的决定不服的；

（四）对行政机关作出的关于确认土地、矿藏、水流、森林、山岭、草原、荒地、滩涂、海域等自然资源的所有权或者使用权的决定不服的；

（五）认为行政机关侵犯合法的经营自主权的；

（六）认为行政机关变更或者废止农业承包合同，侵犯其合法权益的；

（七）认为行政机关违法集资、征收财物、摊派费用或者违法要求履行其他义务的；

（八）认为符合法定条件，申请行政机关颁发许可证、执照、资质证、资格证等证书，或者申请行政机关审批、登记有关事项，行政机关没有依法办理的；

（九）申请行政机关履行保护人身权利、财产权利、受教育权利的法定职责，行政机关没有依法履行的；

（十）申请行政机关依法发放抚恤金、社会保险金或者最低生活保障费，行政机关没有依法发放的；

（十一）认为行政机关的其他具体行政行为侵犯其合法权益的。

第七条　公民、法人或者其他组织认为行政机关的具体行政行为所依据的下列规定不合法，在对具体行政行为申请行政复议时，可以一并向行政复议机关提出对该规定的审查申请：

（一）国务院部门的规定；

（二）县级以上地方各级人民政府及其工作部门的规定；

（三）乡、镇人民政府的规定。

前款所列规定不含国务院部、委员会规章和地方人民政府规章。规章的审查依照法律、行政法规办理。

第八条 不服行政机关作出的行政处分或者其他人事处理决定的，依照有关法律、行政法规的规定提出申诉。

不服行政机关对民事纠纷作出的调解或者其他处理，依法申请仲裁或者向人民法院提起诉讼。

第九条 公民、法人或者其他组织认为具体行政行为侵犯其合法权益的，可以自知道该具体行政行为之日起60日内提出行政复议申请；但是法律规定的申请期限超过60日的除外。

因不可抗力或者其他正当理由耽误法定申请期限的，申请期限自障碍消除之日起继续计算。

第十二条 对县级以上地方各级人民政府工作部门的具体行政行为不服的，由申请人选择，可以向该部门的本级人民政府申请行政复议，也可以向上一级主管部门申请行政复议。

对海关、金融、国税、外汇管理等实行垂直领导的行政机关和国家安全机关的具体行政行为不服的，向上一级主管部门申请行政复议。

第十三条 对地方各级人民政府的具体行政行为不服的，向上一级地方人民政府申请行政复议。

对省、自治区人民政府依法设立的派出机关所属的县级地方人民政府的具体行政行为不服的，向该派出机关申请行政复议。

第十四条 对国务院部门或者省、自治区、直辖市人民政府的具体行政行为不服的，向作出该具体行政行为的国务院部门或者省、自治区、直辖市人民政府申请行政复议。对行政复议决定不服的，可以向人民法院提起行政诉讼；也可以向国务院申请裁决，国务院依照本法的规定作出最终裁决。

第十七条 行政复议机关收到行政复议申请后，应当在5日内进行审查，对不符合本法规定的行政复议申请，决定不予受理，并书面告知申请人；对符合本法规定，但是不属于本机关受理的行政复议申请，应当告知申请人向有关行政复议机关提出。

除前款规定外，行政复议申请自行政复议机关负责法制工作的机构收到之日起即为受理。

4.1.12 中华人民共和国行政诉讼法（节选）

（1989年4月4日第七届全国人民代表大会第二次会议通过，自1990年10月1日起施行）

第十一条 人民法院受理公民、法人和其他组织对下列具体行政行为不服提起的诉讼：

（一）对拘留、罚款、吊销许可证和执照、责令停产停业、没收财物等行政处罚不服的；

（二）对限制人身自由或者对财产的查封、扣押、冻结等行政强制措施不服的；

（三）认为行政机关侵犯法律规定的经营自主权的；

（四）认为符合法定条件申请行政机关颁发许可证和执照，行政机关拒绝颁发或者不予答复的；

（五）申请行政机关履行保护人身权、财产权的法定职责，行政机关拒绝履行或者不予答复的；

（六）认为行政机关没有依法发给抚恤金的；

（七）认为行政机关违法要求履行义务的；

（八）认为行政机关侵犯其他人身权、财产权的。

除前款规定外，人民法院受理法律、法规规定可以提起诉讼的其他行政案件。

第十二条　人民法院不受理公民、法人或者其他组织对下列事项提起的诉讼：

（一）国防、外交等国家行为；

（二）行政法规、规章或者行政机关制定、发布的具有普遍约束力的决定、命令；

（三）行政机关对行政机关工作人员的奖惩、任免等决定；

（四）法律规定由行政机关最终裁决的具体行政行为。

4.2　行政法规

4.2.1　建设工程安全生产管理条例

（2003 年 11 月 12 日国务院第 28 次常务会议通过，2003 年 11 月 24 日中华人民共和国国务院令第 393 号发布，自 2004 年 2 月 1 日起施行）

第一章　总　　则

第一条　为了加强建设工程安全生产监督管理，保障人民群众生命和财产安全，根据《中华人民共和国建筑法》、《中华人民共和国安全生产法》，制定本条例。

第二条　在中华人民共和国境内从事建设工程的新建、扩建、改建和拆除等有关活动及实施对建设工程安全生产的监督管理，必须遵守本条例。本条例所称建设工程，是指土木工程、建筑工程、线路管道和设备安装工程及装修工程。

第三条　建设工程安全生产管理，坚持安全第一、预防为主的方针。

第四条　建设单位、勘察单位、设计单位、施工单位、工程监理单位及其他与建设工程安全生产有关的单位，必须遵守安全生产法律、法规的规定，保证建设工程安全生产，依法承担建设工程安全生产责任。

第五条　国家鼓励建设工程安全生产的科学技术研究和先进技术的推广应用，推进建设工程安全生产的科学管理。

第二章 建设单位的安全责任

第六条 建设单位应当向施工单位提供施工现场及毗邻区域内供水、排水、供电、供气、供热、通信、广播电视等地下管线资料，气象和水文观测资料，相邻建筑物和构筑物、地下工程的有关资料，并保证资料的真实、准确、完整。建设单位因建设工程需要，向有关部门或者单位查询前款规定的资料时，有关部门或者单位应当及时提供。

第七条 建设单位不得对勘察、设计、施工、工程监理等单位提出不符合建设工程安全生产法律、法规和强制性标准规定的要求，不得压缩合同约定的工期。

第八条 建设单位在编制工程概算时，应当确定建设工程安全作业环境及安全施工措施所需费用。

第九条 建设单位不得明示或者暗示施工单位购买、租赁、使用不符合安全施工要求的安全防护用具、机械设备、施工机具及配件、消防设施和器材。

第十条 建设单位在申请领取施工许可证时，应当提供建设工程有关安全施工措施的资料。依法批准开工报告的建设工程，建设单位应当自开工报告批准之日起15日内，将保证安全施工的措施报送建设工程所在地的县级以上地方人民政府建设行政主管部门或者其他有关部门备案。

第十一条 建设单位应当将拆除工程发包给具有相应资质等级的施工单位。建设单位应当在拆除工程施工15日前，将下列资料报送建设工程所在地的县级以上地方人民政府建设行政主管部门或者其他有关部门备案：

（一）施工单位资质等级证明；

（二）拟拆除建筑物、构筑物及可能危及毗邻建筑的说明；

（三）拆除施工组织方案；

（四）堆放、清除废弃物的措施。

实施爆破作业的，应当遵守国家有关民用爆炸物品管理的规定。

第三章 勘察、设计、工程监理及其他有关单位的安全责任

第十二条 勘察单位应当按照法律、法规和工程建设强制性标准进行勘察，提供的勘察文件应当真实、准确，满足建设工程安全生产的需要。勘察单位在勘察作业时，应当严格执行操作规程，采取措施保证各类管线、设施和周边建筑物、构筑物的安全。

第十三条 设计单位应当按照法律、法规和工程建设强制性标准进行设计，防止因设计不合理导致生产安全事故的发生。设计单位应当考虑施工安全操作和防护的需要，对涉及施工安全的重点部位和环节在设计文件中注明，并对防范生产安全事故提出指导意见。采用新结构、新材料、新工艺的建设工程和特殊结构的建设工程，设计单位应当在设计中提出保障施工作业人员安全和预防生产安全事故的措施建议。设计单位和注册建筑师等注册执业人员应当对其设计负责。

第十四条 工程监理单位应当审查施工组织设计中的安全技术措施或者专项施工方案是否符合工程建设强制性标准。工程监理单位在实施监理过程中，发现存在安全事故隐患的，应当要求施工单位整改；情况严重的，应当要求施工单位暂时停止施工，并及时报

告建设单位。施工单位拒不整改或者不停止施工的,工程监理单位应当及时向有关主管部门报告。工程监理单位和监理工程师应当按照法律、法规和工程建设强制性标准实施监理,并对建设工程安全生产承担监理责任。

第十五条 为建设工程提供机械设备和配件的单位,应当按照安全施工的要求配备齐全有效的保险、限位等安全设施和装置。

第十六条 出租的机械设备和施工机具及配件,应当具有生产(制造)许可证、产品合格证。出租单位应当对出租的机械设备和施工机具及配件的安全性能进行检测,在签订租赁协议时,应当出具检测合格证明。禁止出租检测不合格的机械设备和施工机具及配件。

第十七条 在施工现场安装、拆卸施工起重机械和整体提升脚手架、模板等自升式架设设施,必须由具有相应资质的单位承担。安装、拆卸施工起重机械和整体提升脚手架、模板等自升式架设设施,应当编制拆装方案、制定安全施工措施,并由专业技术人员现场监督。施工起重机械和整体提升脚手架、模板等自升式架设设施安装完毕后,安装单位应当自检,出具自检合格证明,并向施工单位进行安全使用说明,办理验收手续并签字。

第十八条 施工起重机械和整体提升脚手架、模板等自升式架设设施的使用达到国家规定的检验检测期限的,必须经具有专业资质的检验检测机构检测。经检测不合格的,不得继续使用。

第十九条 检验检测机构对检测合格的施工起重机械和整体提升脚手架、模板等自升式架设设施,应当出具安全合格证明文件,并对检测结果负责。

第四章 施工单位的安全责任

第二十条 施工单位从事建设工程的新建、扩建、改建和拆除等活动,应当具备国家规定的注册资本、专业技术人员、技术装备和安全生产等条件,依法取得相应等级的资质证书,并在其资质等级许可的范围内承揽工程。

第二十一条 施工单位主要负责人依法对本单位的安全生产工作全面负责。施工单位应当建立健全安全生产责任制度和安全生产教育培训制度,制定安全生产规章制度和操作规程,保证本单位安全生产条件所需资金的投入,对所承担的建设工程进行定期和专项安全检查,并做好安全检查记录。施工单位的项目负责人应当由取得相应执业资格的人员担任,对建设工程项目的安全施工负责,落实安全生产责任制度、安全生产规章制度和操作规程,确保安全生产费用的有效使用,并根据工程的特点组织制定安全施工措施,消除安全事故隐患,及时、如实报告生产安全事故。

第二十二条 施工单位对列入建设工程概算的安全作业环境及安全施工措施所需费用,应当用于施工安全防护用具及设施的采购和更新、安全施工措施的落实、安全生产条件的改善,不得挪作他用。

第二十三条 施工单位应当设立安全生产管理机构,配备专职安全生产管理人员。专职安全生产管理人员负责对安全生产进行现场监督检查。发现安全事故隐患,应当及时向项目负责人和安全生产管理机构报告;对违章指挥、违章操作的,应当立即制止。专职安全生产管理人员的配备办法由国务院建设行政主管部门会同国务院其他有关部门制定。

第二十四条 建设工程实行施工总承包的,由总承包单位对施工现场的安全生产负总责。总承包单位应当自行完成建设工程主体结构的施工。总承包单位依法将建设工程分包给其他单位的,分包合同中应当明确各自的安全生产方面的权利、义务。总承包单位和分包单位对分包工程的安全生产承担连带责任。分包单位应当服从总承包单位的安全生产管理,分包单位不服从管理导致生产安全事故的,由分包单位承担主要责任。

第二十五条 垂直运输机械作业人员、安装拆卸工、爆破作业人员、起重信号工、登高架设作业人员等特种作业人员,必须按照国家有关规定经过专门的安全作业培训,并取得特种作业操作资格证书后,方可上岗作业。

第二十六条 施工单位应当在施工组织设计中编制安全技术措施和施工现场临时用电方案,对下列达到一定规模的危险性较大的分部分项工程编制专项施工方案,并附具安全验算结果,经施工单位技术负责人、总监理工程师签字后实施,由专职安全生产管理人员进行现场监督:

(一)基坑支护与降水工程;

(二)土方开挖工程;

(三)模板工程;

(四)起重吊装工程;

(五)脚手架工程;

(六)拆除、爆破工程;

(七)国务院建设行政主管部门或者其他有关部门规定的其他危险性较大的工程。

对前款所列工程中涉及深基坑、地下暗挖工程、高大模板工程的专项施工方案,施工单位还应当组织专家进行论证、审查。本条第一款规定的达到一定规模的危险性较大工程的标准,由国务院建设行政主管部门会同国务院其他有关部门制定。

第二十七条 建设工程施工前,施工单位负责项目管理的技术人员应当对有关安全施工的技术要求向施工作业班组、作业人员作出详细说明,并由双方签字确认。

第二十八条 施工单位应当在施工现场入口处、施工起重机械、临时用电设施、脚手架、出入通道口、楼梯口、电梯井口、孔洞口、桥梁口、隧道口、基坑边沿、爆破物及有害危险气体和液体存放处等危险部位,设置明显的安全警示标志。安全警示标志必须符合国家标准。施工单位应当根据不同施工阶段和周围环境及季节、气候的变化,在施工现场采取相应的安全施工措施。施工现场暂时停止施工的,施工单位应当做好现场防护,所需费用由责任方承担,或者按照合同约定执行。

第二十九条 施工单位应当将施工现场的办公、生活区与作业区分开设置,并保持安全距离;办公、生活区的选址应当符合安全性要求。职工的膳食、饮水、休息场所等应当符合卫生标准。施工单位不得在尚未竣工的建筑物内设置员工集体宿舍。施工现场临时搭建的建筑物应当符合安全使用要求。施工现场使用的装配式活动房屋应当具有产品合格证。

第三十条 施工单位对因建设工程施工可能造成损害的毗邻建筑物、构筑物和地下管线等,应当采取专项防护措施。施工单位应当遵守有关环境保护法律、法规的规定,在施工现场采取措施,防止或者减少粉尘、废气、废水、固体废物、噪声、振动和施工照明对人和环境的危害和污染。在城市市区内的建设工程,施工单位应当对施工现场实行封闭围挡。

第三十一条　施工单位应当在施工现场建立消防安全责任制度,确定消防安全责任人,制定用火、用电、使用易燃易爆材料等各项消防安全管理制度和操作规程,设置消防通道、消防水源,配备消防设施和灭火器材,并在施工现场入口处设置明显标志。

第三十二条　施工单位应当向作业人员提供安全防护用具和安全防护服装,并书面告知危险岗位的操作规程和违章操作的危害。作业人员有权对施工现场的作业条件、作业程序和作业方式中存在的安全问题提出批评、检举和控告,有权拒绝违章指挥和强令冒险作业。在施工中发生危及人身安全的紧急情况时,作业人员有权立即停止作业或者在采取必要的应急措施后撤离危险区域。

第三十三条　作业人员应当遵守安全施工的强制性标准、规章制度和操作规程,正确使用安全防护用具、机械设备等。

第三十四条　施工单位采购、租赁的安全防护用具、机械设备、施工机具及配件,应当具有生产(制造)许可证、产品合格证,并在进入施工现场前进行查验。施工现场的安全防护用具、机械设备、施工机具及配件必须由专人管理,定期进行检查、维修和保养,建立相应的资料档案,并按照国家有关规定及时报废。

第三十五条　施工单位在使用施工起重机械和整体提升脚手架、模板等自升式架设设施前,应当组织有关单位进行验收,也可以委托具有相应资质的检验检测机构进行验收;使用承租的机械设备和施工机具及配件的,由施工总承包单位、分包单位、出租单位和安装单位共同进行验收。验收合格的方可使用。《特种设备安全监察条例》规定的施工起重机械,在验收前应当经有相应资质的检验检测机构监督检验合格。施工单位应当自施工起重机械和整体提升脚手架、模板等自升式架设设施验收合格之日起 30 日内,向建设行政主管部门或者其他有关部门登记。登记标志应当置于或者附着于该设备的显著位置。

第三十六条　施工单位的主要负责人、项目负责人、专职安全生产管理人员应当经建设行政主管部门或者其他有关部门考核合格后方可任职。施工单位应当对管理人员和作业人员每年至少进行一次安全生产教育培训,其教育培训情况记入个人工作档案。安全生产教育培训考核不合格的人员,不得上岗。

第三十七条　作业人员进入新的岗位或者新的施工现场前,应当接受安全生产教育培训。未经教育培训或者教育培训考核不合格的人员,不得上岗作业。施工单位在采用新技术、新工艺、新设备、新材料时,应当对作业人员进行相应的安全生产教育培训。

第三十八条　施工单位应当为施工现场从事危险作业的人员办理意外伤害保险。意外伤害保险费由施工单位支付。实行施工总承包的,由总承包单位支付意外伤害保险费。意外伤害保险期限自建设工程开工之日起至竣工验收合格止。

第五章　监督管理

第三十九条　国务院负责安全生产监督管理的部门依照《中华人民共和国安全生产

法》的规定,对全国建设工程安全生产工作实施综合监督管理。县级以上地方人民政府负责安全生产监督管理的部门依照《中华人民共和国安全生产法》的规定,对本行政区域内建设工程安全生产工作实施综合监督管理。

第四十条　国务院建设行政主管部门对全国的建设工程安全生产实施监督管理。国务院铁路、交通、水利等有关部门按照国务院规定的职责分工,负责有关专业建设工程安全生产的监督管理。县级以上地方人民政府建设行政主管部门对本行政区域内的建设工程安全生产实施监督管理。县级以上地方人民政府交通、水利等有关部门在各自的职责范围内,负责本行政区域内的专业建设工程安全生产的监督管理。

第四十一条　建设行政主管部门和其他有关部门应当将本条例第十条、第十一条规定的有关资料的主要内容抄送同级负责安全生产监督管理的部门。

第四十二条　建设行政主管部门在审核发放施工许可证时,应当对建设工程是否有安全施工措施进行审查,对没有安全施工措施的,不得颁发施工许可证。建设行政主管部门或者其他有关部门对建设工程是否有安全施工措施进行审查时,不得收取费用。

第四十三条　县级以上人民政府负有建设工程安全生产监督管理职责的部门在各自的职责范围内履行安全监督检查职责时,有权采取下列措施:

(一)要求被检查单位提供有关建设工程安全生产的文件和资料;

(二)进入被检查单位施工现场进行检查;

(三)纠正施工中违反安全生产要求的行为;

(四)对检查中发现的安全事故隐患,责令立即排除;重大安全事故隐患排除前或者排除过程中无法保证安全的,责令从危险区域内撤出作业人员或者暂时停止施工。

第四十四条　建设行政主管部门或者其他有关部门可以将施工现场的监督检查委托给建设工程安全监督机构具体实施。

第四十五条　国家对严重危及施工安全的工艺、设备、材料实行淘汰制度。具体目录由国务院建设行政主管部门会同国务院其他有关部门制定并公布。

第四十六条　县级以上人民政府建设行政主管部门和其他有关部门应当及时受理对建设工程生产安全事故及安全事故隐患的检举、控告和投诉。

第六章　生产安全事故的应急救援和调查处理

第四十七条　县级以上地方人民政府建设行政主管部门应当根据本级人民政府的要求,制定本行政区域内建设工程特大生产安全事故应急救援预案。

第四十八条　施工单位应当制定本单位生产安全事故应急救援预案,建立应急救援组织或者配备应急救援人员,配备必要的应急救援器材、设备,并定期组织演练。

第四十九条　施工单位应当根据建设工程施工的特点、范围,对施工现场易发生重大事故的部位、环节进行监控,制定施工现场生产安全事故应急救援预案。实行施工总承包的,由总承包单位统一组织编制建设工程生产安全事故应急救援预案,工程总承包单位和分包单位按照应急救援预案,各自建立应急救援组织或者配备应急救援人员,配备救援器材、设备,并定期组织演练。

第五十条　施工单位发生生产安全事故,应当按照国家有关伤亡事故报告和调查处理的规定,及时、如实地向负责安全生产监督管理的部门、建设行政主管部门或者其他有关部门报告;特种设备发生事故的,还应当同时向特种设备安全监督管理部门报告。接到报告的部门应当按照国家有关规定,如实上报。实行施工总承包的建设工程,由总承包单位负责上报事故。

第五十一条 发生生产安全事故后,施工单位应当采取措施防止事故扩大,保护事故现场。需要移动现场物品时,应当做出标记和书面记录,妥善保管有关证物。

第五十二条 建设工程生产安全事故的调查、对事故责任单位和责任人的处罚与处理,按照有关法律、法规的规定执行。

第七章　法律责任

第五十三条 违反本条例的规定,县级以上人民政府建设行政主管部门或者其他有关行政管理部门的工作人员,有下列行为之一的,给予降级或者撤职的行政处分;构成犯罪的,依照刑法有关规定追究刑事责任:

（一）对不具备安全生产条件的施工单位颁发资质证书的;

（二）对没有安全施工措施的建设工程颁发施工许可证的;

（三）发现违法行为不予查处的;

（四）不依法履行监督管理职责的其他行为。

第五十四条 违反本条例的规定,建设单位未提供建设工程安全生产作业环境及安全施工措施所需费用的,责令限期改正;逾期未改正的,责令该建设工程停止施工。建设单位未将保证安全施工的措施或者拆除工程的有关资料报送有关部门备案的,责令限期改正,给予警告。

第五十五条 违反本条例的规定,建设单位有下列行为之一的,责令限期改正,处20万元以上50万元以下的罚款;造成重大安全事故,构成犯罪的,对直接责任人员,依照刑法有关规定追究刑事责任;造成损失的,依法承担赔偿责任:

（一）对勘察、设计、施工、工程监理等单位提出不符合安全生产法律、法规和强制性标准规定的要求的;

（二）要求施工单位压缩合同约定的工期的;

（三）将拆除工程发包给不具有相应资质等级的施工单位的。

第五十六条 违反本条例的规定,勘察单位、设计单位有下列行为之一的,责令限期改正,处10万元以上30万元以下的罚款;情节严重的,责令停业整顿,降低资质等级,直至吊销资质证书;造成重大安全事故,构成犯罪的,对直接责任人员,依照刑法有关规定追究刑事责任;造成损失的,依法承担赔偿责任:

（一）未按照法律、法规和工程建设强制性标准进行勘察、设计的;

（二）采用新结构、新材料、新工艺的建设工程和特殊结构的建设工程,设计单位未在设计中提出保障施工作业人员安全和预防生产安全事故的措施建议的。

第五十七条 违反本条例的规定,工程监理单位有下列行为之一的,责令限期改正;逾期未改正的,责令停业整顿,并处10万元以上30万元以下的罚款;情节严重的,降低资质等级,直至吊销资质证书;造成重大安全事故,构成犯罪的,对直接责任人员,依照刑法

有关规定追究刑事责任;造成损失的,依法承担赔偿责任:

（一）未对施工组织设计中的安全技术措施或者专项施工方案进行审查的;

（二）发现安全事故隐患未及时要求施工单位整改或者暂时停止施工的;

（三）施工单位拒不整改或者不停止施工,未及时向有关主管部门报告的;

（四）未依照法律、法规和工程建设强制性标准实施监理的。

第五十八条 注册执业人员未执行法律、法规和工程建设强制性标准的,责令停止执业 3 个月以上 1 年以下;情节严重的,吊销执业资格证书,5 年内不予注册;造成重大安全事故的,终身不予注册;构成犯罪的,依照刑法有关规定追究刑事责任。

第五十九条 违反本条例的规定,为建设工程提供机械设备和配件的单位,未按照安全施工的要求配备齐全有效的保险、限位等安全设施和装置的,责令限期改正,处合同价款 1 倍以上 3 倍以下的罚款;造成损失的,依法承担赔偿责任。

第六十条 违反本条例的规定,出租单位出租未经安全性能检测或者经检测不合格的机械设备和施工机具及配件的,责令停业整顿,并处 5 万元以上 10 万元以下的罚款;造成损失的,依法承担赔偿责任。

第六十一条 违反本条例的规定,施工起重机械和整体提升脚手架、模板等自升式架设设施安装、拆卸单位有下列行为之一的,责令限期改正,处 5 万元以上 10 万元以下的罚款;情节严重的,责令停业整顿,降低资质等级,直至吊销资质证书;造成损失的,依法承担赔偿责任:

（一）未编制拆装方案、制定安全施工措施的;

（二）未由专业技术人员现场监督的;

（三）未出具自检合格证明或者出具虚假证明的;

（四）未向施工单位进行安全使用说明,办理移交手续的。

施工起重机械和整体提升脚手架、模板等自升式架设设施安装、拆卸单位有前款规定的第(一)项、第(三)项行为,经有关部门或者单位职工提出后,对事故隐患仍不采取措施,因而发生重大伤亡事故或者造成其他严重后果,构成犯罪的,对直接责任人员,依照刑法有关规定追究刑事责任。

第六十二条 违反本条例的规定,施工单位有下列行为之一的,责令限期改正;逾期未改正的,责令停业整顿,依照《中华人民共和国安全生产法》的有关规定处以罚款;造成重大安全事故,构成犯罪的,对直接责任人员,依照刑法有关规定追究刑事责任:

（一）未设立安全生产管理机构、配备专职安全生产管理人员或者分部分项工程施工时无专职安全生产管理人员现场监督的;

（二）施工单位的主要负责人、项目负责人、专职安全生产管理人员、作业人员或者特种作业人员,未经安全教育培训或者经考核不合格即从事相关工作的;

（三）未在施工现场的危险部位设置明显的安全警示标志,或者未按照国家有关规定在施工现场设置消防通道、消防水源、配备消防设施和灭火器材的;

（四）未向作业人员提供安全防护用具和安全防护服装的;

（五）未按照规定在施工起重机械和整体提升脚手架、模板等自升式架设设施验收合格后登记的;

（六）使用国家明令淘汰、禁止使用的危及施工安全的工艺、设备、材料的。

第六十三条 违反本条例的规定，施工单位挪用列入建设工程概算的安全生产作业环境及安全施工措施所需费用的，责令限期改正，处挪用费用20%以上50%以下的罚款；造成损失的，依法承担赔偿责任。

第六十四条 违反本条例的规定，施工单位有下列行为之一的，责令限期改正；逾期未改正的，责令停业整顿，并处5万元以上10万元以下的罚款；造成重大安全事故，构成犯罪的，对直接责任人员，依照刑法有关规定追究刑事责任：

（一）施工前未对有关安全施工的技术要求作出详细说明的；

（二）未根据不同施工阶段和周围环境及季节、气候的变化，在施工现场采取相应的安全施工措施，或者在城市市区内的建设工程的施工现场未实行封闭围挡的；

（三）在尚未竣工的建筑物内设置员工集体宿舍的；

（四）施工现场临时搭建的建筑物不符合安全使用要求的；

（五）未对因建设工程施工可能造成损害的毗邻建筑物、构筑物和地下管线等采取专项防护措施的。

施工单位有前款规定第（四）项、第（五）项行为，造成损失的，依法承担赔偿责任。

第六十五条 违反本条例的规定，施工单位有下列行为之一的，责令限期改正；逾期未改正的，责令停业整顿，并处10万元以上30万元以下的罚款；情节严重的，降低资质等级，直至吊销资质证书；造成重大安全事故，构成犯罪的，对直接责任人员，依照刑法有关规定追究刑事责任；造成损失的，依法承担赔偿责任：

（一）安全防护用具、机械设备、施工机具及配件在进入施工现场前未经查验或者查验不合格即投入使用的；

（二）使用未经验收或者验收不合格的施工起重机械和整体提升脚手架、模板等自升式架设设施的；

（三）委托不具有相应资质的单位承担施工现场安装、拆卸施工起重机械和整体提升脚手架、模板等自升式架设设施的；

（四）在施工组织设计中未编制安全技术措施、施工现场临时用电方案或者专项施工方案的。

第六十六条 违反本条例的规定，施工单位的主要负责人、项目负责人未履行安全生产管理职责的，责令限期改正；逾期未改正的，责令施工单位停业整顿；造成重大安全事故、重大伤亡事故或者其他严重后果，构成犯罪的，依照刑法有关规定追究刑事责任。作业人员不服管理、违反规章制度和操作规程冒险作业造成重大伤亡事故或者其他严重后果，构成犯罪的，依照刑法有关规定追究刑事责任。施工单位的主要负责人、项目负责人有前款违法行为，尚不够刑事处罚的，处2万元以上20万元以下的罚款或者按照管理权限给予撤职处分；自刑罚执行完毕或者受处分之日起，5年内不得担任任何施工单位的主要负责人、项目负责人。

第六十七条 施工单位取得资质证书后，降低安全生产条件的，责令限期改正；经整改仍未达到与其资质等级相适应的安全生产条件的，责令停业整顿，降低其资质等级直至吊销资质证书。

第六十八条 本条例规定的行政处罚,由建设行政主管部门或者其他有关部门依照法定职权决定。违反消防安全管理规定的行为,由公安消防机构依法处罚。有关法律、行政法规对建设工程安全生产违法行为的行政处罚决定机关另有规定的,从其规定。

第八章 附 则

第六十九条 抢险救灾和农民自建低层住宅的安全生产管理,不适用本条例。

第七十条 军事建设工程的安全生产管理,按照中央军事委员会的有关规定执行。

第七十一条 本条例自2004年2月1日起施行。

4.2.2 安全生产许可证条例

(2004年1月7日国务院第34次常务会议通过,2004年1月13日国务院第397号令公布,自公布之日起施行)

第一条 为了严格规范安全生产条件,进一步加强安全生产监督管理,防止和减少生产安全事故,根据《中华人民共和国安全生产法》的有关规定,制定本条例。

第二条 国家对矿山企业、建筑施工企业和危险化学品、烟花爆竹、民用爆破器材生产企业(以下统称企业)实行安全生产许可制度。企业未取得安全生产许可证的,不得从事生产活动。

第三条 国务院安全生产监督管理部门负责中央管理的非煤矿矿山企业和危险化学品、烟花爆竹生产企业安全生产许可证的颁发和管理。省、自治区、直辖市人民政府安全生产监督管理部门负责前款规定以外的非煤矿矿山企业和危险化学品、烟花爆竹生产企业安全生产许可证的颁发和管理,并接受国务院安全生产监督管理部门的指导和监督。国家煤矿安全监察机构负责中央管理的煤矿企业安全生产许可证的颁发和管理。在省、自治区、直辖市设立的煤矿安全监察机构负责前款规定以外的其他煤矿企业安全生产许可证的颁发和管理,并接受国家煤矿安全监察机构的指导和监督。

第四条 国务院建设主管部门负责中央管理的建筑施工企业安全生产许可证的颁发和管理。省、自治区、直辖市人民政府建设主管部门负责前款规定以外的建筑施工企业安全生产许可证的颁发和管理,并接受国务院建设主管部门的指导和监督。

第五条 国务院国防科技工业主管部门负责民用爆破器材生产企业安全生产许可证的颁发和管理。

第六条 企业取得安全生产许可证,应当具备下列安全生产条件:

(一)建立、健全安全生产责任制,制定完备的安全生产规章制度和操作规程;

(二)安全投入符合安全生产要求;

(三)设置安全生产管理机构,配备专职安全生产管理人员;

(四)主要负责人和安全生产管理人员经考核合格;

(五)特种作业人员经有关业务主管部门考核合格,取得特种作业操作资格证书;

(六)从业人员经安全生产教育和培训合格;

(七)依法参加工伤保险,为从业人员缴纳保险费;

(八)厂房、作业场所和安全设施、设备、工艺符合有关安全生产法律、法规、标准和规程的要求；

（九）有职业危害防治措施，并为从业人员配备符合国家标准或者行业标准的劳动防护用品；

（十）依法进行安全评价；

（十一）有重大危险源检测、评估、监控措施和应急预案；

（十二）有生产安全事故应急救援预案、应急救援组织或者应急救援人员，配备必要的应急救援器材、设备；

（十三）法律、法规规定的其他条件。

第七条 企业进行生产前，应当依照本条例的规定向安全生产许可证颁发管理机关申请领取安全生产许可证，并提供本条例第六条规定的相关文件、资料。安全生产许可证颁发管理机关应当自收到申请之日起 45 日内审查完毕，经审查符合本条例规定的安全生产条件的，颁发安全生产许可证；不符合本条例规定的安全生产条件的，不予颁发安全生产许可证，书面通知企业并说明理由。煤矿企业应当以矿（井）为单位，在申请领取煤炭生产许可证前，依照本条例的规定取得安全生产许可证。

第八条 安全生产许可证由国务院安全生产监督管理部门规定统一的式样。

第九条 安全生产许可证的有效期为 3 年。安全生产许可证有效期满需要延期的，企业应当于期满前 3 个月向原安全生产许可证颁发管理机关办理延期手续。企业在安全生产许可证有效期内，严格遵守有关安全生产的法律法规，未发生死亡事故的，安全生产许可证有效期届满时，经原安全生产许可证颁发管理机关同意，不再审查，安全生产许可证有效期延期 3 年。

第十条 安全生产许可证颁发管理机关应当建立、健全安全生产许可证档案管理制度，并定期向社会公布企业取得安全生产许可证的情况。

第十一条 煤矿企业安全生产许可证颁发管理机关、建筑施工企业安全生产许可证颁发管理机关、民用爆破器材生产企业安全生产许可证颁发管理机关，应当每年向同级安全生产监督管理部门通报其安全生产许可证颁发和管理情况。

第十二条 国务院安全生产监督管理部门和省、自治区、直辖市人民政府安全生产监督管理部门对建筑施工企业、民用爆破器材生产企业、煤矿企业取得安全生产许可证的情况进行监督。

第十三条 企业不得转让、冒用安全生产许可证或者使用伪造的安全生产许可证。

第十四条 企业取得安全生产许可证后，不得降低安全生产条件，并应当加强日常安全生产管理，接受安全生产许可证颁发管理机关的监督检查。安全生产许可证颁发管理机关应当加强对取得安全生产许可证的企业的监督检查，发现其不再具备本条例规定的安全生产条件的，应当暂扣或者吊销安全生产许可证。

第十五条 安全生产许可证颁发管理机关工作人员在安全生产许可证颁发、管理和监督检查工作中，不得索取或者接受企业的财物，不得谋取其他利益。

第十六条 监察机关依照《中华人民共和国行政监察法》的规定，对安全生产许可证颁发管理机关及其工作人员履行本条例规定的职责实施监察。

第十七条 任何单位或者个人对违反本条例规定的行为，有权向安全生产许可证颁发管理机关或者监察机关等有关部门举报。

第十八条 安全生产许可证颁发管理机关工作人员有下列行为之一的,给予降级或者撤职的行政处分;构成犯罪的,依法追究刑事责任:

(一)向不符合本条例规定的安全生产条件的企业颁发安全生产许可证的;

(二)发现企业未依法取得安全生产许可证擅自从事生产活动,不依法处理的;

(三)发现取得安全生产许可证的企业不再具备本条例规定的安全生产条件,不依法处理的;

(四)接到对违反本条例规定行为的举报后,不及时处理的;

(五)在安全生产许可证颁发、管理和监督检查工作中,索取或者接受企业的财物,或者谋取其他利益的。

第十九条 违反本条例规定,未取得安全生产许可证擅自进行生产的,责令停止生产,没收违法所得,并处 10 万元以上 50 万元以下的罚款;造成重大事故或者其他严重后果,构成犯罪的,依法追究刑事责任。

第二十条 违反本条例规定,安全生产许可证有效期满未办理延期手续,继续进行生产的,责令停止生产,限期补办延期手续,没收违法所得,并处 5 万元以上 10 万元以下的罚款;逾期仍不办理延期手续,继续进行生产的,依照本条例第十九条的规定处罚。

第二十一条 违反本条例规定,转让安全生产许可证的,没收违法所得,处 10 万元以上 50 万元以下的罚款,并吊销其安全生产许可证;构成犯罪的,依法追究刑事责任;接受转让的,依照本条例第十九条的规定处罚。冒用安全生产许可证或者使用伪造的安全生产许可证的,依照本条例第十九条的规定处罚。

第二十二条 本条例施行前已经进行生产的企业,应当自本条例施行之日起 1 年内,依照本条例的规定向安全生产许可证颁发管理机关申请办理安全生产许可证;逾期不办理安全生产许可证,或者经审查不符合本条例规定的安全生产条件,未取得安全生产许可证,继续进行生产的,依照本条例第十九条的规定处罚。

第二十三条 本条例规定的行政处罚,由安全生产许可证颁发管理机关决定。

第二十四条 本条例自公布之日起施行。

4.2.3 国务院关于特大安全事故行政责任追究的规定

(2001 年 4 月 21 日中华人民共和国国务院令第 302 号公布,自公布之日起施行)

第一条 为了有效地防范特大安全事故的发生,严肃追究特大安全事故的行政责任,保障人民群众生命、财产安全,制定本规定。

第二条 地方人民政府主要领导人和政府有关部门正职负责人对下列特大安全事故的防范、发生,依照法律、行动法规和本规定的规定有失职、渎职情形或者负有领导责任的,依照本规定给予行政处分;构成玩忽职守罪或者其他罪的,依法追究刑事责任:

(一)特大火灾事故;

(二)特大交通安全事故;

(三)特大建筑质量安全事故;

(四)民用爆炸物品和化学危险品特大安全事故;

（五）煤矿和其他矿山特大安全事故；

（六）锅炉、压力容器、压力管道和特种设备特大安全事故；

（七）其他特大安全事故。

地方人民政府和政府有关部门对特大安全事故的防范、发生直接负责的主管人员和其他直接责任人员，比照本规定给予行政处分；构成玩忽职守罪或者其他罪的，依法追究刑事责任。特大安全事故肇事单位和个人的刑事处罚、行政处罚和民事责任，依照有关法律、法规和规章的规定执行。

第三条 特大安全事故的具体标准，按照国有关规定执行。

第四条 地方各级人民政府及政府有关部门应当依照有关法律、法规和规章的规定，采取行政措施，对本地区实施安全监督管理，保障本地区人民群众生命、财产安全，对本地区或者职责范围内防范特大安全事故的发生、特大安全事故发生后的迅速和妥善处理负责。

第五条 地方各级人民政府应当每个季度至少召开一次防范特大安全事故工作会议，由政府主要领导人或者政府主要领导人委托政府分管领导人召集有关部门正职负责人参加，分析、布置、督促、检查本地区防范特大安全事故的工作。会议应当做出决定并形成纪要，会议确定的各项防范措施必须严格实施。

第六条 市（地、州）、县（市、区）人民政府应当组织有关部门按照职责分工对本地区容易发生特大安全事故的单位、设施和场所安全事故的防范明确责任、采取措施，并组织有关部门对上述单位、设施和场所进行严格检查。

第七条 市（地、州）、县（市、区）人民政府必须制定本地区特大安全事故应急处理预案。本地区特大安全事故应急处理预案经政府主要领导人签署后，报上一级人民政府备案。

第八条 市（地、州）、县（市、区）人民政府应当组织有关部门对本规定第二条所列各类特大安全事故的隐患进行查处；发现特大安全事故隐患的，责令立即排除；特大安全事故隐患排除前或者排除过程中，无法保证安全的，责令暂时停产、停业或者停止使用。法律、行政法规对查处机关另有规定的，依照其规定。

第九条 市（地、州）、县（市、区）人民政府及其有关部门对本地区存在的特大安全事故隐患，超出其管辖或者职责范围的，应当立即向有管辖权或者负有职责的上级人民政府或者政府有关部门报告；情况紧急的，可以立即采取包括责令暂时停产、停业在内的紧急措施，同时报各；有关上级人民政府或者政府有关部门接到报告后，应当立即组织查处。

第十条 中小学校对学生进行劳动技能教育以及组织学生参加公益劳动等社会实践活动，必须确保学生安全。严禁以任何形式、名义组织学生从事接触易燃、易爆、有毒、有害等危险品的劳动或者其他危险性劳动。严禁将学校场地出租作为从事易燃、易爆、有毒、有害等危险品的生产、经营场所。中小学校违反前款规定的，按照学校隶属关系，对县（市、区）、乡（镇）人民政府主要领导人和县（市、区）人民政府教育行政部门正职负责人，根据情节轻重，给予记过、降级直至撤职的行政处分；构成玩忽职守罪或者其他罪的，依法追究刑事责任。中小学校违反本条第一款规定的，对校长给予撤职的行政处分，对直接组织者给予开除公职的行政处分；构成非法制造爆炸物罪或者其他罪的，依法追究刑事责任。

第十一条 依法对涉及安全生产事项负责行政审批（包括批准、核准、许可、注册、认证、颁发证明、竣工验收等，下同）的政府部门或者机构，必须严格依照法律、法规和规章规定的安全条件和程序进行审查；不符合法律、法规和规章规定的安全条件，弄虚作假，骗取批准或者勾结串通行政审批工作人员取得批准的，负责行政审批的政府部门或者机构除必须立即撤销原批准处，应当对弄虚作假骗批准或者勾结串通行政审批工作人员的当事人依法给予行政处罚；构成行贿罪或者其他罪的，依法追究刑事责任。负责行政审批的政府部门或者机构违反前款规定，对不符合法律、法规和规章规定的安全条件予以批准的，对部门或者机构的正职负责人，根据情节轻重，给予降级、撤职直至开除公职的行政处分；与当事人勾结串通的，应当开除公职；构成受贿罪、玩忽职守罪或者其他罪的，依法追究刑事责任。

第十二条 对依照本规定第十一条第一款的规定取得批准的单位和个人，负责行政审批的政府部门或者机构必须对其实施严格监督检查；发现其不再具备安全条件的，必须立即撤销原批准。负责行政审批的政府部门或者机构违反前款规定，不对取得批准的单位和个人实施严格监督检查，或者发现其不再具备安全条件而不立即撤销原批准的，对部门或者机构的正职负责人，根据情节轻重，给予降级或者撤职的行政处分；构成受贿罪、行政管理部门依法相应吊销营业执照。负责行政审批的政府部门或者机构违反前款规定，对发现或者举报的未依法取得批准而擅自从事有关活动的，不予查封、取缔、不依法给予行政处罚，工商行政管理部门不予吊销营业执照的，对部门或者机构的正职负责人，根据情节轻重，给予降级或者撤职的行政处分；构成受贿罪、玩忽职守罪或者其他罪的，依法追究刑事责任。

第十三条 对未依法取得批准，擅自从事有关活动的，负责行政审批的政府部门或者机构发现或者接到举报后，应当立即予以查封、取缔，并依法给予行政处罚；属于经营单位的，由工商行政管理部门依法相应吊销营业执照。

负责行政审批的政府部门或者机构违反前款规定，对发现或者举报的未依法取得批准而擅自从事有关活动的，不予查封、取缔、不依法给予行政处罚，工商行政管理部门不予吊销营业执照的，对部门或者机构的正职负责人，根据情节轻重，给予降级或者撤职的行政处分；构成受贿罪、玩忽职守罪或者其他罪的，依法追究刑事责任。

第十四条 市（地、州）县（市、区）人民政府依照本规定应当履行职责而示履行的，或者未按照规定的职责和程序履行，本地区发生特大安全事故的，对政府主要领导人，根据情节轻重，给予降级或者撤职的行政处分，构成玩忽职守罪的，依法追究刑事责任。负责行政审的政府部门或者机构、负责安全监督管理的政府有关部门，未依照本规定履行职责，发生特安全事故的，对部门或者机构的正职负责人，根据情节轻重，给予撤职或者开除公职的行政处分；构成玩忽职守罪或者其他罪的，依法追究刑事责任。

第十五条 发生特大安全事故，社会影响特别恶劣或者性质特别严重的，由国务院对负有领导责任的省长、自治区主席、直辖市市长和国务院有关部门正职负责人给予行政处分。

第十六条 特大安全事故发生后，有关县（市、区）、市（地、州）和省、自治区、直辖市人民政府及政府有关部门应当按照国家规定的程序和时限立即上报,不得隐瞒不报、谎报或者拖延报告,并应当配合、协助事故调查,不得以任何方式阻碍、干涉事故调查。特大安全事故发生后,有关地方人民政府及政府有关部门违反前款规定的,对政府主要领导人和政府部门正职负责人给予降级的行政处分。

第十七条 特大安全事故发生后,有关地方人民政府应当迅速组织救助,有关部门应当服从指挥、调度,参加或者配合救助,将事故损失降到最低限度。

第十八条 特大安全事故发生后,省、自治区、直辖市人民政府应当按照国家有关规定迅速、如实发布事故消息。

第十九条 特大安全事故发生后,按照国家有关规定组织调查组对事故进行调查。事故调查工作应当自事故发生之日60日内完成,并由调查组提出调查报告;遇有特殊情况的,经调查组提出并报国家安全生产监督管理机构批准后,可以适当延长时间。调查报告应当包括依照本规定对有关责任人员追究行政责任或者其他法律责任的意见。省、自治区、直辖市人民政府应当自调查报告提交之日起30日内,对有关责任人员做出处理决定;必要时,国务院可以对特大安全事故的有关责任人员作出处理决定。

第二十条 地方人民政府或者政府部门阻挠、干涉对特大安全事故有关责任人员追究行政责任的,对该地方人民政府主要领导人或者政府部门正职负责人,根据情节轻重,给予降级或者撤职的行政处分。

第二十一条 任何单位和个人均有权向有关地方人民政府或者政府部门报告特大安全事故隐患,有权向上级人民政府或者政府部门举报地方人民政府或者政府部门不履行安全监督管理职责或者不按照规定履行职责的情况。接到报告或者举报的有关人民政府或者政府部门,应当立即组织对事故隐患进行查处,或者对举报的不履行、不按照规定履行安全监督管理职责的情况进行调查处理。

第二十二条 监察机关依照行政监察法的规定,对地方各级人民政府和政府部门及其工作人员履行安全监督管理职责实施监察。

第二十三条 对特大安全事故以外的其他安全事故的防范、发生追究行政责任的办法,由省、自治区、直辖市人民政府参照本规定制定。

第二十四条 本规定自公布之日起施行。

4.2.4 特种设备安全监察条例

(2003年2月19日国务院第68次常务会议通过 2003年3月11日中华人民共和国国务院令第373号公布,自2003年6月1日起施行)

第一章 总 则

第一条 为了加强特种设备的安全监察,防止和减少事故,保障人民群众生命和财产安全,促进经济发展,制定本条例。

第二条 本条例所称特种设备是指涉及生命安全、危险性较大的锅炉、压力容器(含气瓶,下同)、压力管道、电梯、起重机械、客运索道、大型游乐设施。前款特种设备的目录由国务院负责特种设备安全监督管理的部门(以下简称国务院特种设备安全监督管理部门）制订，报国务院批准后执行。

第三条 特种设备的生产（含设计、制造、安装、改造、维修，下同）、使用、检验检测及其监督检查，应当遵守本条例，但本条例另有规定的除外。军事装备、核设施、航空航天器、铁路机车、海上设施和船舶以及煤矿矿井使用的特种设备的安全监察不适用本条例。房屋建筑工地和市政工程工地用起重机械的安装、使用的监督管理，由建设行政主管部门依照有关法律、法规的规定执行。

第四条 国务院特种设备安全监督管理部门负责全国特种设备的安全监察工作，县以上地方负责特种设备安全监督管理的部门对本行政区域内特种设备实施安全监察（以下统称特种设备安全监督管理部门）。

第五条 特种设备生产、使用单位应当建立健全特种设备安全管理制度和岗位安全责任制度。特种设备生产、使用单位的主要负责人应当对本单位特种设备的安全全面负责。特种设备生产、使用单位和特种设备检验检测机构，应当接受特种设备安全监督管理部门依法进行的特种设备安全监察。

第六条 特种设备检验检测机构，应当依照本条例规定，进行检验检测工作，对其检验检测结果、鉴定结论承担法律责任。

第七条 县级以上地方人民政府应当督促、支持特种设备安全监督管理部门依法履行安全监察职责，对特种设备安全监察中存在的重大问题及时予以协调、解决。

第八条 国家鼓励推行科学的管理方法，采用先进技术，提高特种设备安全性能和管理水平，增强特种设备生产、使用单位防范事故的能力，对取得显著成绩的单位和个人，给予奖励。

第九条 任何单位和个人对违反本条例规定的行为，有权向特种设备安全监督管理部门和行政监察等有关部门举报。特种设备安全监督管理部门应当建立特种设备安全监察举报制度，公布举报电话、信箱或者电子邮件地址，受理对特种设备生产、使用和检验检测违法行为的举报，并及时予以处理。特种设备安全监督管理部门和行政监察等有关部门应当为举报人保密，并按照国家有关规定给予奖励。

第二章　特种设备的生产

第十条 特种设备生产单位，应当依照本条例规定以及国务院特种设备安全监督管理部门制订并公布的安全技术规范（以下简称安全技术规范）的要求，进行生产活动。特种设备生产单位对其生产的特种设备的安全性能负责。

第十一条 压力容器的设计单位应当经国务院特种设备安全监督管理部门许可，方可从事压力容器的设计活动。压力容器的设计单位应当具备下列条件：

（一）有与压力容器设计相适应的设计人员、设计审核人员；

（二）有与压力容器设计相适应的健全的管理制度和责任制度。

第十二条 锅炉、压力容器中的气瓶（以下简称气瓶）、氧舱和客运索道、大型游乐设施的设计文件，应当经国务院特种设备安全监督管理部门核准的检验检测机构鉴定，方可用于制造。

第十三条 按照安全技术规范的要求，应当进行型式试验的特种设备产品、部件或者试制特种设备新产品、新部件,必须进行整机或者部件的型式试验。

第十四条 锅炉、压力容器、电梯、起重机械、客运索道、大型游乐设施及其安全附件、安全保护装置的制造、安装、改造单位,以及压力管道用管子、管件、阀门、法兰、补偿器、安全保护装置等(以下简称压力管道元件)的制造单位,应当经国务院特种设备安全监督管理部门许可,方可从事相应的活动。

前款特种设备的制造、安装、改造单位应当具备下列条件:

(一) 有与特种设备制造、安装、改造相适应的专业技术人员和技术工人;

(二) 有与特种设备制造、安装、改造相适应的生产条件和检测手段;

(三) 有健全的质量管理制度和责任制度。

第十五条 特种设备出厂时,应当附有安全技术规范要求的设计文件、产品质量合格证明、安装及使用维修说明、监督检验证明等文件。

第十六条 锅炉、压力容器、电梯、起重机械、客运索道、大型游乐设施的维修单位,应当有与特种设备维修相适应的专业技术人员和技术工人以及必要的检测手段,并经省、自治区、直辖市特种设备安全监督管理部门许可,方可从事相应的维修活动。

第十七条 锅炉、压力容器、起重机械、客运索道、大型游乐设施的安装、改造、维修,必须由依照本条例取得许可的单位进行。电梯的安装、改造、维修,必须由电梯制造单位或者其通过合同委托、同意的依照本条例取得许可的单位进行。电梯制造单位对电梯质量以及安全运行涉及的质量问题负责。特种设备安装、改造、维修的施工单位应当在施工前将拟进行的特种设备安装、改造、维修情况书面告知直辖市或者设区的市的特种设备安全监督管理部门,告知后即可施工。

第十八条 电梯井道的土建工程必须符合建筑工程质量要求。电梯安装施工过程中,电梯安装单位应当遵守施工现场的安全生产要求,落实现场安全防护措施。电梯安装施工过程中,施工现场的安全生产监督,由有关部门依照有关法律、行政法规的规定执行。电梯安装施工过程中,电梯安装单位应当服从建筑施工总承包单位对施工现场的安全生产管理,并订立合同,明确各自的安全责任。

第十九条 电梯的制造、安装、改造和维修活动,必须严格遵守安全技术规范的要求。电梯制造单位委托或者同意其他单位进行电梯安装、改造、维修活动的,应当对其安装、改造、维修活动进行安全指导和监控。电梯的安装、改造、维修活动结束后,电梯制造单位应当按照安全技术规范的要求对电梯进行校验和调试,并对校验和调试的结果负责。

第二十条 锅炉、压力容器、电梯、起重机械、客运索道、大型游乐设施的安装、改造、维修竣工后,安装、改造、维修的施工单位应当在验收后30日内将有关技术资料移交使用单位。使用单位应当将其存入该特种设备的安全技术档案。

第二十一条 锅炉、压力容器、压力管道元件、起重机械、大型游乐设施的制造过程和锅炉、压力容器、电梯、起重机械、客运索道、大型游乐设施的安装、改造、重大维修过程,必须经国务院特种设备安全监督管理部门核准的检验检测机构按照安全技术规范的要求进行监督检验;未经监督检验合格的不得出厂或者交付使用。

第二十二条 气瓶充装单位应当经省、自治区、直辖市的特种设备安全监督管理部门许可,方可从事充装活动。气瓶充装单位应当具备下列条件:

（一）有与气瓶充装和管理相适应的管理人员和技术人员；

（二）有与气瓶充装和管理相适应的充装设备、检测手段、场地厂房、器具、安全设施和一定的气体储存能力，并能够向使用者提供符合安全技术规范要求的气瓶；

（三）有健全的充装安全管理制度、责任制度、紧急处理措施。

气瓶充装单位应当对气瓶使用者安全使用气瓶进行指导，提供服务。

第三章　特种设备的使用

第二十三条　特种设备使用单位，应当严格执行本条例和有关安全生产的法律、行政法规的规定，保证特种设备的安全使用。

第二十四条　特种设备使用单位应当使用符合安全技术规范要求的特种设备。特种设备投入使用前，使用单位应当核对其是否附有本条例第十五条规定的相关文件。

第二十五条　特种设备在投入使用前或者投入使用后 30 日内，特种设备使用单位应当向直辖市或者设区的市的特种设备安全监督管理部门登记。登记标志应当置于或者附着于该特种设备的显著位置。

第二十六条　特种设备使用单位应当建立特种设备安全技术档案。安全技术档案应当包括以下内容：

（一）特种设备的设计文件、制造单位、产品质量合格证明、使用维护说明等文件以及安装技术文件和资料；

（二）特种设备的定期检验和定期自行检查的记录；

（三）特种设备的日常使用状况记录；

（四）特种设备及其安全附件、安全保护装置、测量调控装置及有关附属仪器仪表的日常维护保养记录；

（五）特种设备运行故障和事故记录。

第二十七条　特种设备使用单位应当对在用特种设备进行经常性日常维护保养，并定期自行检查。特种设备使用单位对在用特种设备应当至少每月进行一次自行检查，并作出记录。特种设备使用单位在对在用特种设备进行自行检查和日常维护保养时发现异常情况的，应当及时处理。特种设备使用单位应当对在用特种设备的安全附件、安全保护装置、测量调控装置及有关附属仪器仪表进行定期校验、检修，并作出记录。

第二十八条　特种设备使用单位应当按照安全技术规范的定期检验要求，在安全检验合格有效期届满前 1 个月向特种设备检验检测机构提出定期检验要求。检验检测机构接到定期检验要求后，应当按照安全技术规范的要求及时进行检验。未经定期检验或者检验不合格的特种设备，不得继续使用。

第二十九条　特种设备出现故障或者发生异常情况，使用单位应当对其进行全面检查，消除事故隐患后，方可重新投入使用。

第三十条　特种设备存在严重事故隐患，无改造、维修价值，或者超过安全技术规范规定使用年限，特种设备使用单位应当及时予以报废，并应当向原登记的特种设备安全监督管理部门办理注销。

第三十一条　特种设备使用单位应当制定特种设备的事故应急措施和救援预案。

第三十二条 电梯的日常维护保养必须由依照本条例取得许可的安装、改造、维修单位或者电梯制造单位进行。电梯应当至少每15日进行一次清洁、润滑、调整和检查。

第三十三条 电梯的日常维护保养单位应当在维护保养中严格执行国家安全技术规范的要求，保证其维护保养的电梯的安全技术性能，并负责落实现场安全防护措施，保证施工安全。电梯的日常维护保养单位，应当对其维护保养的电梯的安全性能负责。接到故障通知后，应当立即赶赴现场，并采取必要的应急救援措施。

第三十四条 电梯、客运索道、大型游乐设施等为公众提供服务的特种设备运营使用单位，应当设置特种设备安全管理机构或者配备专职的安全管理人员；其他特种设备使用单位，应当根据情况设置特种设备安全管理机构或者配备专职、兼职的安全管理人员。特种设备的安全管理人员应当对特种设备使用状况进行经常性检查，发现问题的应当立即处理；情况紧急时，可以决定停止使用特种设备并及时报告本单位有关负责人。

第三十五条 客运索道、大型游乐设施的运营使用单位在客运索道、大型游乐设施每日投入使用前，应当进行试运行和例行安全检查，并对安全装置进行检查确认。电梯、客运索道、大型游乐设施的运营使用单位应当将电梯、客运索道、大型游乐设施的安全注意事项和警示标志置于易于为乘客注意的显著位置。

第三十六条 客运索道、大型游乐设施的运营使用单位的主要负责人应当熟悉客运索道、大型游乐设施的相关安全知识，并全面负责客运索道、大型游乐设施的安全使用。客运索道、大型游乐设施的运营使用单位的主要负责人至少应当每月召开一次会议，督促、检查客运索道、大型游乐设施的安全使用工作。客运索道、大型游乐设施的运营使用单位，应当结合本单位的实际情况，配备相应数量的营救装备和急救物品。

第三十七条 电梯、客运索道、大型游乐设施的乘客应当遵守使用安全注意事项的要求，服从有关工作人员的指挥。

第三十八条 电梯投入使用后，电梯制造单位应当对其制造的电梯的安全运行情况进行跟踪调查和了解，对电梯的日常维护保养单位或者电梯的使用单位在安全运行方面存在的问题，提出改进建议，并提供必要的技术帮助。发现电梯存在严重事故隐患的，应当及时向特种设备安全监督管理部门报告。电梯制造单位对调查和了解的情况，应当作出记录。

第三十九条 锅炉、压力容器、电梯、起重机械、客运索道、大型游乐设施的作业人员及其相关管理人员（以下统称特种设备作业人员），应当按照国家有关规定经特种设备安全监督管理部门考核合格，取得国家统一格式的特种作业人员证书，方可从事相应的作业或者管理工作。

第四十条 特种设备使用单位应当对特种设备作业人员进行特种设备安全教育和培训，保证特种设备作业人员具备必要的特种设备安全作业知识。特种设备作业人员在作业中应当严格执行特种设备的操作规程和有关的安全规章制度。

第四十一条 特种设备作业人员在作业过程中发现事故隐患或者其他不安全因素，应当立即向现场安全管理人员和单位有关负责人报告。

第四章　检验检测

第四十二条　从事本条例规定的监督检验、定期检验、型式试验检验检测工作的特种设备检验检测机构,应当经国务院特种设备安全监督管理部门核准。特种设备使用单位设立的特种设备检验检测机构,经国务院特种设备安全监督管理部门核准,负责本单位一定范围内的特种设备定期检验、型式试验工作。

第四十三条　特种设备检验检测机构,应当具备下列条件:

(一)有与所从事的检验检测工作相适应的检验检测人员;

(二)有与所从事的检验检测工作相适应的检验检测仪器和设备;

(三)有健全的检验检测管理制度、检验检测责任制度。

第四十四条　特种设备的监督检验、定期检验和型式试验应当由依照本条例经核准的特种设备检验检测机构进行。特种设备检验检测工作应当符合安全技术规范的要求。

第四十五条　从事本条例规定的监督检验、定期检验和型式试验的特种设备检验检测人员应当经国务院特种设备安全监督管理部门组织考核合格,取得检验检测人员证书,方可从事检验检测工作。检验检测人员从事检验检测工作,必须在特种设备检验检测机构执业,但不得同时在两个以上检验检测机构中执业。

第四十六条　特种设备检验检测机构和检验检测人员进行特种设备检验检测,应当遵循诚信原则和方便企业的原则,为特种设备生产、使用单位提供可靠、便捷的检验检测服务。特种设备检验检测机构和检验检测人员对涉及的被检验检测单位的商业秘密,负有保密义务。

第四十七条　特种设备检验检测机构和检验检测人员应当客观、公正、及时地出具检验检测结果、鉴定结论。检验检测结果、鉴定结论经检验检测人员签字后,由检验检测机构负责人签署。特种设备检验检测机构和检验检测人员对检验检测结果、鉴定结论负责。

国务院特种设备安全监督管理部门应当组织对特种设备检验检测机构的检验检测结果、鉴定结论进行监督抽查。县以上地方负责特种设备安全监督管理的部门在本行政区域内也可以组织监督抽查,但是要防止重复抽查。监督抽查结果应当向社会公布。

第四十八条　特种设备检验检测机构和检验检测人员不得从事特种设备的生产、销售,不得以其名义推荐或者监制、监销特种设备。

第四十九条　特种设备检验检测机构进行特种设备检验检测,发现严重事故隐患,应当及时告知特种设备使用单位,并立即向特种设备安全监督管理部门报告。

第五十条　特种设备检验检测机构和检验检测人员利用检验检测工作故意刁难特种设备生产、使用单位,特种设备生产、使用单位有权向特种设备安全监督管理部门投诉,接到投诉的特种设备安全监督管理部门应当及时进行调查处理。

第五章　监督检查

第五十一条　特种设备安全监督管理部门依照本条例规定,对特种设备生产、使用单位和检验检测机构实施安全监察。对学校、幼儿园以及车站、客运码头、商场、体育场馆、展览馆、公园等公众聚集场所的特种设备,特种设备安全监督管理部门应当实施重点安全监察。

第五十二条 特种设备安全监督管理部门根据举报或者取得的涉嫌违法证据,对涉嫌违反本条例规定的行为进行查处时,可以行使下列职权:

(一)向特种设备生产、使用单位和检验检测机构的法定代表人、主要负责人和其他有关人员调查、了解与涉嫌从事违反本条例的生产、使用、检验检测有关的情况;

(二)查阅、复制特种设备生产、使用单位和检验检测机构的有关合同、发票、账簿以及其他有关资料;

(三)对有证据表明不符合安全技术规范要求的或者有其他严重事故隐患的特种设备或者其主要部件,予以查封或者扣押。

第五十三条 依照本条例规定,实施许可、核准、登记的特种设备安全监督管理部门,应当严格依照本条例规定条件和安全技术规范要求对有关事项进行审查;不符合本条例规定条件和安全技术规范要求的,不得许可、核准、登记。未依法取得许可、核准、登记的单位擅自从事特种设备的生产、使用或者检验检测活动的,特种设备安全监督管理部门应当予以取缔或者依法予以处理。已经取得许可、核准、登记的特种设备的生产、使用单位和检验检测机构,特种设备安全监督管理部门发现其不再符合本条例规定条件和安全技术规范要求的,应当依法撤销原许可、核准、登记。

第五十四条 特种设备安全监督管理部门在办理本条例规定的有关行政审批事项时,其受理、审查、许可、核准的程序必须公开,并应当自受理申请之日起30日内,作出许可、核准或者不予许可、核准的决定;不予许可、核准的,应当书面向申请人说明理由。

第五十五条 地方各级特种设备安全监督管理部门不得以任何形式进行地方保护和地区封锁,不得对已经依照本条例规定在其他地方取得许可的特种设备生产单位重复进行许可,也不得要求对依照本条例规定在其他地方检验检测合格的特种设备,重复进行检验检测。

第五十六条 特种设备安全监督管理部门的安全监察人员(以下简称特种设备安全监察人员)应当熟悉相关法律、法规、规章和安全技术规范,具有相应的专业知识和工作经验,并经国务院特种设备安全监督管理部门考核,取得特种设备安全监察人员证书。特种设备安全监察人员应当忠于职守、坚持原则、秉公执法。

第五十七条 特种设备安全监督管理部门对特种设备生产、使用单位和检验检测机构实施安全监察时,应当有两名以上特种设备安全监察人员参加,并出示有效的特种设备安全监察人员证件。

第五十八条 特种设备安全监督管理部门对特种设备生产、使用单位和检验检测机构实施安全监察,应当对每次安全监察的内容、发现的问题及处理情况,作出记录,并由参加安全监察的特种设备安全监察人员和被检查单位的有关负责人签字后归档。被检查单位的有关负责人拒绝签字的,特种设备安全监察人员应当将情况记录在案。

第五十九条 特种设备安全监督管理部门对特种设备生产、使用单位和检验检测机构进行安全监察时,发现有违反本条例和安全技术规范的行为或者在用的特种设备存在事故隐患的,应当以书面形式发出特种设备安全监察指令,责令有关单位及时采取措施,予以改正或者消除事故隐患。紧急情况下需要采取紧急处置措施的,应当随后补发书面通知。

第六十条　特种设备安全监督管理部门对特种设备生产、使用单位和检验检测机构进行安全监察，发现重大违法行为或者严重事故隐患时，应当在采取必要措施的同时，及时向上级特种设备安全监督管理部门报告。接到报告的特种设备安全监督管理部门应当采取必要措施，及时予以处理。对违法行为或者严重事故隐患的处理需要当地人民政府和有关部门的支持、配合时，特种设备安全监督管理部门应当报告当地人民政府，并通知其他有关部门。当地人民政府和其他有关部门应当采取必要措施，及时予以处理。

第六十一条　国务院特种设备安全监督管理部门和省、自治区、直辖市特种设备安全监督管理部门应当定期向社会公布特种设备安全状况。公布特种设备安全状况，应当包括下列内容：

（一）在用的特种设备数量；

（二）特种设备事故的情况、特点、原因分析、防范对策；

（三）其他需要公布的情况。

第六十二条　特种设备发生事故，事故发生单位应当迅速采取有效措施，组织抢救，防止事故扩大，减少人员伤亡和财产损失，并按照国家有关规定，及时、如实地向负有安全生产监督管理职责的部门和特种设备安全监督管理部门等有关部门报告。不得隐瞒不报、谎报或者拖延不报。

第六十三条　特种设备发生事故的，按照国家有关规定进行事故调查，追究责任。

第六章　法律责任

第六十四条　未经许可，擅自从事压力容器设计活动的，由特种设备安全监督管理部门予以取缔，处5万元以上20万元以下罚款；有违法所得的，没收违法所得；触犯刑律的，对负有责任的主管人员和其他直接责任人员依照刑法关于非法经营罪或者其他罪的规定，依法追究刑事责任。

第六十五条　锅炉、气瓶、氧舱和客运索道、大型游乐设施的设计文件，未经国务院特种设备安全监督管理部门核准的检验检测机构鉴定，擅自用于制造的，由特种设备安全监督管理部门责令改正，没收非法制造的产品，处5万元以上20万元以下罚款；触犯刑律的，对负有责任的主管人员和其他直接责任人员依照刑法关于生产、销售伪劣产品罪、非法经营罪或者其他罪的规定，依法追究刑事责任。

第六十六条　按照安全技术规范的要求应当进行型式试验的特种设备产品、部件或者试制特种设备新产品、新部件，未进行整机或者部件型式试验的，由特种设备安全监督管理部门责令限期改正；逾期未改正的，处2万元以上10万元以下罚款。

第六十七条　未经许可，擅自从事锅炉、压力容器、电梯、起重机械、客运索道、大型游乐设施及其安全附件、安全保护装置的制造、安装、改造以及压力管道元件的制造活动的，由特种设备安全监督管理部门予以取缔，没收非法制造的产品，已经实施安装、改造的，责令恢复原状或者责令限期由取得许可的单位重新安装、改造，处5万元以上20万元以下罚款；触犯刑律的，对负有责任的主管人员和其他直接责任人员依照刑法关于生产、销售伪劣产品罪、非法经营罪、重大责任事故罪或者其他罪的规定，依法追究刑事责任。

第六十八条 特种设备出厂时,未按照安全技术规范的要求附有设计文件、产品质量合格证明、安装及使用维修说明、监督检验证明等文件的,由特种设备安全监督管理部门责令改正;情节严重的,责令停止生产、销售,处违法生产、销售货值金额30%以下罚款;有违法所得的,没收违法所得。

第六十九条 未经许可,擅自从事锅炉、压力容器、电梯、起重机械、客运索道、大型游乐设施的维修或者日常维护保养的,由特种设备安全监督管理部门予以取缔,处1万元以上5万元以下罚款;有违法所得的,没收违法所得;触犯刑律的,对负有责任的主管人员和其他直接责任人员依照刑法关于非法经营罪、重大责任事故罪或者其他罪的规定,依法追究刑事责任。

第七十条 锅炉、压力容器、电梯、起重机械、客运索道、大型游乐设施的安装、改造、维修的施工单位,在施工前未将拟进行的特种设备安装、改造、维修情况书面告知直辖市或者设区的市的特种设备安全监督管理部门即行施工的,或者在验收后30日内未将有关技术资料移交锅炉、压力容器、电梯、起重机械、客运索道、大型游乐设施的使用单位的,由特种设备安全监督管理部门责令限期改正;逾期未改正的,处2000元以上1万元以下罚款。

第七十一条 锅炉、压力容器、压力管道元件、起重机械、大型游乐设施的制造过程和锅炉、压力容器、电梯、起重机械、客运索道、大型游乐设施的安装、改造、重大维修过程,未经国务院特种设备安全监督管理部门核准的检验检测机构按照安全技术规范的要求进行监督检验,出厂或者交付使用的,由特种设备安全监督管理部门责令改正,没收违法生产、销售的产品,已经实施安装、改造或者重大维修的,责令限期进行监督检验,处5万元以上20万元以下的罚款;有违法所得的,没收违法所得;情节严重的,撤销制造、安装、改造或者维修单位已经取得的许可,并由工商行政管理部门吊销其营业执照;触犯刑律的,对负有责任的主管人员和其他直接责任人员依照刑法关于生产、销售伪劣产品罪或者其他罪的规定,依法追究刑事责任。

第七十二条 未经许可,擅自从事气瓶充装活动的,由特种设备安全监督管理部门予以取缔,没收违法充装的气瓶,处5万元以上20万元以下罚款;有违法所得的,没收违法所得;触犯刑律的,对负有责任的主管人员和其他直接责任人员依照刑法关于非法经营罪或者其他罪的规定,依法追究刑事责任。

第七十三条 电梯制造单位有下列情形之一的,由特种设备安全监督管理部门责令限期改正;逾期未改正的,予以通报批评:

(一)未依照本条例第十九条的规定对电梯进行校验、调试的;

(二)对电梯的安全运行情况进行跟踪调查和了解时,发现存在严重事故隐患,未及时向特种设备安全监督管理部门报告的。

第七十四条 特种设备使用单位有下列情形之一的,由特种设备安全监督管理部门责令限期改正;逾期未改正的,处2000元以上2万元以下罚款;情节严重的,责令停止使用或者停产停业整顿:

(一)特种设备投入使用前或者投入使用后30日内,未向特种设备安全监督管理部门登记,擅自将其投入使用的;

（二）未依照本条例第二十六条的规定，建立特种设备安全技术档案的；

（三）未依照本条例第二十七条的规定，对在用特种设备进行经常性日常维护保养和定期自行检查的，或者对在用特种设备的安全附件、安全保护装置、测量调控装置及有关附属仪器仪表进行定期校验、检修，并作出记录的；

（四）未按照安全技术规范的定期检验要求，在安全检验合格有效期届满前1个月向特种设备检验检测机构提出定期检验要求的；

（五）使用未经定期检验或者检验不合格的特种设备的；

（六）特种设备出现故障或者发生异常情况，未对其进行全面检查、消除事故隐患，继续投入使用的；

（七）未制定特种设备的事故应急措施和救援预案的；

（八）未依照本条例第三十二条第二款的规定，对电梯进行清洁、润滑、调整和检查的。

第七十五条 特种设备存在严重事故隐患，无改造、维修价值，或者超过安全技术规范规定的使用年限，特种设备使用单位未予以报废，并向原登记的特种设备安全监督管理部门办理注销的，由特种设备安全监督管理部门责令限期改正；逾期未改正的，处5万元以上20万元以下罚款。

第七十六条 电梯、客运索道、大型游乐设施的运营使用单位有下列情形之一的，由特种设备安全监督管理部门责令限期改正；逾期未改正的，责令停止使用或者停产停业整顿，处1万元以上5万元以下罚款：

（一）客运索道、大型游乐设施每日投入使用前，未进行试运行和例行安全检查，并对安全装置进行检查确认的；

（二）未将电梯、客运索道、大型游乐设施的安全注意事项和警示标志置于易于为乘客注意的显著位置的。

第七十七条 特种设备使用单位有下列情形之一的，由特种设备安全监督管理部门责令限期改正；逾期未改正的，责令停止使用或者停产停业整顿，处2000元以上2万元以下罚款：

（一）未依照本条例规定设置特种设备安全管理机构或者配备专职、兼职的安全管理人员的；

（二）从事特种设备作业的人员，未取得相应特种作业人员证书，上岗作业的；

（三）未对特种设备作业人员进行特种设备安全教育和培训的。

第七十八条 特种设备使用单位的主要负责人在本单位发生重大特种设备事故时，不立即组织抢救或者在事故调查处理期间擅离职守或者逃匿的，给予降职、撤职的处分；触犯刑律的，依照刑法关于重大责任事故罪或者其他罪的规定，依法追究刑事责任。特种设备使用单位的主要负责人对特种设备事故隐瞒不报、谎报或者拖延不报的，依照前款规定处罚。

第七十九条 特种设备作业人员违反特种设备的操作规程和有关的安全规章制度操作，或者在作业过程中发现事故隐患或者其他不安全因素，未立即向现场安全管理人员和单位有关负责人报告的，由特种设备使用单位给予批评教育、处分；触犯刑律的，依照刑法关于重大责任事故罪或者其他罪的规定,依法追究刑事责任。

第八十条　未经核准,擅自从事本条例所规定的监督检验、定期检验、型式试验等检验检测活动的,由特种设备安全监督管理部门予以取缔,处5万元以上20万元以下罚款;有违法所得的,没收违法所得;触犯刑律的,对负有责任的主管人员和其他直接责任人员依照刑法关于非法经营罪或者其他罪的规定,依法追究刑事责任。

第八十一条　特种设备检验检测机构,有下列情形之一的,由特种设备安全监督管理部门处2万元以上10万元以下罚款;情节严重的,撤销其检验检测资格:

(一) 检验检测工作不符合安全技术规范的要求;

(二) 聘用未经特种设备安全监督管理部门组织考核合格并取得检验检测人员证书的人员,从事相关检验检测工作的;

(三) 在进行特种设备检验检测中,发现严重事故隐患,未及时告知特种设备使用单位,并立即向特种设备安全监督管理部门报告的。

第八十二条　特种设备检验检测机构和检验检测人员,出具虚假的检验检测结果、鉴定结论或者检验检测结果、鉴定结论严重失实的,由特种设备安全监督管理部门对检验检测机构没收违法所得,处5万元以上20万元以下罚款,情节严重的,撤销其检验检测资格;对检验检测人员处5000元以上5万元以下罚款,情节严重的,撤销其检验检测资格,触犯刑律的,依照刑法关于中介组织人员提供虚假证明文件罪、中介组织人员出具证明文件重大失实罪或者其他罪的规定,依法追究刑事责任。特种设备检验检测机构和检验检测人员,出具虚假的检验检测结果、鉴定结论或者检验检测结果、鉴定结论严重失实,造成损害的,应当承担赔偿责任。

第八十三条　特种设备检验检测机构或者检验检测人员从事特种设备的生产、销售,或者以其名义推荐或者监制、监销特种设备的,由特种设备安全监督管理部门撤销特种设备检验检测机构和检验检测人员的资格,处5万元以上20万元以下罚款;有违法所得的,没收违法所得。

第八十四条　特种设备检验检测机构和检验检测人员利用检验检测工作故意刁难特种设备生产、使用单位,由特种设备安全监督管理部门责令改正;拒不改正的,撤销其检验检测资格。

第八十五条　检验检测人员,从事检验检测工作,不在特种设备检验检测机构执业或者同时在两个以上检验检测机构中执业的,由特种设备安全监督管理部门责令改正,情节严重的,给予停止执业6个月以上2年以下的处罚;有违法所得的,没收违法所得。

第八十六条　特种设备安全监督管理部门及其特种设备安全监察人员,有下列违法行为之一的,对直接负责的主管人员和其他直接责任人员,依法给予降级或者撤职的行政处分;触犯刑律的,依照刑法关于受贿罪、滥用职权罪、玩忽职守罪或者其他罪的规定,依法追究刑事责任:

(一) 不按照本条例规定的条件和安全技术规范要求,实施许可、核准、登记的;

(二) 发现未经许可、核准、登记擅自从事特种设备的生产、使用或者检验检测活动不予取缔或者不依法予以处理的;

(三) 发现特种设备生产、使用单位不再具备本条例规定的条件而不撤销其原许可,

或者发现特种设备生产、使用违法行为不予查处的;

（四）发现特种设备检验检测机构不再具备本条例规定的条件而不撤销其原核准,或者对其出具虚假的检验检测结果、鉴定结论或者检验检测结果、鉴定结论严重失实的行为不予查处的;

（五）对依照本条例规定在其他地方取得许可的特种设备生产单位重复进行许可,或者对依照本条例规定在其他地方检验检测合格的特种设备,重复进行检验检测的;

（六）发现有违反本条例和安全技术规范的行为或者在用的特种设备存在严重事故隐患,不立即处理的;

（七）发现重大的违法行为或者严重事故隐患,未及时向上级特种设备安全监督管理部门报告,或者接到报告的特种设备安全监督管理部门不立即处理的。

第八十七条 特种设备的生产、使用单位或者检验检测机构,拒不接受特种设备安全监督管理部门依法实施的安全监察的,由特种设备安全监督管理部门责令限期改正;逾期未改正的,责令停产停业整顿,处2万元以上10万元以下的罚款;触犯刑律的,依照刑法关于妨害公务罪或者其他罪的规定,依法追究刑事责任。

第七章 附 则

第八十八条 本条例下列用语的含义是:

锅炉,是指利用各种燃料、电或者其他能源,将所盛装的液体加热到一定的参数,并承载一定压力的密闭设备,其范围规定为容积大于或者等于30L的承压蒸汽锅炉;出口水压大于或者等于0.1MPa(表压),且额定功率大于或者等于0.1MW的承压热水锅炉;有机热载体锅炉。

压力容器,是指盛装气体或者液体,承载一定压力的密闭设备,其范围规定为最高工作压力大于或者等于0.1MPa(表压),且压力与容积的乘积大于或者等于2.5MPa·L的气体、液化气体和最高工作温度高于或者等于标准沸点的液体的固定式容器和移动式容器;盛装公称工作压力大于或者等于0.2MPa(表压),且压力与容积的乘积大于或者等于1.0MPa·L的气体、液化气体和标准沸点等于或者低于60℃液体的气瓶;氧舱等。

压力管道,是指利用一定的压力,用于输送气体或者液体的管状设备,其范围规定为最高工作压力大于或者等于0.1MPa(表压)的气体、液化气体、蒸汽介质或者可燃、易爆、有毒、有腐蚀性、最高工作温度高于或者等于标准沸点的液体介质,且公称直径大于25mm的管道。

电梯,是指动力驱动,利用沿刚性导轨运行的箱体或者沿固定线路运行的梯级(踏步),进行升降或者平行运送人、货物的机电设备,包括载人(货)电梯、自动扶梯、自动人行道等。

起重机械,是指用于垂直升降或者垂直升降并水平移动重物的机电设备,其范围规定为额定起重量大于或者等于0.5t的升降机;额定起重量大于或者等于1t,且提升高度大于或者等于2m的起重机和承重形式固定的电动葫芦等。

客运索道,是指动力驱动,利用柔性绳索牵引箱体等运载工具运送人员的机电设备,包括客运架空索道、客运缆车、客运拖牵索道等。

大型游乐设施,是指用于经营目的,承载乘客游乐的设施,其范围规定为设计最大运行线速度大于或者等于 2m/s,或者运行高度距地面高于或者等于 2m 的载人大型游乐设施。

特种设备包括其附属的安全附件、安全保护装置和与安全保护装置相关的设施。

第八十九条 压力管道设计、安装、使用的安全监督管理办法由国务院另行制定。

第九十条 特种设备检验检测机构依照本条例规定实施检验检测,收取费用,依照国家有关规定执行。

第九十一条 本条例自 2003 年 6 月 1 日起施行。1982 年 2 月 6 日国务院发布的《锅炉压力容器安全监察暂行条例》同时废止。

4.2.5 生产安全事故报告和调查处理条例

(2007 年 3 月 28 日国务院第 172 次常务会议通过,2007 年 4 月 9 日中华人民共和国国务院令第 493 号公布,自 2007 年 6 月 1 日起施行)

第一章 总 则

第一条 为了规范生产安全事故的报告和调查处理,落实生产安全事故责任追究制度,防止和减少生产安全事故,根据《中华人民共和国安全生产法》和有关法律,制定本条例。

第二条 生产经营活动中发生的造成人身伤亡或者直接经济损失的生产安全事故的报告和调查处理,适用本条例;环境污染事故、核设施事故、国防科研生产事故的报告和调查处理不适用本条例。

第三条 根据生产安全事故(以下简称事故)造成的人员伤亡或者直接经济损失,事故一般分为以下等级:

(一)特别重大事故,是指造成 30 人以上死亡,或者 100 人以上重伤(包括急性工业中毒,下同),或者 1 亿元以上直接经济损失的事故;

(二)重大事故,是指造成 10 人以上 30 人以下死亡,或者 50 人以上 100 人以下重伤,或者 5000 万元以上 1 亿元以下直接经济损失的事故;

(三)较大事故,是指造成 3 人以上 10 人以下死亡,或者 10 人以上 50 人以下重伤,或者 1000 万元以上 5000 万元以下直接经济损失的事故;

(四)一般事故,是指造成 3 人以下死亡,或者 10 人以下重伤,或者 1000 万元以下直接经济损失的事故。

国务院安全生产监督管理部门可以会同国务院有关部门,制定事故等级划分的补充性规定。

本条第一款所称的"以上"包括本数,所称的"以下"不包括本数。

第四条 事故报告应当及时、准确、完整,任何单位和个人对事故不得迟报、漏报、谎报或者瞒报。

事故调查处理应当坚持实事求是、尊重科学的原则,及时、准确地查清事故经过、事故原因和事故损失,查明事故性质,认定事故责任,总结事故教训,提出整改措施,并对事故责任者依法追究责任。

第五条 县级以上人民政府应当依照本条例的规定,严格履行职责,及时、准确地完成事故调查处理工作。

事故发生地有关地方人民政府应当支持、配合上级人民政府或者有关部门的事故调查处理工作,并提供必要的便利条件。

参加事故调查处理的部门和单位应当互相配合,提高事故调查处理工作的效率。

第六条 工会依法参加事故调查处理,有权向有关部门提出处理意见。

第七条 任何单位和个人不得阻挠和干涉对事故的报告和依法调查处理。

第八条 对事故报告和调查处理中的违法行为,任何单位和个人有权向安全生产监督管理部门、监察机关或者其他有关部门举报,接到举报的部门应当依法及时处理。

第二章　事故报告

第九条 事故发生后,事故现场有关人员应当立即向本单位负责人报告;单位负责人接到报告后,应当于1小时内向事故发生地县级以上人民政府安全生产监督管理部门和负有安全生产监督管理职责的有关部门报告。

情况紧急时,事故现场有关人员可以直接向事故发生地县级以上人民政府安全生产监督管理部门和负有安全生产监督管理职责的有关部门报告。

第十条 安全生产监督管理部门和负有安全生产监督管理职责的有关部门接到事故报告后,应当依照下列规定上报事故情况,并通知公安机关、劳动保障行政部门、工会和人民检察院:

(一)特别重大事故、重大事故逐级上报至国务院安全生产监督管理部门和负有安全生产监督管理职责的有关部门;

(二)较大事故逐级上报至省、自治区、直辖市人民政府安全生产监督管理部门和负有安全生产监督管理职责的有关部门;

(三)一般事故上报至设区的市级人民政府安全生产监督管理部门和负有安全生产监督管理职责的有关部门。

安全生产监督管理部门和负有安全生产监督管理职责的有关部门依照前款规定上报事故情况,应当同时报告本级人民政府。国务院安全生产监督管理部门和负有安全生产监督管理职责的有关部门以及省级人民政府接到发生特别重大事故、重大事故的报告后,应当立即报告国务院。

必要时,安全生产监督管理部门和负有安全生产监督管理职责的有关部门可以越级上报事故情况。

第十一条 安全生产监督管理部门和负有安全生产监督管理职责的有关部门逐级上报事故情况,每级上报的时间不得超过2小时。

第十二条 报告事故应当包括下列内容:

(一)事故发生单位概况;

(二)事故发生的时间、地点以及事故现场情况;

(三)事故的简要经过;

（四）事故已经造成或者可能造成的伤亡人数（包括下落不明的人数）和初步估计的直接经济损失；

（五）已经采取的措施；

（六）其他应当报告的情况。

第十三条 事故报告后出现新情况的，应当及时补报。

自事故发生之日起 30 日内，事故造成的伤亡人数发生变化的，应当及时补报。道路交通事故、火灾事故自发生之日起 7 日内，事故造成的伤亡人数发生变化的，应当及时补报。

第十四条 事故发生单位负责人接到事故报告后，应当立即启动事故相应应急预案，或者采取有效措施，组织抢救，防止事故扩大，减少人员伤亡和财产损失。

第十五条 事故发生地有关地方人民政府、安全生产监督管理部门和负有安全生产监督管理职责的有关部门接到事故报告后，其负责人应当立即赶赴事故现场，组织事故救援。

第十六条 事故发生后，有关单位和人员应当妥善保护事故现场以及相关证据，任何单位和个人不得破坏事故现场、毁灭相关证据。

因抢救人员、防止事故扩大以及疏通交通等原因，需要移动事故现场物件的，应当做出标志，绘制现场简图并做出书面记录，妥善保存现场重要痕迹、物证。

第十七条 事故发生地公安机关根据事故的情况，对涉嫌犯罪的，应当依法立案侦查，采取强制措施和侦查措施。犯罪嫌疑人逃匿的，公安机关应当迅速追捕归案。

第十八条 安全生产监督管理部门和负有安全生产监督管理职责的有关部门应当建立值班制度，并向社会公布值班电话，受理事故报告和举报。

第三章 事故调查

第十九条 特别重大事故由国务院或者国务院授权有关部门组织事故调查组进行调查。

重大事故、较大事故、一般事故分别由事故发生地省级人民政府、设区的市级人民政府、县级人民政府负责调查。省级人民政府、设区的市级人民政府、县级人民政府可以直接组织事故调查组进行调查，也可以授权或者委托有关部门组织事故调查组进行调查。

未造成人员伤亡的一般事故，县级人民政府也可以委托事故发生单位组织事故调查组进行调查。

第二十条 上级人民政府认为必要时，可以调查由下级人民政府负责调查的事故。

自事故发生之日起 30 日内（道路交通事故、火灾事故自发生之日起 7 日内），因事故伤亡人数变化导致事故等级发生变化，依照本条例规定应当由上级人民政府负责调查的，上级人民政府可以另行组织事故调查组进行调查。

第二十一条 特别重大事故以下等级事故，事故发生地与事故发生单位不在同一个县级以上行政区域的，由事故发生地人民政府负责调查，事故发生单位所在地人民政府应当派人参加。

第二十二条 事故调查组的组成应当遵循精简、效能的原则。

根据事故的具体情况,事故调查组由有关人民政府、安全生产监督管理部门、负有安全生产监督管理职责的有关部门、监察机关、公安机关以及工会派人组成,并应当邀请人民检察院派人参加。

事故调查组可以聘请有关专家参与调查。

第二十三条　事故调查组成员应当具有事故调查所需要的知识和专长,并与所调查的事故没有直接利害关系。

第二十四条　事故调查组组长由负责事故调查的人民政府指定。事故调查组组长主持事故调查组的工作。

第二十五条　事故调查组履行下列职责:

(一)查明事故发生的经过、原因、人员伤亡情况及直接经济损失;

(二)认定事故的性质和事故责任;

(三)提出对事故责任者的处理建议;

(四)总结事故教训,提出防范和整改措施;

(五)提交事故调查报告。

第二十六条　事故调查组有权向有关单位和个人了解与事故有关的情况,并要求其提供相关文件、资料,有关单位和个人不得拒绝。

事故发生单位的负责人和有关人员在事故调查期间不得擅离职守,并应当随时接受事故调查组的询问,如实提供有关情况。

事故调查中发现涉嫌犯罪的,事故调查组应当及时将有关材料或者其复印件移交司法机关处理。

第二十七条　事故调查中需要进行技术鉴定的,事故调查组应当委托具有国家规定资质的单位进行技术鉴定。必要时,事故调查组可以直接组织专家进行技术鉴定。技术鉴定所需时间不计入事故调查期限。

第二十八条　事故调查组成员在事故调查工作中应当诚信公正、恪尽职守,遵守事故调查组的纪律,保守事故调查的秘密。

未经事故调查组组长允许,事故调查组成员不得擅自发布有关事故的信息。

第二十九条　事故调查组应当自事故发生之日起60日内提交事故调查报告;特殊情况下,经负责事故调查的人民政府批准,提交事故调查报告的期限可以适当延长,但延长的期限最长不超过60日。

第三十条　事故调查报告应当包括下列内容:

(一)事故发生单位概况;

(二)事故发生经过和事故救援情况;

(三)事故造成的人员伤亡和直接经济损失;

(四)事故发生的原因和事故性质;

(五)事故责任的认定以及对事故责任者的处理建议;

(六)事故防范和整改措施。

事故调查报告应当附具有关证据材料。事故调查组成员应当在事故调查报告上签名。

第三十一条　事故调查报告报送负责事故调查的人民政府后,事故调查工作即告结束。事故调查的有关资料应当归档保存。

第四章　事故处理

第三十二条　重大事故、较大事故、一般事故,负责事故调查的人民政府应当自收到事故调查报告之日起15日内做出批复;特别重大事故,30日内做出批复,特殊情况下,批复时间可以适当延长,但延长的时间最长不超过30日。

有关机关应当按照人民政府的批复,依照法律、行政法规规定的权限和程序,对事故发生单位和有关人员进行行政处罚,对负有事故责任的国家工作人员进行处分。

事故发生单位应当按照负责事故调查的人民政府的批复,对本单位负有事故责任的人员进行处理。

负有事故责任的人员涉嫌犯罪的,依法追究刑事责任。

第三十三条　事故发生单位应当认真吸取事故教训,落实防范和整改措施,防止事故再次发生。防范和整改措施的落实情况应当接受工会和职工的监督。

安全生产监督管理部门和负有安全生产监督管理职责的有关部门应当对事故发生单位落实防范和整改措施的情况进行监督检查。

第三十四条　事故处理的情况由负责事故调查的人民政府或者其授权的有关部门、机构向社会公布,依法应当保密的除外。

第五章　法律责任

第三十五条　事故发生单位主要负责人有下列行为之一的,处上一年年收入40%~80%的罚款;属于国家工作人员的,并依法给予处分;构成犯罪的,依法追究刑事责任:

(一)不立即组织事故抢救的;

(二)迟报或者漏报事故的;

(三)在事故调查处理期间擅离职守的。

第三十六条　事故发生单位及其有关人员有下列行为之一的,对事故发生单位处100万元以上500万元以下的罚款;对主要负责人、直接负责的主管人员和其他直接责任人员处上一年年收入60%~100%的罚款;属于国家工作人员的,并依法给予处分;构成违反治安管理行为的,由公安机关依法给予治安管理处罚;构成犯罪的,依法追究刑事责任:

(一)谎报或者瞒报事故的;

(二)伪造或者故意破坏事故现场的;

(三)转移、隐匿资金、财产,或者销毁有关证据、资料的;

(四)拒绝接受调查或者拒绝提供有关情况和资料的;

(五)在事故调查中作伪证或者指使他人作伪证的;

(六)事故发生后逃匿的。

第三十七条　事故发生单位对事故发生负有责任的,依照下列规定处以罚款:

(一)发生一般事故的,处10万元以上20万元以下的罚款;

（二）发生较大事故的,处 20 万元以上 50 万元以下的罚款;

（三）发生重大事故的,处 50 万元以上 200 万元以下的罚款;

（四）发生特别重大事故的,处 200 万元以上 500 万元以下的罚款。

第三十八条　事故发生单位主要负责人未依法履行安全生产管理职责,导致事故发生的,依照下列规定处以罚款;属于国家工作人员的,并依法给予处分;构成犯罪的,依法追究刑事责任:

（一）发生一般事故的,处上一年年收入 30% 的罚款;

（二）发生较大事故的,处上一年年收入 40% 的罚款;

（三）发生重大事故的,处上一年年收入 60% 的罚款;

（四）发生特别重大事故的,处上一年年收入 80% 的罚款。

第三十九条　有关地方人民政府、安全生产监督管理部门和负有安全生产监督管理职责的有关部门有下列行为之一的,对直接负责的主管人员和其他直接责任人员依法给予处分;构成犯罪的,依法追究刑事责任:

（一）不立即组织事故抢救的;

（二）迟报、漏报、谎报或者瞒报事故的;

（三）阻碍、干涉事故调查工作的;

（四）在事故调查中作伪证或者指使他人作伪证的。

第四十条　事故发生单位对事故发生负有责任的,由有关部门依法暂扣或者吊销其有关证照;对事故发生单位负有事故责任的有关人员,依法暂停或者撤销其与安全生产有关的执业资格、岗位证书;事故发生单位主要负责人受到刑事处罚或者撤职处分的,自刑罚执行完毕或者受处分之日起,5 年内不得担任任何生产经营单位的主要负责人。

为发生事故的单位提供虚假证明的中介机构,由有关部门依法暂扣或者吊销其有关证照及其相关人员的执业资格;构成犯罪的,依法追究刑事责任。

第四十一条　参与事故调查的人员在事故调查中有下列行为之一的,依法给予处分;构成犯罪的,依法追究刑事责任:

（一）对事故调查工作不负责任,致使事故调查工作有重大疏漏的;

（二）包庇、祖护负有事故责任的人员或者借机打击报复的。

第四十二条　违反本条例规定,有关地方人民政府或者有关部门故意拖延或者拒绝落实经批复的对事故责任人的处理意见的,由监察机关对有关责任人员依法给予处分。

第四十三条　本条例规定的罚款的行政处罚,由安全生产监督管理部门决定。

法律、行政法规对行政处罚的种类、幅度和决定机关另有规定的,依照其规定。

第六章　附　　则

第四十四条　没有造成人员伤亡,但是社会影响恶劣的事故,国务院或者有关地方人民政府认为需要调查处理的,依照本条例的有关规定执行。

国家机关、事业单位、人民团体发生的事故的报告和调查处理,参照本条例的规定执行。

第四十五条　特别重大事故以下等级事故的报告和调查处理,有关法律、行政法规或者国务院另有规定的,依照其规定。

第四十六条 本条例自 2007 年 6 月 1 日起施行。国务院 1989 年 3 月 29 日公布的《特别重大事故调查程序暂行规定》和 1991 年 2 月 22 日公布的《企业职工伤亡事故报告和处理规定》同时废止。

4.2.6 国务院关于进一步加强安全生产工作的决定

(2004 年 1 月 9 日)

安全生产关系人民群众的生命财产安全,关系改革发展和社会稳定大局。党中央、国务院高度重视安全生产工作,新中国成立以来特别是改革开放以来,采取了一系列重大举措加强安全生产工作。颁布实施了《中华人民共和国安全生产法》(以下简称《安全生产法》)等法律法规,明确了安全生产责任;初步建立了安全生产监管体系,安全生产监督管理得到加强;对重点行业和领域集中开展了安全生产专项整治,生产经营秩序和安全生产条件有所改善,安全生产状况总体上趋于稳定好转。但是,目前全国的安全生产形势依然严峻,煤矿、道路交通运输、建筑等领域伤亡事故多发的状况尚未根本扭转;安全生产基础比较薄弱,保障体系和机制不健全;部分地方和生产经营单位安全意识不强,责任不落实,投入不足;安全生产监督管理机构、队伍建设以及监管工作亟待加强。为了进一步加强安全生产工作,尽快实现我国安全生产局面的根本好转,特作如下决定。

一、提高认识,明确指导思想和奋斗目标

1. 充分认识安全生产工作的重要性。搞好安全生产工作,切实保障人民群众的生命财产安全,体现了最广大人民群众的根本利益,反映了先进生产力的发展要求和先进文化的前进方向。做好安全生产工作是全面建设小康社会、统筹经济社会全面发展的重要内容,是实施可持续发展战略的组成部分,是政府履行社会管理和市场监管职能的基本任务,是企业生存发展的基本要求。我国目前尚处于社会主义初级阶段,要实现安全生产状况的根本好转,必须付出持续不懈的努力。各地区、各部门要把安全生产作为一项长期艰巨的任务,警钟长鸣,常抓不懈,从全面贯彻落实"三个代表"重要思想,维护人民群众生命财产安全的高度,充分认识加强安全生产工作的重要意义和现实紧迫性,动员全社会力量,齐抓共管,全力推进。

2. 指导思想。认真贯彻"三个代表"重要思想,适应全面建设小康社会的要求和完善社会主义市场经济体制的新形势,坚持"安全第一、预防为主"的基本方针,进一步强化政府对安全生产工作的领导,大力推进安全生产各项工作,落实生产经营单位安全生产主体责任,加强安全生产监督管理;大力推进安全生产监管体制、安全生产法制和执法队伍"三项建设",建立安全生产长效机制,实施科技兴安战略,积极采用先进的安全管理方法和安全生产技术,努力实现全国安全生产状况的根本好转。

3. 奋斗目标。到 2007 年,建立起较为完善的安全生产监管体系,全国安全生产状况稳定好转,矿山、危险化学品、建筑等重点行业和领域事故多发状况得到扭转,工矿企业事故死亡人数、煤矿百万吨死亡率、道路交通运输万车死亡率等指标均有一定幅度的下降。到 2010 年,初步形成规范完善的安全生产法治秩序,全国安全生产状况明显好转,重特大

事故得到有效遏制,各类生产安全事故和死亡人数有较大幅度的下降。力争到2020年,我国安全生产状况实现根本性好转,亿元国内生产总值死亡率、十万人死亡率等指标达到或者接近世界中等发达国家水平。

二、完善政策,大力推进安全生产各项工作

4. 加强产业政策的引导。制定和完善产业政策,调整和优化产业结构。逐步淘汰技术落后、浪费资源和环境污染严重的工艺技术、装备及不具备安全生产条件的企业。通过兼并、联合、重组等措施,积极发展跨区域、跨行业经营的大公司、大集团和大型生产供应基地,提高有安全生产保障企业的生产能力。

5. 加大政府对安全生产的投入。加强安全生产基础设施建设和支撑体系建设,加大对企业安全生产技术改造的支持力度。运用长期建设国债和预算内基本建设投资,支持大中型国有煤炭企业的安全生产技术改造。各级地方人民政府要重视安全生产基础设施建设资金的投入,并积极支持企业安全技术改造,对国家安排的安全生产专项资金,地方政府要加强监督管理,确保专款专用,并安排配套资金予以保障。

6. 深化安全生产专项整治。坚持把矿山、道路和水上交通运输、危险化学品、民用爆破器材和烟花爆竹、人员密集场所消防安全等方面的安全生产专项整治,作为整顿和规范社会主义市场经济秩序的一项重要任务,持续不懈地抓下去。继续关闭取缔非法和不具备安全生产条件的小矿小厂、经营网点,遏制低水平重复建设。开展公路货车超限超载治理,保障道路交通运输安全。把安全生产专项整治与依法落实生产经营单位安全生产保障制度、加强日常监督管理以及建立安全生产长效机制结合起来,确保整治工作取得实效。

7. 健全完善安全生产法制。对《安全生产法》确立的各项法律制度,要抓紧制定配套法规规章。认真做好各项安全生产技术规范、标准的制定修订工作。各地区要结合本地实际,制定和完善《安全生产法》配套实施办法和措施。加大安全生产法律法规的学习宣传和贯彻力度,普及安全生产法律知识,增强全民安全生产法制观念。

8. 建立生产安全应急救援体系。加快全国生产安全应急救援体系建设,尽快建立国家生产安全应急救援指挥中心,充分利用现有的应急救援资源,建设具有快速反应能力的专业化救援队伍,提高救援装备水平,增强生产安全事故的抢险救援能力。加强区域性生产安全应急救援基地建设。搞好重大危险源的普查登记,加强国家、省(区、市)、市(地)、县(市)四级重大危险源监控工作,建立应急救援预案和生产安全预警机制。

9. 加强安全生产科研和技术开发。加强安全生产科学学科建设,积极发展安全生产普通高等教育,培养和造就更多的安全生产科技和管理人才。加大科技投入力度,充分利用高等院校、科研机构、社会团体等安全生产科研资源,加强安全生产基础研究和应用研究。建立国家安全生产信息管理系统,提高安全生产信息统计的准确性、科学性和权威性。积极开展安全生产领域的国际交流与合作,加快先进的生产安全技术引进、消化、吸收和自主创新步伐。

三、强化管理,落实生产经营单位安全生产主体责任

10. 依法加强和改进生产经营单位安全管理。强化生产经营单位安全生产主体地位,进一步明确安全生产责任,全面落实安全保障的各项法律法规。生产经营单位要根据《安全生产法》等有关法律规定,设置安全生产管理机构或者配备专职(或兼职)安全生产管理人员。保证安全生产的必要投入,积极采用安全性能可靠的新技术、新工艺、新设备和新材料,不断改善安全生产条件。改进生产经营单位安全管理,积极采用职业安全健康管理体系认证、风险评估、安全评价等方法,落实各项安全防范措施,提高安全生产管理水平。

11. 开展安全质量标准化活动。制定和颁布重点行业、领域安全生产技术规范和安全生产质量工作标准,在全国所有工矿、商贸、交通运输、建筑施工等企业普遍开展安全质量标准化活动。企业生产流程的各环节、各岗位要建立严格的安全生产质量责任制。生产经营活动和行为,必须符合安全生产有关法律法规和安全生产技术规范的要求,做到规范化和标准化。

12. 搞好安全生产技术培训。加强安全生产培训工作,整合培训资源,完善培训网络,加大培训力度,提高培训质量。生产经营单位必须对所有从业人员进行必要的安全生产技术培训,其主要负责人及有关经营管理人员、重要工种人员必须按照有关法律、法规的规定,接受规范的安全生产培训,经考试合格,持证上岗。完善注册安全工程师考试、任职、考核制度。

13. 建立企业提取安全费用制度。为保证安全生产所需资金投入,形成企业安全生产投入的长效机制,借鉴煤矿提取安全费用的经验,在条件成熟后,逐步建立对高危行业生产企业提取安全费用制度。企业安全费用的提取,要根据地区和行业的特点,分别确定提取标准,由企业自行提取,专户储存,专项用于安全生产。

14. 依法加大生产经营单位对伤亡事故的经济赔偿。生产经营单位必须认真执行工伤保险制度,依法参加工伤保险,及时为从业人员缴纳保险费。同时,依据《安全生产法》等有关法律法规,向受到生产安全事故伤害的员工或家属支付赔偿金。进一步提高企业生产安全事故伤亡赔偿标准,建立企业负责人自觉保障安全投入,努力减少事故的机制。

四、完善制度,加强安全生产监督管理

15. 加强地方各级安全生产监管机构和执法队伍建设。县级以上各级地方人民政府要依照《安全生产法》的规定,建立健全安全生产监管机构,充实必要的人员,加强安全生产监管队伍建设,提高安全生产监管工作的权威,切实履行安全生产监管职能。完善煤矿安全生产监察体制,进一步加强煤矿安全生产监察队伍建设和监察执法工作。

16. 建立安全生产控制指标体系。要制订全国安全生产中长期发展规划,明确年度安全生产控制指标,建立全国和分省(区、市)的控制指标体系,对安全生产情况实行定量控制和考核。从2004年起,国家向各省(区、市)人民政府下达年度安全生产各项控制指标,并进行跟踪检查和监督考核。对各省(区、市)安全生产控制指标完成情况,国家安全生产监督管理部门将通过新闻发布会、政府公告、简报等形式,每季度公布一次。

17. 建立安全生产行政许可制度。把安全生产纳入国家行政许可的范围,在各行业的行政许可制度中,把安全生产作为一项重要内容,从源头上制止不具备安全生产条件的企业进入市场。开办企业必须具备法律规定的安全生产条件,依法向政府有关部门申请、办理安全生产许可证,持证生产经营。新建、改建、扩建项目的安全设施必须与主体工程同时设计、同时施工、同时投入生产和使用(简称"三同时"),对未通过"三同时"审查的建设项目,有关部门不予办理行政许可手续,企业不准开工投产。

18. 建立企业安全生产风险抵押金制度。为强化生产经营单位的安全生产责任,各地区可结合实际,依法对矿山、道路交通运输、建筑施工、危险化学品、烟花爆竹等领域从事生产经营活动的企业,收取一定数额的安全生产风险抵押金,企业生产经营期间发生生产安全事故的,转作事故抢险救灾和善后处理所需资金。具体办法由国家安全生产监督管理部门会同财政部研究制定。

19. 强化安全生产监管监察行政执法。各级安全生产监管监察机构要增强执法意识,做到严格、公正、文明执法。依法对生产经营单位安全生产情况进行监督检查,指导督促生产经营单位建立健全安全生产责任制,落实各项防范措施。组织开展好企业安全评估,搞好分类指导和重点监管。对严重忽视安全生产的企业及其负责人或业主,要依法加大行政执法和经济处罚的力度。认真查处各类事故,坚持事故原因未查清不放过、责任人员未处理不放过、整改措施未落实不放过、有关人员未受到教育不放过的"四不放过"原则,不仅要追究事故直接责任人的责任,同时要追究有关负责人的领导责任。

20. 加强对小企业的安全生产监管。小企业是安全生产管理的薄弱环节,各地要高度重视小企业的安全生产工作,切实加强监督管理。从组织领导、工作机制和安全投入等方面入手,逐步探索出一套行之有效的监管办法。坚持寓监督管理于服务之中,积极为小企业提供安全技术、人才、政策咨询等方面的服务,加强检查指导,督促帮助小企业搞好安全生产。要重视解决小煤矿安全生产投入问题,对乡镇及个体煤矿,要严格监督其按照有关规定提取安全费用。

五、加强领导,形成齐抓共管的合力

21. 认真落实各级领导安全生产责任。地方各级人民政府要建立健全领导干部安全生产责任制,把安全生产作为干部政绩考核的重要内容,逐级抓好落实。特别要加强县乡两级领导干部安全生产责任制的落实。加强对地方领导干部的安全知识培训和安全生产监管人员的执法业务培训。国家组织对市(地)、县(市)两级政府分管安全生产工作的领导干部进行培训;各省(区、市)要对县级以上安全生产监管部门负责人,分期分批进行执法能力培训。依法严肃查处事故责任,对存在失职、渎职行为,或对事故发生负有领导责任的地方政府、企业领导人,要依照有关法律法规严格追究责任。严厉惩治安全生产领域的腐败现象和黑恶势力。

22. 构建全社会齐抓共管的安全生产工作格局。地方各级人民政府每季度至少召开一次安全生产例会,分析、部署、督促和检查本地区的安全生产工作;大力支持并帮助解决安全生产监管部门在行政执法中遇到的困难和问题。各级安全生产委员会及其办公室要积极发挥综合协调作用。安全生产综合监管及其他负有安全生产监督管理职责的部门要在政府的统一领导下,依照有关法律法规的规定,各负其责,密切配合,切实履行安全监管职能。各级工会、共青团组织要围绕安全生产,发挥各自优势,开展群众性安全生产活动。充分发挥各类协会、学会、中心等中介机构和社团组织的作用,构建信息、法律、技术装备、宣传教育、培训和应急救援等安全生产支撑体系。强化社会监督、群众监督和新闻媒体监督,丰富全国"安全生产月"、"安全生产万里行"等活动内容,努力构建"政府统一领导、部门依法监管、企业全面负责、群众参与监督、全社会广泛支持"的安全生产工作格局。

23. 做好宣传教育和舆论引导工作。把安全生产宣传教育纳入宣传思想工作的总体布局,坚持正确的舆论导向,大力宣传党和国家安全生产方针政策、法律法规和加强安全生产工作的重大举措,宣传安全生产工作的先进典型和经验;对严重忽视安全生产、导致重特大事故发生的典型事例要予以曝光。在大中专院校和中小学开设安全知识课程,提高青少年在道路交通、消防、城市燃气等方面的识灾和防灾能力。通过广泛深入的宣传教育,不断增强群众依法自我安全保护的意识。

各地区、各部门和各单位要加强调查研究,注意发现安全生产工作中出现的新情况,研究新问题,推进安全生产理论、监管体制和机制、监管方式和手段、安全科技、安全文化等方面的创新,不断增强安全生产工作的针对性和实效性,努力开创我国安全生产工作的新局面,为完善社会主义市场经济体制,实现党的十六大提出的全面建设小康社会的宏伟目标创造安全稳定的环境。

4.3 部门规章

4.3.1 建设行政处罚程序暂行规定

(1999 年 2 月 3 日原建设部令第 66 号发布,自发布之日起施行)

第一章 总 则

第一条 为保障和监督建设行政执法机关有效实施行政管理:保护公民、法人和其他组织的合法权益,促进建设行政执法工作程序化、规范化,根据《行政处罚法》的有关规定,结合建设系统实际,制定本规定。

第二条 本规定所称建设行政处罚是指建设行政执法机关对违反建设法律、法规、规章的公民、法人和其他组织而实施的行政处罚。

本规定所称建设行政执法机关(以下统称执法机关),是指法取得行政处罚权的建设行政主管部门、建设系统的行业管理部门以及依法取得委托执法资格的组织。

本规定所称建设行政执法人员(以下简称执法人员),是指依法从事行政处罚工作的人员。

第三条 本规定所称的行政处罚包括:

(一) 警告;

(二) 罚款;

（三）没收违法所得、没收违法建筑物、构筑物和其他设施；

（四）责令停业整顿、责令停止执业业务；

（五）降低资质等级、吊销资质证书、吊销执业资格证书和其他许可证、执照；

（六）法律、行政法规规定的其他行政处罚。

第四条 执法机关实施行政处罚，依照法律、法规和本规定执行。

第二章 管 辖

第五条 执法机关依照法律、法规、规章及地方人民政府的职责分工，在职权范围内行使行政处罚权。

第六条 执法机关发现应当处罚的案件不属于自己管辖的，应将案件移送有管辖权的执法机关。

行政执法过程中发生的管辖权争议，由双方协商解决；协商不成的，报请共同的上级机关或当地人民政府决定。

执法机关认为确有必要，需要委托其他机关或组织行使执法权的，执法机关应当依照《行政处罚法》的有关规定与被委托机关或组织办理委托手续。

第三章 行政处罚程序

第一节 一般程序

第七条 执法机关依据职权，或者依据当事人的申诉、控告等途径发现违法行为。

执法机关对于发现的违法行为，认为应当给予行政处罚的，应当立案，但适用简易程序的除外。

立案应填写立案审批表，附上相关材料，报主管领导批准。

第八条 立案后，执法人员应及时进行调查，收集证据；必要时可依法进行检查。执法人员调查案件，不得少于二人，并应当出示执法身份证件。

第九条 执法人员对案件进行调查，应当收集以下证据：

书证、物证、证人证言、视听资料、当事人陈述、鉴定结论、勘验笔录和现场笔录。只有查证属实的证据，才能作为处罚的依据。

第十条 执法人员询问当事人及证明人，应当个别进行。询问应当制作笔录，笔录经被询问人核对无误后，由被询问人逐页在笔录上签名或盖章。如有差错、遗漏，应当允许补正。

第十一条 执法人员应当收集、调取与案件有关的原始凭证作为书证。调取原始凭证有困难的，可以复制，但复制件应当标明"经核对与原件无误"，并由出具书证人签名或盖章。

调查取证应当有当事人在场，对所提取的物证要开具物品清单，由执法人员和当事人签名或盖章，各执一份。

对违法嫌疑物品进行检查时，应当制作现场笔录，并有当事人在场。当事人拒绝到场的，应当在现场笔录中注明。

第十二条 执法机关查处违法行为过程中,在证据可能灭失或者难以取得的情况下,可以对证据先行登记保存。

先行登记保存证据,必须当场清点,开具清单,清单由执法人员和当事人签名或盖章,各执一份。

第十三条 案件调查终结,执法人员应当出具书面案件调查终结报告。

调查终结报告的内容包括:当事人的基本情况、违法事实、处罚依据、处罚建议等。

第十四条 调查终结报告连同案件材料,由执法人员提交执法机关的法制工作机构,由法制工作机构会同有关单位进行书面核审。

第十五条 执法机关的法制工作机构接到执法人员提交的核审材料后,应当登记,并指定具体人员负责核审。

案件核审的主要内容包括:

(一)对案件是否有管辖权;

(二)当事人的基本情况是否清楚;

(三)案件事实是否清楚,证据是否充分;

(四)定性是否准确;

(五)适用法律、法规、规章是否正确;

(六)处罚是否适当;

(七)程序是否合法。

第十六条 执法机关的法制工作机构对案件核审后,应提出以下书面意见:

(一)对事实清楚、证据充分、定性准确、程序合法、处理适当的案件,同意执法人员意见。

(二)对定性不准、适用法律不当、处罚不当的案件,建议执行人员修改。

(三)对事实不清、证据不足的案件,建议执法人员补正。

(四)对程序不合法的案件,建议执法人员纠正。

(五)对超出管辖权的案件,按有关规定移送。

第十七条 对执法机关法制工作机构提出的意见,执法人员应当采纳。

第十八条 执法机关法制工作机构与执法人员就有关问题达不成一致意见时,给予较轻处罚的,报请本机关分管负责人决定;给予较重处罚的,报请本机关负责人集体讨论决定或本机关分管负责人召集的办公会议讨论决定。

第十九条 执法机关对当事人作出行政处罚,必须制作行政处罚决定书。行政处罚决定书的内容包括:

(一)当事人的名称或者姓名、地址;

(二)违法的事实和证据;

(三)行政处罚的种类和依据;

(四)行政处罚的履行方式和期限;

(五)不服行政处罚决定,申请行政复议或提起行政诉讼的途径和期限;

(六)作出处罚决定的机关和日期。

行政处罚决定书必须盖有作出处罚机关的印章。

第二十条 行政处罚决定生效后,任何人不得擅自变更或解除。处罚决定确有错误需要变更或修改的,应当由原执法机关撤销原处罚决定,重新作出处罚决定。

第二节 听证程序

第二十一条 执法机关在作出吊销资质证书、执业资格证书、责令停业整顿(包括属于停业整顿性质的、责令在规定的时限内不得承接新的业务)、责令停止执业业务、没收违法建筑物、构筑物和其他设施以及处以较大数额罚款等行政处罚决定之前,应当告知当事人有要求举行听证的权利。较大数额罚款的幅度,由省、自治区、直辖市人民政府确定。

省、自治区、直辖市人大常委会或者人民政府对听证范围有特殊规定的,从其规定。

第二十二条 当事人要求听证的,应自接到听证通知之日起三日内以书面或者口头方式向执法机关提出。执法机关应当组织听证。

自听证通知送达之日起三日内,当事人不要求举行听证的,视为放弃要求举行听证的权利。

第二十三条 执法机关应当在听证的七日前,通知当事人举行听证的日期、地点;听证一般由执法机关的法制工作机构人员或执法机关指定的非本案调查人员主持。听证规则可以由省、自治区、直辖市建设行政主管部门依据《行政处罚法》的规定制定。

第三节 简易程序

第二十四条 违法事实清楚、证据确凿、对公民处以 50 元以下、对法人或者其他组织处以 1000 元以下罚款或者警告的行政处罚,可以当场作出处罚决定。

第二十五条 当场作出处罚决定,执法人员应当向当事人出示执法证件,填写处罚决定书并交付当事人。

第二十六条 当场作出的行政处罚决定书应当载明当事人的违法行为、处罚依据、罚款数额、时间、地点、执法机关名称,并由执法人员签名或盖章。

第四章 送 达

第二十七条 执法机关送达行政处罚决定书或有关文书,应当直接送受送达人。送达必须有送达回执。受送达人应当在送达回执上签名或盖章,并注明签收日期。签收日期为送达日期。

受送达人拒绝接受行政处罚决定书或有关文书的,送达人应当邀请有关基层组织的代表或者其他人到场见证,在送达回执上注明拒收事由和日期,由送达人、见证人签名或者盖章,把行政处罚决定书或有关文书留在受送达人处,即视为送达。

第二十八条 不能直接送达或直接送达有困难的,按下列规定送达:

(一) 受送达人不在的,交其同住的成年家属签收;

(二) 受送达人已向执法机关指定代收人的,由代收人签收;

(三) 邮寄送达的,以挂号回执上注明的收件日期为送达日期;

(四) 受送达人下落不明的,以公告送达,自公告发布之日起三个月即视为送达。

第二十九条 行政处罚决定一经作出即发生法律效力,当事人应当自觉履行;当事人不履行处罚决定,执法机关可以依法强制执行或申请人民法院强制执行。

第三十条　当事人不服执法机关作出的行政处罚决定,可以依法向同级人民政府或上一级建设行政主管部门申请行政复议;也可依法直接向人民法院提起行政诉讼。

行政复议和行政诉讼期间,行政处罚决定不停止执行,但法律、行政法规另有规定的除外。

第五章　监督与管理

第三十一条　行政处罚终结后,执法人员应当及时将立案登记表、案件处理批件、证据材料、行政处罚决定书和执行情况记录等材料立卷归档。

上级交办的行政处罚案件办理终结后,承办单位应当及时将案件的处理结果向交办单位报告。

第三十二条　执法机关及其执法人员应当在法定职权范围内、依法定程序从事执法活动;超越职权范围、违反法定程序所作出的行政处罚无效。

第三十三条　执法机关从事行政执法活动,应当自觉接受地方人民政府法制工作部门和上级执法机关法制工作机构的监督管理。

第三十四条　对当场作出的处罚决定,执法人员应当定期将当场处罚决定书向所属执法机关的法制工作机构或指定机构备案。

执法机关作出属于听证范围的行政处罚决定之日起七日内,应当向上级建设行政主管部门的法制工作机构或者有关部门备案。

各级建设行政主管部门,要对本行政区域内的执法机关作出的处罚决定的案件进行逐月统计。省、自治区、直辖市建设行政主管部门,应在每年的2月底以前,向国务院建设行政主管部门的法制工作机构报送上一年度的执法统计报表和执法工作总结。

第三十五条　上级执法机关发现下级执法机关作出的处罚决定确有错误,可以责令其限期纠正。对拒不纠正的,上级机关可以依据职权,作出变更或撤销行政处罚的决定。

第三十六条　执法人员玩忽职守、滥用职权、徇私舞弊的,由所在单位或者上级机关给予行政处分;构成犯罪的,依法追究刑事责任。

第三十七条　对于无理阻挠、拒绝执法人员依法行使职权,打击报复执法人员的单位或个人,由建设行政主管部门或有关部门视情节轻重,根据有关法律、法规的规定依法追究其责任。

第六章　附　　则

第三十八条　建设行政处罚的有关文书,由省、自治区、直辖市人民政府或者建设行政主管部门统一制作。

第三十九条　本规定由住房和城乡建设部负责解释。

第四十条　本规定自发布之日起施行。

4.3.2　实施工程建设强制性标准监督规定（节录）

(2000年8月21日原建设部令第81号发布,自发布之日起施行)

第一章 总 则

第一条 为加强工程建设强制性标准实施的监督工作，保证建设工程质量，保障人民的生命、财产安全，维护社会公共利益，根据《中华人民共和国标准化法》、《中华人民共和国标准化法实施条例》和《建设工程质量管理条例》，制定本规定。

第二条 在中华人民共和国境内从事新建、扩建、改建等工程建设活动，必须执行工程建设强制性标准。

第三条 本规定所称工程建设强制性标准是指直接涉及工程质量、安全、卫生及环境保护等方面的工程建设标准强制性条文。

国家工程建设标准强制性条文由国务院建设行政主管部门会同有关行政主管部门确定。

第四条 国务院建设行政主管部门负责全国实施工程建设强制性标准的监督管理工作。

国务院有关行政主管部门按照国务院的职能分工负责实施工程建设强制性标准的监督管理工作。

县级以上地方人民政府建设行政主管部门负责本行政区域内实施工程建设强制性标准的监督管理工作。

第五条 工程建设中拟采用的新技术、新工艺、新材料，不符合现行强制性标准规定的，应当由拟采用单位提请建设单位组织专题技术论证，报批准标准的建设行政主管部门或者国务院有关主管部门审定。

工程建设中采用国际标准或者国外标准，现行强制性标准未作规定的，建设单位应当向国务院建设行政主管部门或者国务院有关行政主管部门备案。

第六条 建设项目规划审查机关应当对工程建设规划阶段执行强制性标准的情况实施监督。

施工图设计文件审查单位应当对工程建设勘察、设计阶段执行强制性标准的情况实施监督。建筑安全监督管理机构应当对工程建设施工阶段执行施工安全强制性标准的情况实施监督。工程质量监督机构应当对工程建设施工、监理、验收等阶段执行强制性标准的情况实施监督。

第七条 建设项目规划审查机关、施工图设计文件审查单位、建筑安全监督管理机构、工程质量监督机构的技术人员必须熟悉、掌握工程建设强制性标准。

第八条 工程建设标准批准部门应当定期对建设项目规划审查机关、施工图设计文件审查单位、建筑安全监督管理机构、工程质量监督机构实施强制性标准的监督进行检查，对监督不力的单位和个人，给予通报批评，建议有关部门处理。

第九条 工程建设标准批准部门应当对工程项目执行强制性标准情况进行监督检查。监督检查可以采取重点检查、抽查和专项检查的方式。

第十条 强制性标准监督检查的内容包括：

（一）有关工程技术人员是否熟悉、掌握强制性标准；

（二）工程项目的规划、勘察、设计、施工、验收等是否符合强制性标准的规定；

（三）工程项目采用的材料、设备是否符合强制性标准的规定；

（四）工程项目的安全、质量是否符合强制性标准的规定；

（五）工程中采用的导则、指南、手册、计算机软件的内容是否符合强制性标准的规定。

第十一条 工程建设标准批准部门应当将强制性标准监督检查结果在一定范围内公告。

第十二条 工程建设强制性标准的解释由工程建设标准批准部门负责。

有关标准具体技术内容的解释，工程建设标准批准部门可以委托该标准的编制管理单位负责。

第十三条 工程技术人员应当参加有关工程建设强制性标准的培训，并可以计入继续教育学时。

第十四条 建设行政主管部门或者有关行政主管部门在处理重大工程事故时，应当有工程建设标准方面的专家参加；工程事故报告应当包括是否符合工程建设强制性标准的意见。

第十五条 任何单位和个人对违反工程建设强制性标准的行为有权向建设行政主管部门或者有关部门检举、控告、投诉。

第十六条 建设单位有下列行为之一的，责令改正，并处以 20 万元以上 50 万元以下的罚款：

（一）明示或者暗示施工单位使用不合格的建筑材料、建筑构配件和设备的；

（二）明示或者暗示设计单位或者施工单位违反工程建设强制性标准，降低工程质量的。

第十七条 勘察、设计单位违反工程建设强制性标准进行勘察、设计的，责令改正，并处以 10 万元以上 30 万元以下的罚款。

有前款行为，造成工程质量事故的，责令停业整顿，降低资质等级；情节严重的，吊销资质证书；造成损失的，依法承担赔偿责任。

第十八条 施工单位违反工程建设强制性标准的，责令改正，处工程合同价款 2% 以上 4% 以下的罚款；造成建设工程质量不符合规定的质量标准的，负责返工、修理，并赔偿因此造成的损失；情节严重的，责令停业整顿，降低资质等级或者吊销资质证书。

第十九条 工程监理单位违反强制性标准规定，将不合格的建设工程以及建筑材料、建筑构配件和设备按照合格签字的，责令改正，处 50 万元以上 100 万元以下的罚款，降低资质等级或者吊销资质证书；有违法所得的，予以没收；造成损失的，承担连带赔偿责任。

第二十条 违反工程建设强制性标准造成工程质量、安全隐患或者工程事故的，按照《建设工程质量管理条例》有关规定，对事故责任单位和责任人进行处罚。

第二十一条 有关责令停业整顿、降低资质等级和吊销资质证书的行政处罚，由颁发资质证书的机关决定；其他行政处罚，由建设行政主管部门或者有关部门依照法定职权决定。

第二十二条 建设行政主管部门和有关行政主管部门工作人员，玩忽职守、滥用职权、徇私舞弊的，给予行政处分；构成犯罪的，依法追究刑事责任。

第二十三条 本规定由国务院建设行政主管部门负责解释。

第二十四条 本规定自发布之日起施行。

4.3.3 建设工程监理范围和规模标准规定

（2001 年 1 月 17 日中华人民共和国原建设部令第 86 号发布，自发布之日起施行）

第一条 为了确定必须实行监理的建设工程项目具体范围和规模标准，规范建设工程监理活动，根据《建设工程质量管理条例》，制定本规定。

第二条 下列建设工程必须实行监理：

（一）国家重点建设工程；

（二）大中型公用事业工程；

（三）成片开发建设的住宅小区工程；

（四）利用外国政府或者国际组织贷款、援助资金的工程；

（五）国家规定必须实行监理的其他工程。

第三条 国家重点建设工程，是指依据《国家重点建设项目管理办法》所确定的对国民经济和社会发展有重大影响的骨干项目。

第四条 大中型公用事业工程，是指项目总投资额在 3000 万元以上的下列工程项目：

（一）供水、供电、供气、供热等市政工程项目；

（二）科技、教育、文化等项目；

（三）体育、旅游、商业等项目；

（四）卫生、社会福利等项目；

（五）其他公用事业项目。

第五条 成片开发建设的住宅小区工程，建筑面积在 5 万 m^2 以上的住宅建设工程必须实行监理；5 万 m^2 以下的住宅建设工程，可以实行监理，具体范围和规模标准由省、自治区、直辖市人民政府建设行政主管部门规定。

为了保证住宅质量，对高层住宅及地基、结构复杂的多层住宅应当实行监理。

第六条 利用外国政府或者国际组织贷款、援助资金的工程范围包括：

（一）使用世界银行、亚洲开发银行等国际组织贷款资金的项目；

（二）使用国外政府及其机构贷款资金的项目；

（三）使用国际组织或者国外政府援助资金的项目。

第七条 国家规定必须实行监理的其他工程是指：

（一）项目总投资额在 3000 万元以上关系社会公共利益、公众安全的下列基础设施项目：

1. 煤炭、石油、化工、天然气、电力、新能源等项目；

2. 铁路、公路、管道、水运、民航以及其他交通运输业等项目；

3. 邮政、电信枢纽、通信、信息网络等项目；

4. 防洪、灌溉、排涝、发电、引（供）水、滩涂治理、水资源保护、水土保持等水利建设项目；

5. 道路、桥梁、地铁和轻轨交通、污水排放及处理、垃圾处理、地下管道、公共停车场等城市基础设施项目；

6. 生态环境保护项目；

7. 其他基础设施项目。

（二）学校、影剧院、体育场馆项目。

第八条 国务院建设行政主管部门商同国务院有关部门后,可以对本规定确定的必须实行监理的建设工程具体范围和规模标准进行调整。

第九条 本规定由国务院建设行政主管部门负责解释。

第十条 本规定自发布之日起施行。

4.3.4 建筑业企业资质管理规定

（2007 年 6 月 26 日中华人民共和国原建设部令第 159 号发布,自 2007 年 9 月 1 日起施行）

第一章　总　则

第一条 为了加强对建筑活动的监督管理,维护公共利益和建筑市场秩序,保证建设工程质量安全,根据《中华人民共和国建筑法》、《中华人民共和国行政许可法》、《建设工程质量管理条例》、《建设工程安全生产管理条例》等法律、行政法规,制定本规定。

第二条 在中华人民共和国境内申请建筑业企业资质,实施对建筑业企业资质监督管理,适用本规定。

本规定所称建筑业企业,是指从事土木工程、建筑工程、线路管道设备安装工程、装修工程的新建、扩建、改建等活动的企业。

第三条 建筑业企业应当按照其拥有的注册资本、专业技术人员、技术装备和已完成的建筑工程业绩等条件申请资质,经审查合格,取得建筑业企业资质证书后,方可在资质许可的范围内从事建筑施工活动。

第四条 国务院建设主管部门负责全国建筑业企业资质的统一监督管理。国务院铁路、交通、水利、信息产业、民航等有关部门配合国务院建设主管部门实施相关资质类别建筑业企业资质的管理工作。

省、自治区、直辖市人民政府建设主管部门负责本行政区域内建筑业企业资质的统一监督管理。省、自治区、直辖市人民政府交通、水利、信息产业等有关部门配合同级建设主管部门实施本行政区域内相关资质类别建筑业企业资质的管理工作。

第二章　资质序列、类别和等级

第五条 建筑业企业资质分为施工总承包、专业承包和劳务分包三个序列。

第六条 取得施工总承包资质的企业（以下简称施工总承包企业）,可以承接施工总承包工程。施工总承包企业可以对所承接的施工总承包工程内各专业工程全部自行施工,也可以将专业工程或劳务作业依法分包给具有相应资质的专业承包企业或劳务分包企业。

取得专业承包资质的企业（以下简称专业承包企业）,可以承接施工总承包企业分包的专业工程和建设单位依法发包的专业工程。专业承包企业可以对所承接的专业工程全部自行施工，也可以将劳务作业依法分包给具有相应资质的劳务分包企业。

取得劳务分包资质的企业（以下简称劳务分包企业），可以承接施工总承包企业或专业承包企业分包的劳务作业。

第七条　施工总承包资质、专业承包资质、劳务分包资质序列按照工程性质和技术特点分别划分为若干资质类别。各资质类别按照规定的条件划分为若干资质等级。

第八条　建筑业企业资质等级标准和各类别等级资质企业承担工程的具体范围，由国务院建设主管部门会同国务院有关部门制定。

第三章　资质许可

第九条　下列建筑业企业资质的许可，由国务院建设主管部门实施：

（一）施工总承包序列特级资质、一级资质；

（二）国务院国有资产管理部门直接监管的企业及其下属一层级的企业的施工总承包二级资质、三级资质；

（三）水利、交通、信息产业方面的专业承包序列一级资质；

（四）铁路、民航方面的专业承包序列一级、二级资质；

（五）公路交通工程专业承包不分等级资质、城市轨道交通专业承包不分等级资质。

申请前款所列资质的，应当向企业工商注册所在地省、自治区、直辖市人民政府建设主管部门提出申请。其中，国务院国有资产管理部门直接监管的企业及其下属一层级的企业，应当由国务院国有资产管理部门直接监管的企业向国务院建设主管部门提出申请。

省、自治区、直辖市人民政府建设主管部门应当自受理申请之日起 20 日内初审完毕并将初审意见和申请材料报国务院建设主管部门。

国务院建设主管部门应当自省、自治区、直辖市人民政府建设主管部门受理申请材料之日起 60 日内完成审查，公示审查意见，公示时间为 10 日。其中，涉及铁路、交通、水利、信息产业、民航等方面的建筑业企业资质，由国务院建设主管部门送国务院有关部门审核，国务院有关部门在 20 日内审核完毕，并将审核意见送国务院建设主管部门。

第十条　下列建筑业企业资质许可，由企业工商注册所在地省、自治区、直辖市人民政府建设主管部门实施：

（一）施工总承包序列二级资质（不含国务院国有资产管理部门直接监管的企业及其下属一层级的企业的施工总承包序列二级资质）；

（二）专业承包序列一级资质（不含铁路、交通、水利、信息产业、民航方面的专业承包序列一级资质）；

（三）专业承包序列二级资质（不含民航、铁路方面的专业承包序列二级资质）；

（四）专业承包序列不分等级资质（不含公路交通工程专业承包序列和城市轨道交通专业承包序列的不分等级资质）。

前款规定的建筑业企业资质许可的实施程序由省、自治区、直辖市人民政府建设主管部门依法确定。

省、自治区、直辖市人民政府建设主管部门应当自作出决定之日起30日内,将准予资质许可的决定报国务院建设主管部门备案。

第十一条 下列建筑业企业资质许可,由企业工商注册所在地设区的市人民政府建设主管部门实施:

(一)施工总承包序列三级资质(不含国务院国有资产管理部门直接监管的企业及其下属一层级的企业的施工总承包三级资质);

(二)专业承包序列三级资质;

(三)劳务分包序列资质;

(四)燃气燃烧器具安装、维修企业资质。

前款规定的建筑业企业资质许可的实施程序由省、自治区、直辖市人民政府建设主管部门依法确定。

企业工商注册所在地设区的市人民政府建设主管部门应当自作出决定之日起30日内,将准予资质许可的决定通过省、自治区、直辖市人民政府建设主管部门,报国务院建设主管部门备案。

第十二条 建筑业企业资质证书分为正本和副本,正本一份,副本若干份,由国务院建设主管部门统一印制,正、副本具备同等法律效力。资质证书有效期为5年。

第十三条 建筑业企业可以申请一项或多项建筑业企业资质;申请多项建筑业企业资质的,应当选择等级最高的一项资质为企业主项资质。

第十四条 首次申请或者增项申请建筑业企业资质,应当提交以下材料:

(一)建筑业企业资质申请表及相应的电子文档;

(二)企业法人营业执照副本;

(三)企业章程;

(四)企业负责人和技术、财务负责人的身份证明、职称证书、任职文件及相关资质标准要求提供的材料;

(五)建筑业企业资质申请表中所列注册执业人员的身份证明、注册执业证书;

(六)建筑业企业资质标准要求的非注册的专业技术人员的职称证书、身份证明及养老保险凭证;

(七)部分资质标准要求企业必须具备的特殊专业技术人员的职称证书、身份证明及养老保险凭证;

(八)建筑业企业资质标准要求的企业设备、厂房的相应证明;

(九)建筑业企业安全生产条件有关材料;

(十)资质标准要求的其他有关材料。

第十五条 建筑业企业申请资质升级的,应当提交以下材料:

(一)本规定第十四条第(一)、(二)、(四)、(五)、(六)、(八)、(十)项所列资料;

(二)企业原资质证书副本复印件;

(三)企业年度财务、统计报表;

(四)企业安全生产许可证副本;

（五）满足资质标准要求的企业工程业绩的相关证明材料。

第十六条 资质有效期届满，企业需要延续资质证书有效期的，应当在资质证书有效期届满60日前，申请办理资质延续手续。

对在资质有效期内遵守有关法律、法规、规章、技术标准，信用档案中无不良行为记录，且注册资本、专业技术人员满足资质标准要求的企业，经资质许可机关同意，有效期延续5年。

第十七条 建筑业企业在资质证书有效期内名称、地址、注册资本、法定代表人等发生变更的，应当在工商部门办理变更手续后30日内办理资质证书变更手续。

由国务院建设主管部门颁发的建筑业企业资质证书，涉及企业名称变更的，应当向企业工商注册所在地省、自治区、直辖市人民政府建设主管部门提出变更申请，省、自治区、直辖市人民政府建设主管部门应当自受理申请之日起2日内将有关变更证明材料报国务院建设主管部门，由国务院建设主管部门在2日内办理变更手续。

前款规定以外的资质证书变更手续，由企业工商注册所在地的省、自治区、直辖市人民政府建设主管部门或者设区的市人民政府建设主管部门负责办理。省、自治区、直辖市人民政府建设主管部门或者设区的市人民政府建设主管部门应当自受理申请之日起2日内办理变更手续，并在办理资质证书变更手续后15日内将变更结果报国务院建设主管部门备案。

涉及铁路、交通、水利、信息产业、民航等方面的建筑业企业资质证书的变更，办理变更手续的建设主管部门应当将企业资质变更情况告知同级有关部门。

第十八条 申请资质证书变更，应当提交以下材料：

（一）资质证书变更申请；

（二）企业法人营业执照复印件；

（三）建筑业企业资质证书正、副本原件；

（四）与资质变更事项有关的证明材料。

企业改制的，除提供前款规定资料外，还应当提供改制重组方案、上级资产管理部门或者股东大会的批准决定、企业职工代表大会同意改制重组的决议。

第十九条 企业首次申请、增项申请建筑业企业资质，不考核企业工程业绩，其资质等级按照最低资质等级核定。

已取得工程设计资质的企业首次申请同类别或相近类别的建筑业企业资质的，可以将相应规模的工程总承包业绩作为工程业绩予以申报，但申请资质等级最高不超过其现有工程设计资质等级。

第二十条 企业合并的，合并后存续或者新设立的建筑业企业可以承继合并前各方中较高的资质等级，但应当符合相应的资质等级条件。

企业分立的，分立后企业的资质等级，根据实际达到的资质条件，按照本规定的审批程序核定。

企业改制的，改制后不再符合资质标准的，应按其实际达到的资质标准及本规定申请重新核定；资质条件不发生变化的，按本规定第十八条办理。

第二十一条 取得建筑业企业资质的企业,申请资质升级、资质增项,在申请之日起前一年内有下列情形之一的,资质许可机关不予批准企业的资质升级申请和增项申请:

(一)超越本企业资质等级或以其他企业的名义承揽工程,或允许其他企业或个人以本企业的名义承揽工程的;

(二)与建设单位或企业之间相互串通投标,或以行贿等不正当手段谋取中标的;

(三)未取得施工许可证擅自施工的;

(四)将承包的工程转包或违法分包的;

(五)违反国家工程建设强制性标准的;

(六)发生过较大生产安全事故或者发生过两起以上一般生产安全事故的;

(七)恶意拖欠分包企业工程款或者农民工工资的;

(八)隐瞒或谎报、拖延报告工程质量安全事故或破坏事故现场、阻碍对事故调查的;

(九)按照国家法律、法规和标准规定需要持证上岗的技术工种的作业人员未取得证书上岗,情节严重的;

(十)未依法履行工程质量保修义务或拖延履行保修义务,造成严重后果的;

(十一)涂改、倒卖、出租、出借或者以其他形式非法转让建筑业企业资质证书;

(十二)其他违反法律、法规的行为。

第二十二条 企业领取新的建筑业企业资质证书时,应当将原资质证书交回原发证机关予以注销。

企业需增补(含增加、更换、遗失补办)建筑业企业资质证书的,应当持资质证书增补申请等材料向资质许可机关申请办理。遗失资质证书的,在申请补办前应当在公众媒体上刊登遗失声明。资质许可机关应当在2日内办理完毕。

第四章 监督管理

第二十三条 县级以上人民政府建设主管部门和其他有关部门应当依照有关法律、法规和本规定,加强对建筑业企业资质的监督管理。

上级建设主管部门应当加强对下级建设主管部门资质管理工作的监督检查,及时纠正资质管理中的违法行为。

第二十四条 建设主管部门、其他有关部门履行监督检查职责时,有权采取下列措施:

(一)要求被检查单位提供建筑业企业资质证书、注册执业人员的注册执业证书,有关施工业务的文档,有关质量管理、安全生产管理、档案管理、财务管理等企业内部管理制度的文件;

(二)进入被检查单位进行检查,查阅相关资料;

(三)纠正违反有关法律、法规和本规定及有关规范和标准的行为。

建设主管部门、其他有关部门依法对企业从事行政许可事项的活动进行监督检查时,应当将监督检查情况和处理结果予以记录,由监督检查人员签字后归档。

第二十五条 建设主管部门、其他有关部门在实施监督检查时,应当有两名以上监督检查人员参加,并出示执法证件,不得妨碍企业正常的生产经营活动,不得索取或者收受企业的财物,不得谋取其他利益。

有关单位和个人对依法进行的监督检查应当协助与配合,不得拒绝或者阻挠。

监督检查机关应当将监督检查的处理结果向社会公布。

第二十六条 建筑业企业违法从事建筑活动的,违法行为发生地的县级以上地方人民政府建设主管部门或者其他有关部门应当依法查处,并将违法事实、处理结果或处理建议及时告知该建筑业企业的资质许可机关。

第二十七条 企业取得建筑业企业资质后不再符合相应资质条件的,建设主管部门、其他有关部门根据利害关系人的请求或者依据职权,可以责令其限期改正;逾期不改的,资质许可机关可以撤回其资质。被撤回建筑业企业资质的企业,可以申请资质许可机关按照其实际达到的资质标准,重新核定资质。

第二十八条 有下列情形之一的,资质许可机关或者其上级机关,根据利害关系人的请求或者依据职权,可以撤销建筑业企业资质:

(一)资质许可机关工作人员滥用职权、玩忽职守作出准予建筑业企业资质许可的;

(二)超越法定职权作出准予建筑业企业资质许可的;

(三)违反法定程序作出准予建筑业企业资质许可的;

(四)对不符合许可条件的申请人作出准予建筑业企业资质许可的;

(五)依法可以撤销资质证书的其他情形。

以欺骗、贿赂等不正当手段取得建筑业企业资质证书的,应当予以撤销。

第二十九条 有下列情形之一的,资质许可机关应当依法注销建筑业企业资质,并公告其资质证书作废,建筑业企业应当及时将资质证书交回资质许可机关:

(一)资质证书有效期届满,未依法申请延续的;

(二)建筑业企业依法终止的;

(三)建筑业企业资质依法被撤销、撤回或吊销的;

(四)法律、法规规定的应当注销资质的其他情形。

第三十条 有关部门应当将监督检查情况和处理意见及时告知资质许可机关。资质许可机关应当将涉及有关铁路、交通、水利、信息产业、民航等方面的建筑业企业资质被撤回、撤销和注销的情况告知同级有关部门。

第三十一条 企业应当按照有关规定,向资质许可机关提供真实、准确、完整的企业信用档案信息。

企业的信用档案应当包括企业基本情况、业绩、工程质量和安全、合同履约等情况。被投诉举报和处理、行政处罚等情况应当作为不良行为记入其信用档案。

企业的信用档案信息按照有关规定向社会公示。

第五章 法律责任

第三十二条 申请人隐瞒有关情况或者提供虚假材料申请建筑业企业资质的,不予受理或不予行政许可,并给予警告,申请人在1年内不得再次申请建筑业企业资质。

第三十三条 以欺骗、贿赂等不正当手段取得建筑业企业资质证书的,由县级以上地方人民政府建设主管部门或者有关部门给予警告,并依法处以罚款,申请人3年内不得再次申请建筑业企业资质。

第三十四条　建筑业企业有本规定第二十一条行为之一，《中华人民共和国建筑法》《建设工程质量管理条例》和其他有关法律、法规对处罚机关和处罚方式有规定的，依照法律、法规的规定执行；法律、法规未作规定的，由县级以上地方人民政府建设主管部门或者其他有关部门给予警告，责令改正，并处1万元以上3万元以下的罚款。

第三十五条　建筑业企业未按照本规定及时办理资质证书变更手续的，由县级以上地方人民政府建设主管部门责令限期办理；逾期不办理的，可处以1000元以上1万元以下的罚款。

第三十六条　建筑业企业未按照本规定要求提供建筑业企业信用档案信息的，由县级以上地方人民政府建设主管部门或者其他有关部门给予警告，责令限期改正；逾期未改正的，可处以1000元以上1万元以下的罚款。

第三十七条　县级以上地方人民政府建设主管部门依法给予建筑业企业行政处罚的，应当将行政处罚决定以及给予行政处罚的事实、理由和依据，报国务院建设主管部门备案。

第三十八条　建设主管部门及其工作人员，违反本规定，有下列情形之一的，由其上级行政机关或者监察机关责令改正；情节严重的，对直接负责的主管人员和其他直接责任人员，依法给予行政处分：

（一）对不符合条件的申请人准予建筑业企业资质许可的；

（二）对符合条件的申请人不予建筑业企业资质许可或者不在法定期限内作出准予许可决定的；

（三）对符合条件的申请不予受理或者未在法定期限内初审完毕的；

（四）利用职务上的便利，收受他人财物或者其他好处的；

（五）不依法履行监督管理职责或者监督不力，造成严重后果的。

第六章　附　　则

第三十九条　取得建筑业企业资质证书的企业，可以从事资质许可范围相应等级的建设工程总承包业务，可以从事项目管理和相关的技术与管理服务。

第四十条　本规定自2007年9月1日起施行。2001年4月18日建设部颁布的《建筑业企业资质管理规定》（建设部令第87号）同时废止。

4.3.5　建筑工程施工许可管理办法

（1999年10月15日原建设部令第71号发布　根据2001年7月4日《建设部发布关于修改〈建筑工程施工许可管理办法〉的决定》修正）

第一条　为了加强对建筑活动的监督管理，维护建筑市场秩序，保证建筑工程的质量和安全，根据《中华人民共和国建筑法》，制定本办法。

第二条　在中华人民共和国境内从事各类房屋建筑及其附属设施的建造、装修装饰和与其配套的线路、管道、设备的安装，以及城镇市政基础设施工程的施工，建设单位在开工前应当依照本办法的规定，向工程所在地的县级以上人民政府建设行政主管部门（以下简称发证机关）申请领取施工许可证。

工程投资额在30万元以下或者建筑面积在300m²以下的建筑工程，可以不申请办理施工许可证。省、自治区、直辖市人民政府建设行政主管部门可以根据当地的实际情况，对限额进行调整，并报国务院建设行政主管部门备案。

按照国务院规定的权限和程序批准开工报告的建筑工程，不再领取施工许可证。

第三条 本办法规定必须申请领取施工许可证的建筑工程未取得施工许可证的，一律不得开工。

任何单位和个人不得将应该申请领取施工许可证的工程项目分解为若干限额以下的工程项目，规避申请领取施工许可证。

第四条 建设单位申请领取施工许可证，应当具备下列条件，并提交相应的证明文件：

（一）已经办理该建筑工程用地批准手续；

（二）在城市规划区的建筑工程，已经取得建设工程规划许可证；

（三）施工场地已经基本具备施工条件，需要拆迁的，其拆迁进度符合施工要求；

（四）已经确定施工企业。按照规定应该招标的工程没有招标，应该公开招标的工程没有公开招标，或者肢解发包工程，以及将工程发包给不具备相应资质条件的，所确定的施工企业无效；

（五）已满足施工需要的施工图纸及技术资料，施工图设计文件已按规定进行了审查；

（六）有保证工程质量和安全的具体措施。施工企业编制的施工组织设计中有根据建筑工程特点制定的相应质量、安全技术措施，专业性较强的工程项目编制的专项质量、安全施工组织设计，并按照规定办理了工程质量、安全监督手续；

（七）按照规定应该委托监理的工程已委托监理；

（八）建设资金已经落实。建设工期不足一年的，到位资金原则上不得少于工程合同价的50%，建设工期超过一年的，到位资金原则上不得少于工程合同价的30%。建设单位应当提供银行出具的到位资金证明，有条件的可以实行银行付款保函或者其他第三方担保；

（九）法律、行政法规规定的其他条件。

第五条 申请办理施工许可证，应当按照下列程序进行：

（一）建设单位向发证机关领取《建筑工程施工许可证申请表》；

（二）建设单位持加盖单位及法定代表人印鉴的《建筑工程施工许可证申请表》，并附本办法第四条规定的证明文件，向发证机关提出申请；

（三）发证机关在收到建设单位报送的《建筑工程施工许可证申请表》和所附证明文件后，对于符合条件的，应当自收到申请之日起十五日内颁发施工许可证；对于证明文件不齐全或者失效的，应当限期要求建设单位补正，审批时间可以自证明文件补正齐全后作相应顺延；对于不符合条件的，应当自收到申请之日起十五日内书面通知建设单位，并说明理由。

建筑工程在施工过程中，建设单位或者施工单位发生变更的，应当重新申请领取施工许可证。

第六条 建设单位申请领取施工许可证的工程名称、地点、规模，应当与依法签订的施工承包合同一致。施工许可证应当放置在施工现场备查。

第七条　施工许可证不得伪造和涂改。

第八条　建设单位应当自领取施工许可证之日起三个月内开工。因故不能按期开工的,应当在期满前向发证机关申请延期,并说明理由;延期以两次为限,每次不超过三个月。既不开工又不申请延期或者超过延期次数、时限的,施工许可证自行废止。

第九条　在建的建筑工程因故中止施工的,建设单位应当自中止施工之日起二个月内向发证机关报告,报告内容包括中止施工的时间、原因、在施部位、维修管理措施等,并按照规定做好建筑工程的维护管理工作。

建筑工程恢复施工时,应当向发证机关报告;中止施工满一年的工程恢复施工前,建设单位应当报发证机关核验施工许可证。

第十条　对于未取得施工许可证或者为规避办理施工许可证将工程项目分解后擅自施工的,由有管辖权的发证机关责令改正,对于不符合开工条件的责令停止施工,并对建设单位和施工单位分别处以罚款。

第十一条　对于采用虚假证明文件骗取施工许可证的,由原发证机关收回施工许可证,责令停止施工,并对责任单位处以罚款;构成犯罪的,依法追究刑事责任。

第十二条　对于伪造施工许可证的,该施工许可证无效,由发证机关责令停止施工,并对责任单位处以罚款;构成犯罪的,依法追究刑事责任。

对于涂改施工许可证的,由原发证机关责令改正,并对责任单位处以罚款;构成犯罪的,依法追究刑事责任。

第十三条　本办法中的罚款,法律、法规有幅度规定的从其规定。无幅度规定的,有违法所得的处 5000 元以上 30000 元以下的罚款,没有违法所得的处 5000 元以上 10000 元以下的罚款。

第十四条　发证机关及其工作人员对不符合施工条件的建筑工程颁发施工许可证的,由其上级机关责令改正,对责任人员给予行政处分;徇私舞弊、滥用职权的,不得继续从事施工许可管理工作;构成犯罪的,依法追究刑事责任。

对于符合条件、证明文件齐全有效的建筑工程,发证机关在规定时间内不予颁发施工许可证的,建设单位可以依法申请行政复议或者提起行政诉讼。

第十五条　建筑工程施工许可证由国务院建设行政主管部门制定格式,由各省、自治区、直辖市人民政府建设行政主管部门统一印制。

施工许可证分为正本和副本,正本和副本具有同等法律效力。复印的施工许可证无效。

第十六条　本办法关于施工许可管理的规定适用于其他专业建筑工程。有关法律、行政法规有明确规定的,从其规定。

抢险救灾工程、临时性建筑工程、农民自建两层以下(含两层)住宅工程,不适用本办法。军事房屋建筑工程施工许可的管理,按国务院、中央军事委员会制定的办法执行。

第十七条　省、自治区、直辖市人民政府建设行政主管部门可以根据本办法制定实施细则。

第十八条　本办法由国务院建设行政主管部门负责解释。

第十九条 本办法自1999年12月1日起施行。

4.3.6 建设工程勘察设计企业资质管理规定

（2001年7月25日中华人民共和国原建设部令第93号发布，自发布之日起施行）

第一章 总 则

第一条 为了加强对建设工程勘察、建设工程设计活动的监督管理,维护建设市场秩序,保证建设工程勘察、设计质量,根据《建设工程勘察设计管理条例》、《建设工程质量管理条例》,制定本规定。

第二条 在中华人民共和国境内申请建设工程勘察、设计资质,实施对建设工程勘察、设计企业的资质管理,适用本规定。

第三条 建设工程勘察、设计企业应当按照其拥有的注册资本、专业技术人员、技术装备和勘察设计业绩等条件申请资质,经审查合格,取得建设工程勘察、设计资质证书后,方可在资质等级许可的范围内从事建设工程勘察、设计活动。

取得资质证书的建设工程勘察、设计企业可以从事相应的建设工程勘察、设计咨询和技术服务。

第四条 国务院建设行政主管部门负责全国建设工程勘察、设计资质的归口管理工作。国务院铁道、交通、水利、信息产业、民航等有关部门配合国务院建设行政主管部门实施相应行业的建设工程勘察、设计资质管理工作。

省、自治区、直辖市人民政府建设行政主管部门负责本行政区域内建设工程勘察、设计资质的归口管理工作。省、自治区、直辖市人民政府交通、水利、信息产业等有关部门配合建设行政主管部门实施本行政区域内相应行业的建设工程勘察、设计资质管理工作。

第二章 资质分类和分级

第五条 建设工程勘察、设计资质分为工程勘察资质、工程设计资质。

第六条 工程勘察资质分为工程勘察综合资质、工程勘察专业资质、工程勘察劳务资质。

工程勘察综合资质只设甲级;工程勘察专业资质根据工程性质和技术特点设立类别和级别;工程勘察劳务资质不分级别。

取得工程勘察综合资质的企业,承接工程勘察业务范围不受限制;取得工程勘察专业资质的企业,可以承接同级别相应专业的工程勘察业务;取得工程勘察劳务资质的企业,可以承接岩土工程治理、工程钻探、凿井工程勘察劳务工作。

第七条 工程设计资质分为工程设计综合资质、工程设计行业资质、工程设计专项资质。

工程设计综合资质只设甲级;工程设计行业资质和工程设计专项资质根据工程性质和技术特点设立类别和级别。

取得工程设计综合资质的企业,其承接工程设计业务范围不受限制;取得工程设计行业资质的企业,可以承接同级别相应行业的工程设计业务;取得工程设计专项资质的企业,可以承接同级别相应的专项工程设计业务。

取得工程设计行业资质的企业,可以承接本行业范围内同级别的相应专项工程设计业务,不需再单独领取工程设计专项资质。

第八条 建设工程勘察、设计资质标准和各资质类别、级别企业承担工程的范围由国务院建设行政主管部门商国务院有关部门制定。

第三章 资质申请和审批

第九条 建设工程勘察、设计资质的申请由建设行政主管部门定期受理。

第十条 企业申请工程勘察甲级资质、建筑工程设计甲级资质及其他工程设计甲、乙级资质,应当向企业工商注册所在地的省、自治区、直辖市人民政府建设行政主管部门提出申请。其中,中央管理的企业直接向国务院建设行政主管部门提出申请,其所属企业由中央管理的企业向国务院建设行政主管部门提出申请,同时向企业工商注册所在地省、自治区、直辖市人民政府建设行政主管部门备案。

第十一条 企业申请工程勘察乙级资质、工程勘察劳务资质、建筑工程设计乙级资质和其他建设工程勘察、设计丙级以下资质(包括丙级),向企业工商注册所在地县级以上地方人民政府建设行政主管部门提出申请。

第十二条 新设立的建设工程勘察、设计企业,到工商行政管理部门登记注册后,方可向建设行政主管部门提出资质申请。

新设立的建设工程勘察、设计企业申请资质,应当向建设行政主管部门提供下列资料:

(一)建设工程勘察、设计资质申报表;

(二)企业法人营业执照;

(三)企业章程;

(四)企业法定代表人和主要技术负责人简历及任命(聘任)文件复印件;

(五)建设工程勘察、设计企业资质申报表中所列技术人员的职称证书、毕业证书及身份证复印件;

(六)建设工程勘察、设计企业资质申报表中所列注册执业人员的注册变更证明材料;

(七)需要出具的其他有关证明材料。

第十三条 建设工程勘察、设计企业申请晋升资质等级或者申请增加其他工程勘察、工程设计资质,除向建设行政主管部门提供本规定第十二条第二款所列资料外,还需提供下列资料:

(一)企业原资质证书正、副本;

(二)建设工程勘察、设计资质申报表中所列的注册执业人员的注册证明材料;

(三)企业近两年的资质年检证明材料复印件;

(四)建设工程勘察、设计资质申报表中所列的工程项目的合同复印件及施工图设计文件审查合格证明材料复印件。

第十四条 工程勘察甲级、建筑工程设计甲级资质及其他工程设计甲、乙级资质由国务院建设行政主管部门审批。

申请工程勘察甲级、建筑工程设计甲级资质及其他工程设计甲、乙级资质的,应当经省、自治区、直辖市人民政府建设行政主管部门审核。审核部门应当对建设工程勘察、设计企业的资质条件和企业申请资质所提供的资料进行核实。

申请铁道、交通、水利、信息产业、民航等行业的工程设计甲、乙级资质,由国务院有关部门初审。申请工程勘察甲级、建筑工程设计甲级资质及其他工程设计甲、乙级资质,由国务院建设行政主管部门委托有关行业组织或者专家委员会初审。

第十五条 申请工程勘察乙级资质、工程勘察劳务资质、建筑工程设计乙级资质和其他建设工程勘察、设计丙级以下资质(包括丙级),由企业工商注册所在地省、自治区、直辖市人民政府建设行政主管部门审批。审批结果应当报国务院建设行政主管部门备案。具体审批程序由省、自治区、直辖市人民政府建设行政主管部门规定。

第十六条 审核部门应当自受理建设工程勘察、设计企业的资质申请之日起 30 日内完成审核工作。

初审部门应当自收到经审核的申报材料之日起 30 日内完成初审工作。

审批部门自收到初审的申报材料之日起 30 日内完成审批工作。审批结果应当在公众媒体上公告。

第十七条 新设立的建设工程勘察、设计企业,其资质等级最高不超过乙级,并设二年的暂定期。企业在资质暂定有效期满前两个月内,可以申请转为正式资质等级,申请时应当提供企业近两年的资质年检合格证明材料。

第十八条 由于企业改制,或者企业分立、合并后组建的建设工程勘察、设计企业,其资质等级根据实际达到的资质条件按照本规定的审批程序核定。

第十九条 建设工程勘察、设计企业申请晋升资质等级、转为正式等级或者申请增加其他工程勘察、工程设计资质,在申请之日前一年内有下列行为之一的,建设行政主管部门不予批准:

(一)与建设单位勾结,或者企业之间相互勾结串通,采用不正当手段承接勘察、设计业务的;

(二)将承接的勘察、设计业务转包或者违法分包的;

(三)注册执业人员未按照规定在勘察设计文件签字的;

(四)违反国家工程建设强制性标准的;

(五)因勘察设计原因发生过工程重大质量安全事故的;

(六)设计单位未根据勘察成果文件进行工程设计的;

(七)设计单位违反规定指定建筑材料、建筑构配件的生产厂、供应商的;

(八)以欺骗、弄虚作假等手段申请资质的;

(九)超越资质等级范围勘察设计的;

(十)转让资质证书的;

(十一)为其他企业提供图章、图签的;

(十二)伪造、涂改资质证书的;

(十三)其他违反法律、法规的行为。

第二十条　建设工程勘察、设计资质证书分为正本和副本,由国务院建设行政主管部门统一印制,正、副本具有同等法律效力。

第四章　监督与管理

第二十一条　国务院建设行政主管部门对全国的建设工程勘察、设计资质实施统一的监督管理。国务院铁道、交通、水利、信息产业、民航等有关部门配合国务院建设行政主管部门对相应的行业资质进行监督管理。

县级以上地方人民政府建设行政主管部门负责对本行政区域内的建设工程勘察、设计资质实施监督管理。县级以上人民政府交通、水利、信息产业等有关部门配合建设行政主管部门对相应的行业资质进行监督管理。

任何部门、任何地区不得采取法律、行政法规规定以外的其他资信、许可等建设工程勘察、设计市场准入限制。

第二十二条　建设行政主管部门对建设工程勘察、设计资质实行年检制度。资质年检主要对是否符合资质标准,是否有质量、安全、市场交易等方面的违法违规行为进行检查。

资质年检结论分为合格、基本合格和不合格。

第二十三条　工程勘察乙级资质、工程勘察劳务资质、建筑工程设计乙级资质和其他建设工程勘察、设计丙级以下资质(包括丙级)由企业工商注册所在地省、自治区、直辖市人民政府建设行政主管部门负责年检。

工程勘察甲级、建筑工程设计甲级资质及其他工程设计甲、乙级资质由国务院建设行政主管部门委托企业工商注册所在地省、自治区、直辖市人民政府建设行政主管部门负责年检。年检结果为合格的应当报国务院建设行政主管部门备案,年检意见为基本合格和不合格的,应当报国务院建设行政主管部门批准,并由国务院建设行政主管部门商国务院有关部门确定年检结论。

第二十四条　建设工程勘察、设计资质年检按照下列程序进行:

(一)企业在规定时间内向建设行政主管部门提交资质年检申请;

(二)建设行政主管部门在收到企业资质年检申请后40日内对资质年检作出结论,或者向国务院建设行政主管部门提出年检意见。

第二十五条　建设工程勘察、设计企业的资质条件符合资质标准,且在过去一年内未发生本规定第十九条所列行为的,资质年检结论为合格。

第二十六条　建设工程勘察、设计企业的资质条件中,技术骨干总人数未达到资质分级标准,但不低于资质分级标准的80%,其他各项均达到标准要求,且在过去一年内未发生本规定第十九条所列行为的,年检结论为基本合格。

第二十七条　有下列情况之一的,建设工程勘察、设计企业的资质年检结论为不合格:

(一)企业的资质条件中技术骨干总人数未达到资质分级标准的80%;

(二)企业的资质条件中主导工艺、主导专业技术骨干人数,各类注册执业人员数不符合资质标准的;

（三）第（一）、（二）项以外的其他任何一项资质条件不符合资质标准的；

（四）有本规定第十九条所列行为之一的。

已经按照法律、法规的规定予以降低资质等级处罚的行为,资质年检中不再重复追究。

第二十八条 建设工程勘察、设计企业资质年检不合格或者连续两年基本合格的,应当重新核定其资质。新核定的资质等级应当低于原资质等级；达不到最低资质等级标准的,应当取消其资质。

第二十九条 建设工程勘察、设计企业连续两年资质年检合格,方可申请晋升资质等级。

第三十条 在资质年检通知规定的时间内没有参加资质年检的建设工程勘察、设计企业,其资质证书自行失效,且一年内不得重新申请资质。

第三十一条 建设工程勘察、设计企业变更企业名称、地址、注册资本、法定代表人等,应当在变更后的一个月内,到发证机关办理变更手续。其中由国务院建设行政主管部门审批的企业除企业名称变更由国务院建设行政主管部门办理外,企业地址、注册资本、法定代表人的变更委托省、自治区、直辖市人民政府建设行政主管部门办理,办理结果向国务院建设行政主管部门备案。

第三十二条 建设工程勘察、设计企业在领取新的资质证书的同时,应当将原资质证书交回发证机关。

建设工程勘察、设计企业因破产、倒闭、撤销、歇业的,应当将资质证书交回发证机关。

第三十三条 建设工程勘察、设计企业遗失资质证书的,应当在公众媒体上声明作废。

第三十四条 院校所属建设工程勘察、设计企业聘请在职教师从事勘察设计业务的,应当实行定期聘任制度。教师定期聘用人数不得超过企业技术骨干人员总数的30%,聘期不少于二年。

第五章 罚 则

第三十五条 未取得建设工程勘察、设计资质证书承揽勘察设计业务的,予以取缔；处合同约定的勘察费、设计费1倍以上2倍以下的罚款；有违法所得的,予以没收。

第三十六条 以欺骗手段取得资质证书的,吊销资质证书；有违法所得的,予以没收,并处合同约定的勘察费、设计费1倍以上2倍以下的罚款。

第三十七条 建设工程勘察、设计企业有下列行为之一的,依照有关法律、行政法规责令改正,没收违法所得,处以罚款,可以责令停业整顿,降低资质等级；情节严重的,吊销资质证书：

（一）超越资质级别或者范围承接勘察设计业务的；

（二）允许其他单位、个人以本单位名义承揽建设工程勘察、设计业务的；

（三）以其他建设工程勘察、设计企业的名义承揽建设工程勘察、设计业务的；

（四）将所承揽的建设工程勘察、设计业务转包或者违法分包的。

第三十八条 建设工程勘察、设计企业未按照工程建设强制性标准进行勘察、设计,建设工程设计企业未根据勘察成果文件进行工程设计,建设工程设计企业违反规定指定建筑材料、建筑构配件的生产厂、供应商,造成工程质量事故的,责令停业整顿,降低资质等级;情节严重的,吊销资质证书。

第三十九条 本规定的责令停业整顿、降低资质等级和吊销资质证书的行政处罚,由颁发资质证书的机关决定;其他行政处罚,由建设行政主管部门或者其他有关部门依照法定职权决定。

第四十条 资质审批部门未按照规定的权限和程序审批资质的,由上级资质审批部门责令改正,已审批的资质无效。

第四十一条 从事资质管理的工作人员在资质审批和管理中玩忽职守、滥用职权、徇私舞弊的,依法给予行政处分;构成犯罪的,依法追究刑事责任。

第六章 附 则

第四十二条 军队系统的建设工程勘察、设计单位,承接地方建设工程勘察设计业务的,应当按照本规定申请资质证书。

第四十三条 本规定由国务院建设行政主管部门负责解释。

第四十四条 本规定自发布之日起实施。原建设部1997年12月23日颁布的《建设工程勘察和设计单位资质管理规定》(原建设部令第60号)同时废止。

4.3.7 工程监理企业资质管理规定

(2001年8月29日中华人民共和国原建设部令第102号发布,自发布之日起施行)

第一章 总 则

第一条 为了加强对工程监理企业资质管理,维护建筑市场秩序,保证建设工程的质量、工期和投资效益的发挥,根据《中华人民共和国建筑法》、《建设工程质量管理条例》,制定本规定。

第二条 在中华人民共和国境内申请工程监理企业资质,实施对工程监理企业资质管理,适用本规定。

第三条 工程监理企业应当按照其拥有的注册资本、专业技术人员和工程监理业绩等资质条件申请资质,经审查合格,取得相应等级的资质证书后,方可在其资质等级许可的范围内从事工程监理活动。

第四条 国务院建设行政主管部门负责全国工程监理企业资质的归口管理工作。国务院铁道、交通、水利、信息产业、民航等有关部门配合国务院建设行政主管部门实施相关资质类别工程监理企业资质的管理工作。

省、自治区、直辖市人民政府建设行政主管部门负责本行政区域内工程监理企业资质的归口管理工作。省、自治区、直辖市人民政府交通、水利、通信等有关部门配合同级建设行政主管部门实施相关资质类别工程监理企业资质的管理工作。

第二章　资质等级和业务范围

第五条　工程监理企业的资质等级分为甲级、乙级和丙级,并按照工程性质和技术特点划分为若干工程类别。

工程监理企业的资质等级标准如下:

（一）甲级

1. 企业负责人和技术负责人应当具有 15 年以上从事工程建设工作的经历,企业技术负责人应当取得监理工程师注册证书;

2. 取得监理工程师注册证书的人员不少于 25 人;

3. 注册资本不少于 100 万元;

4. 近三年内监理过五个以上二等房屋建筑工程项目或者三个以上二等专业工程项目。

（二）乙级

1. 企业负责人和技术负责人应当具有 10 年以上从事工程建设工作的经历,企业技术负责人应当取得监理工程师注册证书;

2. 取得监理工程师注册证书的人员不少于 15 人;

3. 注册资本不少于 50 万元;

4. 近三年内监理过五个以上三等房屋建筑工程项目或者三个以上三等专业工程项目。

（三）丙级

1. 企业负责人和技术负责人应当具有 8 年以上从事工程建设工作的经历,企业技术负责人应当取得监理工程师注册证书;

2. 取得监理工程师注册证书的人员不少于 5 人;

3. 注册资本不少于 10 万元;

4. 承担过二个以上房屋建筑工程项目或者一个以上专业工程项目。

第六条　甲级工程监理企业可以监理经核定的工程类别中一、二、三等工程;乙级工程监理企业可以监理经核定的工程类别中二、三等工程;丙级工程监理企业可以监理经核定的工程类别中三等工程。

第七条　工程监理企业可以根据市场需求,开展家庭居室装修监理业务。具体管理办法另行规定。

第三章　资质申请和审批

第八条　工程监理企业应当向企业注册所在地的县级以上地方人民政府建设行政主管部门申请资质。

中央管理的企业直接向国务院建设行政主管部门申请资质,其所属的工程监理企业申请甲级资质的,由中央管理的企业向国务院建设行政主管部门申请,同时向企业注册所在地省、自治区、直辖市建设行政主管部门报告。

第九条　新设立的工程监理企业,到工商行政管理部门登记注册并取得企业法人营业执照后,方可到建设行政主管部门办理资质申请手续。

新设立的工程监理企业申请资质,应当向建设行政主管部门提供下列资料:

(一)工程监理企业资质申请表;

(二)企业法人营业执照;

(三)企业章程;

(四)企业负责人和技术负责人的工作简历、监理工程师注册证书等有关证明材料;

(五)工程监理人员的监理工程师注册证书;

(六)需要出具的其他有关证件、资料。

第十条 工程监理企业申请资质升级,除向建设行政主管部门提供本规定第九条所列资料外,还应当提供下列资料:

(一)企业原资质证书正、副本;

(二)企业的财务决算年报表;

(三)《监理业务手册》及已完成代表工程的监理合同、监理规划及监理工作总结。

第十一条 甲级工程监理企业资质,经省、自治区、直辖市人民政府建设行政主管部门审核同意后,由国务院建设行政主管部门组织专家评审,并提出初审意见;其中涉及铁道、交通、水利、信息产业、民航工程等方面工程监理企业资质的,由省、自治区、直辖市人民政府建设行政主管部门商同级有关专业部门审核同意后,报国务院建设行政主管部门,由国务院建设行政主管部门送国务院有关部门初审。国务院建设行政主管部门根据初审意见审批。

审核部门应当对工程监理企业的资质条件和申请资质提供的资料审查核实。

第十二条 乙、丙级工程监理企业资质,由企业注册所在地省、自治区、直辖市人民政府建设行政主管部门审批;其中交通、水利、通信等方面的工程监理企业资质,由省、自治区、直辖市人民政府建设行政主管部门征得同级有关部门初审同意后审批。

第十三条 申请甲级工程监理企业资质的,国务院建设行政主管部门每年定期集中审批一次。国务院建设行政主管部门应当在工程监理企业申请材料齐全后3个月内完成审批。由有关部门负责初审的,初审部门应当从收齐工程监理企业的申请材料之日起1个月内完成初审。国务院建设行政主管部门应当将审批结果通知初审部门。

国务院建设行政主管部门应当将经专家评审合格和国务院有关部门初审合格的甲级资质的工程监理企业名单及基本情况,在中国工程建设和建筑业信息网上公示。经公示后,对于工程监理企业符合资质标准的,予以审批,并将审批结果在中国工程建设和建筑业信息网上公告。

申请乙、丙级工程监理企业资质的,实行即时审批或者定期审批,由省、自治区、直辖市人民政府建设行政主管部门规定。

第十四条 新设立的工程监理企业,其资质等级按照最低等级核定,并设一年的暂定期。

第十五条 由于企业改制,或者企业分立、合并后组建设立的工程监理企业,其资质等级根据实际达到的资质条件,按照本规定的审批程序核定。

第十六条 工程监理企业申请晋升资质等级,在申请之日前一年内有下列行为之一

的,建设行政主管部门不予批准:

(一)与建设单位或者工程监理企业之间相互串通投标,或者以行贿等不正当手段谋取中标的;

(二)与建设单位或者施工单位串通,弄虚作假、降低工程质量的;

(三)将不合格的建设工程、建筑材料、建筑构配件和设备按照合格签字的;

(四)超越本单位资质等级承揽监理业务的;

(五)允许其他单位或个人以本单位的名义承揽工程的;

(六)转让工程监理业务的;

(七)因监理责任而发生过三级以上工程建设重大质量事故或者发生过两起以上四级工程建设质量事故的;

(八)其他违反法律法规的行为。

第十七条 工程监理企业资质条件符合资质等级标准,且未发生本规定第十六条所列行为的,建设行政主管部门颁发相应资质等级的《工程监理企业资质证书》。

《工程监理企业资质证书》分为正本和副本,由国务院建设行政主管部门统一印制,正、副本具有同等法律效力。

第十八条 任何单位和个人不得涂改、伪造、出借、转让《工程监理企业资质证书》;不得非法扣压、没收《工程监理企业资质证书》。

第十九条 工程监理企业在领取新的《工程监理企业资质证书》的同时,应当将原资质证书交回原发证机关予以注销。

工程监理企业因破产、倒闭、撤销、歇业的,应当将资质证书交回原发证机关予以注销。

第四章 监督管理

第二十条 县级以上人民政府建设行政主管部门和其他有关部门应当加强对工程监理企业资质的监督管理。

禁止任何部门采取法律、行政法规规定以外的其他资信、许可等建筑市场准入限制。

第二十一条 建设行政主管部门对工程监理企业资质实行年检制度。

甲级工程监理企业资质,由国务院建设行政主管部门负责年检;其中铁道、交通、水利、信息产业、民航等方面的工程监理企业资质,由国务院建设行政主管部门会同国务院有关部门联合年检。

乙、丙级工程监理企业资质,由企业注册所在地省、自治区、直辖市人民政府建设行政主管部门负责年检;其中交通、水利、通信等方面的工程监理企业资质,由建设行政主管部门会同同级有关部门联合年检。

第二十二条 工程监理企业资质年检按照下列程序进行:

(一)工程监理企业在规定时间内向建设行政主管部门提交《工程监理企业资质年检表》、《工程监理企业资质证书》、《监理业务手册》以及工程监理人员变化情况及其他有关资料,并交验《企业法人营业执照》。

(二)建设行政主管部门会同有关部门在收到工程监理企业年检资料后40日内,对工程监理企业资质年检作出结论,并记录在《工程监理企业资质证书》副本的年检记录栏内。

第二十三条 工程监理企业资质年检的内容,是检查工程监理企业资质条件是否符合资质等级标准,是否存在质量、市场行为等方面的违法违规行为。

工程监理企业年检结论分为合格、基本合格、不合格三种。

第二十四条 工程监理企业资质条件符合资质等级标准,且在过去一年内未发生本规定第十六条所列行为的,年检结论为合格。

第二十五条 工程监理企业资质条件中监理工程师注册人员数量、经营规模未达到资质标准,但不低于资质等级标准的80%,其他各项均达到标准要求,且在过去一年内未发生本规定第十六条所列行为的,年检结论为基本合格。

第二十六条 有下列情形之一的,工程监理企业的资质年检结论为不合格:

(一)资质条件中监理工程师注册人员数量、经营规模的任何一项未达到资质等级标准的80%,或者其他任何一项未达到资质等级标准;

(二)有本规定第十六条所列行为之一的。

已经按照法律、法规的规定予以降低资质等级处罚的行为,年检中不再重复追究。

第二十七条 工程监理企业资质年检不合格或者连续两年基本合格的,建设行政主管部门应当重新核定其资质等级。新核定的资质等级应当低于原资质等级,达不到最低资质等级标准的,取消资质。

第二十八条 工程监理企业连续两年年检合格,方可申请晋升上一个资质等级。

第二十九条 降级的工程监理企业,经过一年以上时间的整改,经建设行政主管部门核查确认,达到规定的资质标准,且在此期间内未发生本规定第十六条所列行为的,可以按照本规定重新申请原资质等级。

第三十条 在规定时间内没有参加资质年检的工程监理企业,其资质证书自行失效,且一年内不得重新申请资质。

第三十一条 工程监理企业遗失《工程监理企业资质证书》,应当在公众媒体上声明作废。其中甲级监理企业应当在中国工程建设和建筑业信息网上声明作废。

第三十二条 工程监理企业变更名称、地址、法定代表人、技术负责人等,应当在变更后一个月内,到原资质审批部门办理变更手续。其中由国务院建设行政主管部门审批的企业除企业名称变更由国务院建设行政主管部门办理外,企业地址、法定代表人、技术负责人的变更委托省、自治区、直辖市人民政府建设行政主管部门办理,办理结果向国务院建设行政主管部门备案。

第五章 罚 则

第三十三条 以欺骗手段取得《工程监理企业资质证书》承揽工程的,吊销资质证书,处合同约定的监理酬金1倍以上2倍以下的罚款;有违法所得的,予以没收。

第三十四条 未取得《工程监理企业资质证书》承揽监理业务的,予以取缔,处合同约定的监理酬金1倍以上2倍以下的罚款;有违法所得的,予以没收。

第三十五条 超越本企业资质等级承揽监理业务的,责令停止违法行为,处合同约定的监理酬金 1 倍以上 2 倍以下的罚款;可以责令停业整顿,降低资质等级;情节严重的,吊销资质证书;有违法所得的,予以没收。

第三十六条 转让监理业务的,责令改正,没收违法所得,处合同约定的监理酬金 25% 以上 50% 以下的罚款;可以责令停业整顿,降低资质等级;情节严重的,吊销资质证书。

第三十七条 工程监理企业允许其他单位或者个人以本企业名义承揽监理业务的,责令改正,没收违法所得,处合同约定的监理酬金 1 倍以上 2 倍以下的罚款;可以责令停业整顿,降低资质等级;情节严重的,吊销资质证书。

第三十八条 有下列行为之一的,责令改正,处 50 万元以上 100 万元以下的罚款,降低资质等级或者吊销资质证书;有违法所得的,予以没收;造成损失的,承担连带赔偿责任:

(一) 与建设单位或者施工单位串通,弄虚作假、降低工程质量的;

(二) 将不合格的建设工程、建筑材料、建筑构配件和设备按照合格签字的。

第三十九条 工程监理单位与被监理工程的施工承包单位以及建筑材料、建筑构配件和设备供应单位有隶属关系或者其他利害关系承担该项建设工程的监理业务的,责令改正,处 5 万元以上 10 万元以下的罚款,降低资质等级或者吊销资质证书;有违法所得的,予以没收。

第四十条 本规定的责令停业整顿、降低资质等级和吊销资质证书的行政处罚,由颁发资质证书的机关决定;其他行政处罚,由建设行政主管部门或者其他有关部门依照法定职权决定。

第四十一条 资质审批部门未按照规定的权限和程序审批资质的,由上级资质审批部门责令改正,已审批的资质无效。

第四十二条 从事资质管理的工作人员在资质审批和管理工作中玩忽职守、滥用职权、徇私舞弊的,依法给予行政处分;构成犯罪的,依法追究刑事责任。

第六章 附　则

第四十三条 省、自治区、直辖市人民政府建设行政主管部门可以根据本规定制定实施细则,并报国务院建设行政主管部门备案。

第四十四条 本规定由国务院建设行政主管部门负责解释。

第四十五条 本规定自发布之日起施行。1992 年 1 月 18 日原建设部颁布的《工程建设监理单位资质管理试行办法》(原建设部令第 16 号)同时废止。

4.3.8　安全生产培训管理办法

第一章 总　则

第一条 为了加强安全生产培训管理,规范安全生产培训秩序,保证安全生产培训质量,促进安全生产培训工作健康发展,根据《安全生产法》和有关法律、行政法规的规定,制定本办法。

第二条　安全培训机构、生产经营单位从事安全生产培训(以下统称安全培训)活动以及安全生产监督管理部门、煤矿安全监察机构对安全培训工作实施监督管理,适用本办法。法律、行政法规和国务院另有规定的,从其规定。

第三条　本办法所称安全培训是指以提高安全监管监察人员、生产经营单位从业人员和从事安全生产工作的相关人员的安全素质为目的的教育培训活动。

前款所称安全监管监察人员是指县级以上人民政府安全生产监督管理部门、各级煤矿安全监察机构从事安全监督监察、行政执法的安全生产监察员和煤矿安全监察员;生产经营单位从业人员是指生产经营单位主要负责人、安全生产管理人员、特种作业人员及其他从业人员;从事安全生产工作的相关人员是指从事安全教育培训工作的教师、危险化学品的登记人员和承担安全评价、咨询、检测、检验的人员及注册安全工程师等。

第四条　安全培训工作实行统一规划、归口管理、分级实施、分类指导、教考分离的原则。

国家安全生产监督管理局(国家煤矿安全监察局)(以下统称国家局)指导全国安全培训工作,依法对全国的安全培训工作实施监督管理。

省、自治区、直辖市安全生产监督管理部门依法对本行政区域内的安全培训工作实施监督管理。

设立煤矿安全监察机构的省、自治区、直辖市,由省级煤矿安全监察机构依法对所辖区域内煤矿企业的安全培训工作实施监督管理。

第二章　安全培训机构

第五条　安全培训机构从事安全培训活动,必须取得相应的资质证书。资质证书分四个等级。

一级、二级资质证书,由国家局审批、颁发;三级、四级资质证书,由省、自治区、直辖市安全生产监督管理部门审批、颁发。设立煤矿安全监察机构的省、自治区、直辖市,由省级煤矿安全监察机构负责所辖区域内从事煤矿安全培训活动的培训机构三级、四级资质证书的审批、颁发。

第六条　取得一级资质证书的安全培训机构,可以承担省级以上安全生产监督管理部门、煤矿安全监察机构的安全生产监察员、煤矿安全监察员;中央企业的总公司、总厂或者集团公司的生产经营单位的主要负责人和安全生产管理人员;危险化学品登记人员;承担安全评价、咨询、检测、检验工作的人员;注册安全工程师和一级以下安全培训机构教师的培训工作。取得二级资质证书的安全培训机构,可以承担市、县级安全生产监督管理部门的安全生产监察员;省属生产经营单位和中央企业的分公司、子公司及其所属单位的主要负责人和安全生产管理人员;危险化学品登记人员;承担安全评价、咨询、检测、检验工作的人员;注册安全工程师和二级以下安全培训机构教师的培训工作。

取得三级资质证书的安全培训机构,可以承担特种作业人员;市(地)属生产经营单位的主要负责人、安全生产管理人员的培训工作。

取得四级资质证书的安全培训机构,可以承担除本条第一款、第二款、第三款以外的生产经营单位从业人员的培训工作。上一级安全培训机构可以承担下一级安全培训机构的培训工作。

第七条　安全培训机构申请一级资质证书,应当具备下列条件:

(一) 注册资金或者开办费 100 万元以上;

(二) 有专职的管理人员;

(三) 有健全的机构章程、管理制度、工作规则;

(四) 有 15 名以上具有本科以上学历的专职或者兼职教师,其中至少有 8 名具有副高级以上职称并且经国家局培训考核合格的专职教师;

(五) 有固定、独立和相对集中并且能够满足同期 100 人以上规模培训需要的教学及生活设施,其中专用教室使用面积 150m² 以上;

(六) 安全培训需要的其他条件。

第八条　安全培训机构申请二级资质证书,应当具备下列条件:

(一) 注册资金或者开办费 80 万元以上;

(二) 有专职的管理人员;

(三) 有健全的机构章程、管理制度、工作规则;

(四) 有 10 名以上具有本科以上学历的专职或者兼职教师,其中至少有 5 名具有中级以上职称并且经国家局培训考核合格的专职教师;

(五) 有固定、独立和相对集中并且能够满足同期 80 人以上规模培训需要的教学及生活设施,其中专用教室使用面积 120m² 以上;

(六) 安全培训需要的其他条件。

第九条　安全培训机构申请三级资质证书,应当具备下列条件:

(一) 注册资金或者开办费 50 万元以上;

(二) 有专职或者兼职的管理人员;

(三) 有健全的机构章程、管理制度、工作规则;

(四) 有 8 名以上具有本科以上学历的专职或者兼职教师,其中至少有 5 名具有中级以上职称并且经省、自治区、直辖市安全生产监督管理部门或者省级煤矿安全监察机构培训考核合格的专职教师;

(五) 有能够满足同期 50 人以上规模培训需要的教学及生活设施,其中专用教室使用面积 100m² 以上;

(六) 安全培训需要的其他条件。

第十条　安全培训机构申请四级资质证书,应当具备下列条件:

(一) 注册资金或者开办费 30 万元以上;

(二) 有专职或者兼职的管理人员;

(三) 有健全的机构章程、管理制度、工作规则;

(四) 有 5 名以上具有本科以上学历的专职或者兼职教师,其中至少有 3 名具有中级以上职称并且经省、自治区、直辖市安全生产监督管理部门或者省级煤矿安全监察机构培训考核合格的专职教师;

(五) 有能够满足同期 30 人以上规模培训需要的教学及生活设施,其中专用教室使用面积 60m² 以上。

第十一条　申请一、二级资质证书,按照下列程序办理:

(一) 具备资质条件的申请人将安全培训机构资质申请书、安全培训机构设置批准文件或者企事业单位法人登记证和本办法第七条、第八条规定的材料报国家局;

(二) 国家局自受理申请之日起20日内完成审查工作。符合条件的,颁发相应的资质证书;不符合条件的,书面通知申请单位并说明理由。

第十二条　申请三、四级资质证书,按照下列程序办理:

(一) 具备资质条件的申请人将安全培训机构资质申请书、安全培训机构设置批准文件或者企事业单位法人登记证和本办法第九条、第十条规定的材料报省、自治区、直辖市安全生产监督管理部门或者省级煤矿安全监察机构;

(二) 省、自治区、直辖市安全生产监督管理部门或者省级煤矿安全监察机构应当自受理申请之日起20日内完成审查工作。符合条件的,颁发相应的资质证书,并报国家局备案;不符合条件的,书面通知申请单位并说明理由。

第十三条　安全培训机构的教师应当接受专门的培训,经考核合格后,方可上岗执教。

第十四条　安全培训机构资质证书不得出借、出租给其他机构或者个人。

安全培训机构资质证书的有效期为3年。安全培训机构资质证书有效期满需要延期的,应当于安全培训机构资质证书有效期满前30日内向原颁发证书的机构办理延期手续。

第十五条　对安全培训机构及其教师的考核发证,不得收取任何费用。

第三章　安全培训

第十六条　安全培训应当按照国家局、省级安全生产监督管理部门统一制定的安全培训大纲进行。

安全监督监察人员、危险物品的生产、经营、储存单位与矿山企业的主要负责人、安全生产管理人员和特种作业人员及从事安全生产工作的相关人员的安全培训大纲,由国家局组织制定。除危险物品的生产、经营、储存单位和矿山企业以外其他生产经营单位的主要负责人、安全生产管理人员及其他从业人员的安全培训大纲,由省级安全生产监督管理部门组织制定。

第十七条　国家局、省级安全生产监督管理部门每2年组织一次优秀教材的评选。

安全培训机构应当优先使用优秀教材。

第十八条　国家局负责省级以上安全生产监督管理部门的安全生产监察员、各级煤矿安全监察机构的煤矿安全监察员的培训工作;组织、指导和监督中央企业的总公司、总厂、集团公司的生产经营单位的主要负责人和安全生产管理人员的培训工作。省级安全生产监督管理部门负责市级、县级安全生产监督管理部门的安全生产监察员的培训工作;组织、指导和监督省属生产经营单位、所辖区域内中央企业的分公司、子公司及其所属单位的主要负责人和安全生产管理人员的培训工作;组织、指导和监督特种作业人员的培训工作。

市级、县级安全生产监督管理部门组织、指导和监督本行政区域内除中央企业、省属生产经营单位以外的其他生产经营单位的主要负责人和安全生产管理人员的培训工作。省级煤矿安全监察机构组织、指导和监督所辖区域内煤矿企业的主要负责人、安全生产管理人员和特种作业人员的培训工作。危险化学品登记人员和承担安全评价、咨询、检测、检验的人员及注册安全工程师的安全培训按有关法律、法规、规章的规定进行。

除主要负责人、安全生产管理人员、特种作业人员以外的生产经营单位的从业人员的安全培训，由生产经营单位负责。

第十九条 生产经营单位应当对从业人员进行与其所从事岗位相应的安全教育培训；从业人员调整工作岗位或采用新工艺、新技术、新设备、新材料的，应当对其进行专门的安全教育和培训。未经安全教育和培训合格的从业人员，不得上岗作业。

第二十条 安全培训机构从事安全培训工作的收费，应当符合法律、法规的规定。法律、法规没有规定的，应当按照行业自律标准或者指导性标准收费。

第四章 安全培训的考核

第二十一条 安全培训的考核应坚持教考分离、统一标准、分级负责。

第二十二条 安全监督监察人员、危险物品的生产、经营、储存单位及矿山企业主要负责人、安全生产管理人员和特种作业人员的考核标准，由国家局制定。

除危险物品的生产、经营、储存单位和矿山企业以外其他生产经营单位主要负责人、安全生产管理人员及其他从业人员的考核标准，由省级安全生产监督管理部门制定。

第二十三条 国家局负责省级以上安全生产监督管理部门的安全生产监察员、各级煤矿安全监察机构的煤矿安全监察员的考核；负责中央企业的总公司、总厂、集团公司的主要负责人和安全生产管理人员的考核。

省级安全生产监督管理部门负责市级、县级安全生产监督管理部门的安全生产监察员的考核；负责省属生产经营单位和中央企业分公司、子公司及其所属单位的主要负责人和安全生产管理人员的考核；负责特种作业人员的考核。

市级、县级安全生产监督管理部门负责本行政区域内除中央企业、省属生产经营单位以外的其他生产经营单位的主要负责人和安全生产管理人员的考核。

省级煤矿安全监察机构负责所辖区域内煤矿企业的主要负责人、安全生产管理人员和特种作业人员的考核。除主要负责人、安全生产管理人员、特种作业人员以外的生产经营单位的其他从业人员的考核，由生产经营单位负责。

第二十四条 安全生产监督管理部门、煤矿安全监察机构和生产经营单位应当制定安全培训的考核制度，建立考核管理档案。

第五章 安全培训的发证

第二十五条 接受安全培训人员经考核合格的，由考核部门颁发相应的证书。

第二十六条 安全生产监察员经考核合格后，颁发安全生产监察员证；煤矿安全监察员经考核合格后，颁发煤矿安全监察员证；危险物品的生产、经营、储存单位和矿山企业主要负责人、安全生产管理人员经考核合格后，颁发安全资格证；特种作业人员经考核合格后，颁发特种作业操作资格证（含 IC 卡）；危险化学品登记人员经考核合格后，颁发上岗证;其他人员经考核合格后,颁发培训合格证。

第二十七条　安全生产监察员证、煤矿安全监察员证、安全资格证、特种作业操作资格证(含 IC 卡)和上岗证的式样,由国家局统一规定。培训合格证的式样,由负责培训考核的部门规定。

第二十八条　安全生产监察员证、煤矿安全监察员证、安全资格证的有效期为 3 年。安全生产监察员证、煤矿安全监察员证、安全资格证的有效期满需要延期的,应当于期满前 2 个月内向原发证部门办理延期手续。

特种作业操作资格证的有效期为 6 年,每 2 年复审一次。特种作业操作资格证需延期或者复审的,应当于期满前 1 个月内向原发证部门或者异地相关部门办理延期或者复审手续。复审内容包括责任事故记录、违法违章记录、参加培训记录等。复审不合格的,经重新安全培训考核合格后,办理延期手续。个人在特种作业操作资格证有效期内,连续从事本工种 10 年以上,严格遵守有关安全生产的法律法规的,在特种作业操作资格证的有效期满时,经原发证部门或者异地相关部门同意,不再复审,特种作业操作资格证的有效期延长 2 年。

第二十九条　特种作业操作资格证和省级安全生产监督管理部门或者煤矿安全监察机构考核颁发的主要负责人、安全生产管理人员的安全资格证在全国范围内有效。

第六章　监督管理

第三十条　安全生产监督管理部门、煤矿安全监察机构应当依照法律、行政法规和本办法的规定,加强对安全培训工作的监督管理。

第三十一条　安全生产监督管理部门、煤矿安全监察机构及其工作人员应当坚持公开、公平、公正的原则,严格按照法律、行政法规和本办法的规定审查、颁发安全培训机构的资质证书。对已经取得资质证书的安全培训机构,安全生产监督管理部门、煤矿安全监察机构应当每 3 年进行一次评估检查。安全生产监督管理部门、煤矿安全监察机构应当定期向社会公布已经取得资质证书的安全培训机构名单,接受社会监督。

第三十二条　安全生产监督管理部门、煤矿安全监察机构应当对安全培训机构开展安全培训活动的情况进行监督。任何单位或者个人对安全培训机构的违法违纪行为,均有权向安全生产监督管理部门、煤矿安全监察机构报告或者举报。

第三十三条　安全生产监督管理部门、煤矿安全监察机构应当对生产经营单位主要负责人、安全生产管理人员、特种作业人员及其他从业人员的安全培训和持证上岗情况进行监督检查。

第三十四条　监察机关依照《行政监察法》等法律、行政法规的规定,对安全生产监督管理部门、煤矿安全监察机构及其工作履行安全培训工作监督管理职责实施监察。

第七章　罚　　则

第三十五条　安全生产监督管理部门、煤矿安全监察机构工作人员在安全培训监督管理工作中滥用职权、玩忽职守、徇私舞弊的,依照有关规定给予行政处分;构成犯罪的,依法追究刑事责任。

第三十六条 安全培训机构有下列情形之一的,责令限期改正;逾期未改正的,给予警告,并处 10000 元以下罚款;情节严重,有违法所得的,处以不超过违法所得 3 倍的罚款,但最高不得超过 30000 元,暂扣或者吊销相应的资质证书;没有违法所得的,暂扣或者吊销相应的资质证书:

（一）未按照统一的培训大纲组织教学培训的;

（二）专职教师未经考核,或者考核不合格而从事安全培训工作的;

（三）将安全培训资质证书出借、出租给其他机构或者个人的。安全培训机构未取得资质证书擅自从事安全培训活动的,按照前款规定处罚。

第三十七条 安全培训机构评估检查不合格继续从事安全培训活动的,给予警告,并处 10000 元以下罚款;情节严重,有违法所得的,处以不超过违法所得 3 倍的罚款,但最高不得超过 30000 元,暂扣或者吊销相应的资质证书;没有违法所得的,暂扣或者吊销相应的资质证书。

第三十八条 生产经营单位有下列情形之一的,责令限期改正;逾期未改正的,责令停产停业整顿,可以并处 20000 元以下的罚款:

（一）危险物品的生产、经营、储存单位和矿山企业的主要负责人、安全生产管理人员未按规定考核合格取得安全资格证书的;

（二）从业人员上岗作业前或采用新工艺、新技术、新材料、新设备前,未经安全生产教育培训的;

（三）特种作业人员未按规定经专门的安全技术培训并取得特种作业操作资格证书的。

第八章 附 则

第三十九条 本办法自 2005 年 2 月 1 日起施行。

4.3.9 安全生产违法行为行政处罚办法

（2007 年 11 月 23 日国家安全生产监督管理总局令第 15 号发布,自 2008 年 1 月 1 日起施行）

第一章 总 则

第一条 为了制裁安全生产违法行为,规范安全生产行政处罚工作,依照行政处罚法、安全生产法及其他有关法律、行政法规的规定,制定本办法。

第二条 县级以上人民政府安全生产监督管理部门对生产经营单位及其有关人员在生产经营活动中违反有关安全生产的法律、行政法规、部门规章、国家标准、行业标准和规程的违法行为(以下统称安全生产违法行为)实施行政处罚,适用本办法。

煤矿安全监察机构依照本办法和煤矿安全监察行政处罚办法,对煤矿、煤矿安全生产中介机构等生产经营单位及其有关人员的安全生产违法行为实施行政处罚。

有关法律、行政法规对安全生产违法行为行政处罚的种类、幅度或者决定机关另有规定的,依照其规定。

第三条 对安全生产违法行为实施行政处罚,应当遵循公平、公正、公开的原则。

安全生产监督管理部门或者煤矿安全监察机构(以下统称安全监管监察部门)及其行政执法人员实施行政处罚,必须以事实为依据。行政处罚应当与安全生产违法行为的事实、性质、情节以及社会危害程度相当。

第四条 生产经营单位及其有关人员对安全监管监察部门给予的行政处罚,依法享有陈述权、申辩权和听证权;对行政处罚不服的,有权依法申请行政复议或者提起行政诉讼;因违法给予行政处罚受到损害的,有权依法申请国家赔偿。

第二章 行政处罚的种类、管辖

第五条 安全生产违法行为行政处罚的种类:

(一) 警告;

(二) 罚款;

(三) 责令改正、责令限期改正、责令停止违法行为;

(四) 没收违法所得、没收非法开采的煤炭产品、采掘设备;

(五) 责令停产停业整顿、责令停产停业、责令停止建设、责令停止施工;

(六) 暂扣或者吊销有关许可证,暂停或者撤销有关执业资格、岗位证书;

(七) 关闭;

(八) 拘留;

(九) 安全生产法律、行政法规规定的其他行政处罚。

法律、行政法规将前款的责令改正、责令限期改正、责令停止违法行为规定为现场处理措施的除外。

第六条 县级以上安全监管监察部门应当按照本章的规定,在各自的职责范围内对安全生产违法行为行政处罚行使管辖权。

安全生产违法行为的行政处罚,由安全生产违法行为发生地的县级以上安全监管监察部门管辖。中央企业及其所属企业、有关人员的安全生产违法行为的行政处罚,由安全生产违法行为发生地的设区的市级以上安全监管监察部门管辖。

暂扣、吊销有关许可证和暂停、撤销有关执业资格、岗位证书的行政处罚,由发证机关决定。其中,暂扣有关许可证和暂停有关执业资格、岗位证书的期限一般不得超过6个月;法律、行政法规另有规定的,依照其规定。

给予关闭的行政处罚,由县级以上安全监管监察部门报请县级以上人民政府按照国务院规定的权限决定。

给予拘留的行政处罚,由县级以上安全监管监察部门建议公安机关依照治安管理处罚法的规定决定。

第七条 两个以上安全监管监察部门因行政处罚管辖权发生争议的,由其共同的上一级安全监管监察部门指定管辖。

第八条 对报告或者举报的安全生产违法行为,安全监管监察部门应当受理;发现不属于自己管辖的,应当及时移送有管辖权的部门。

受移送的安全监管监察部门对管辖权有异议的,应当报请共同的上一级安全监管监察部门指定管辖。

第九条　安全生产违法行为构成犯罪的,安全监管监察部门应当将案件移送司法机关,依法追究刑事责任;尚不够刑事处罚但依法应当给予行政处罚的,由安全监管监察部门管辖。

第十条　上级安全监管监察部门可以直接查处下级安全监管监察部门管辖的案件,也可以将自己管辖的案件交由下级安全监管监察部门管辖。

下级安全监管监察部门可以将重大、疑难案件报请上级安全监管监察部门管辖。

第十一条　上级安全监管监察部门有权对下级安全监管监察部门违法或者不适当的行政处罚予以纠正或者撤销。

第十二条　安全监管监察部门根据需要,可以在其法定职权范围内委托符合行政处罚法第十九条规定条件的组织或者乡镇人民政府、城市街道办事处设立的安全生产监督管理机构实施行政处罚。受委托的单位在委托范围内,以委托的安全监管监察部门名义实施行政处罚。

委托的安全监管监察部门应当监督检查受委托的单位实施行政处罚,并对其实施行政处罚的后果承担法律责任。

第三章　行政处罚的程序

第十三条　安全生产行政执法人员在执行公务时,必须出示省级以上安全生产监督管理部门或者县级以上地方人民政府统一制作的有效行政执法证件。其中对煤矿进行安全监察,必须出示国家安全生产监督管理总局统一制作的煤矿安全监察员证。

第十四条　安全监管监察部门及其行政执法人员在监督检查时发现生产经营单位存在事故隐患的,应当按照下列规定采取现场处理措施:

(一) 能够立即排除的,应当责令立即排除;

(二) 重大事故隐患排除前或者排除过程中无法保证安全的,应当责令从危险区域撤出作业人员,并责令暂时停产停业、停止建设、停止施工或者停止使用,限期排除隐患。

隐患排除后,经安全监管监察部门审查同意,方可恢复生产经营和使用。

本条第一款第(二)项规定的责令暂时停产停业、停止建设、停止施工或者停止使用的期限一般不超过6个月;法律、行政法规另有规定的,依照其规定。

第十五条　对有根据认为不符合安全生产的国家标准或者行业标准的在用设施、设备、器材,安全监管监察部门应当依法予以查封或者扣押,并在15日内按照下列规定作出处理决定:

(一) 能够修理、更换的,责令予以修理、更换;不能修理、更换的,不准使用;

(二) 依法采取其他行政强制措施或者现场处理措施;

(三) 依法给予行政处罚;

(四) 经核查予以查封或者扣押的设备、设施、器材符合国家标准或者行业标准的,解除查封或者扣押。

实施查封、扣押,应当当场下达查封、扣押决定书和被查封、扣押的财物清单。在交通不便地区,或者不及时查封、扣押可能影响案件查处,或者存在事故隐患可能导致生产安全事故的,可以先行实施查封、扣押,并在 48 小时内补办查封、扣押决定书,送达当事人。

第十六条　生产经营单位被责令限期改正或者限期进行隐患排除治理的,应当在规定限期内完成。因不可抗力无法在规定限期内完成的,应当在进行整改或者治理的同时,于限期届满前 10 日内提出书面延期申请,安全监管监察部门应当在收到申请之日起 5 日内书面答复是否准予延期。

生产经营单位提出复查申请或者整改、治理限期届满的,安全监管监察部门应当自申请或者限期届满之日起 10 日内进行复查,填写复查意见书,由被复查单位和安全监管监察部门复查人员签名后存档。逾期未整改、未治理或者整改、治理不合格的,安全监管监察部门应当依法给予行政处罚。

第十七条　安全监管监察部门在作出行政处罚决定前,应当填写行政处罚告知书,告知当事人作出行政处罚决定的事实、理由、依据,以及当事人依法享有的权利,并送达当事人。当事人应当在收到行政处罚告知书之日起 3 日内进行陈述、申辩,或者依法提出听证要求,逾期视为放弃上述权利。

第十八条　安全监管监察部门应当充分听取当事人的陈述和申辩,对当事人提出的事实、理由和证据,应当进行复核;当事人提出的事实、理由和证据成立的,安全监管监察部门应当采纳。

安全监管监察部门不得因当事人陈述或者申辩而加重处罚。

第十九条　安全监管监察部门对安全生产违法行为实施行政处罚,应当符合法定程序,制作行政执法文书。

第一节　简易程序

第二十条　违法事实确凿并有法定依据,对个人处以 50 元以下罚款、对生产经营单位处以 1 千元以下罚款或者警告的行政处罚的,安全生产行政执法人员可以当场作出行政处罚决定。

第二十一条　安全生产行政执法人员当场作出行政处罚决定,应当填写预定格式、编有号码的行政处罚决定书并当场交付当事人。

安全生产行政执法人员当场作出行政处罚决定后应当及时报告,并在 5 日内报所属安全监管监察部门备案。

第二节　一般程序

第二十二条　除依照简易程序当场作出的行政处罚外,安全监管监察部门发现生产经营单位及其有关人员有应当给予行政处罚的行为的,应当予以立案,填写立案审批表,并全面、客观、公正地进行调查,收集有关证据。对确需立即查处的安全生产违法行为,可以先行调查取证,并在 5 日内补办立案手续。

第二十三条　对已经立案的案件,由立案审批人指定两名或者两名以上安全生产行政执法人员进行调查。

有下列情形之一的,承办案件的安全生产行政执法人员应当回避:

(一)本人是本案的当事人或者当事人的近亲属的;

（二）本人或者其近亲属与本案有利害关系的；

（三）与本人有其他利害关系，可能影响案件的公正处理的。

安全生产行政执法人员的回避，由派出其进行调查的安全监管监察部门的负责人决定。进行调查的安全监管监察部门负责人的回避，由该部门负责人集体讨论决定。回避决定作出之前，承办案件的安全生产行政执法人员不得擅自停止对案件的调查。

第二十四条 进行案件调查时，安全生产行政执法人员不得少于两名。当事人或者有关人员应当如实回答安全生产行政执法人员的询问，并协助调查或者检查，不得拒绝、阻挠或者提供虚假情况。

询问或者检查应当制作笔录。笔录应当记载时间、地点、询问和检查情况，并由被询问人、被检查单位和安全生产行政执法人员签名或者盖章；被询问人、被检查单位要求补正的，应当允许。被询问人或者被检查单位拒绝签名或者盖章的，安全生产行政执法人员应当在笔录上注明原因并签名。

第二十五条 安全生产行政执法人员应当收集、调取与案件有关的原始凭证作为证据。调取原始凭证确有困难的，可以复制，复制件应当注明"经核对与原件无异"的字样和原始凭证存放的单位及其处所，并由出具证据的人员签名或者单位盖章。

第二十六条 安全生产行政执法人员在收集证据时，可以采取抽样取证的方法；在证据可能灭失或者以后难以取得的情况下，经本单位负责人批准，可以先行登记保存，并应当在 7 日内作出处理决定：

（一）违法事实成立依法应当没收的，作出行政处罚决定，予以没收；依法应当扣留或者封存的，予以扣留或者封存；

（二）违法事实不成立，或者依法不应当予以没收、扣留、封存的，解除登记保存。

第二十七条 安全生产行政执法人员对与案件有关的物品、场所进行勘验检查时，应当通知当事人到场，制作勘验笔录，并由当事人核对无误后签名或者盖章。当事人拒绝到场的，可以邀请在场的其他人员作证，并在勘验笔录中注明；也可以采用录音、录像等方式记录有关物品、场所的情况后，再进行勘验检查。

第二十八条 案件调查终结后，负责承办案件的安全生产行政执法人员应当填写案件处理呈批表，连同有关证据材料一并报本部门负责人审批。

安全监管监察部门负责人应当及时对案件调查结果进行审查，根据不同情况，分别作出以下决定：

（一）确有应受行政处罚的违法行为的，根据情节轻重及具体情况，作出行政处罚决定；

（二）违法行为轻微，依法可以不予行政处罚的，不予行政处罚；

（三）违法事实不能成立，不得给予行政处罚；

（四）违法行为涉嫌犯罪的，移送司法机关处理。

对严重安全生产违法行为给予责令停产停业整顿、责令停产停业、责令停止建设、责令停止施工、吊销有关许可证、撤销有关执业资格或者岗位证书、3 万元以上罚款、没收违法所得、没收非法开采的煤炭产品或者采掘设备价值 3 万元以上的行政处罚的，应当由安全监管监察部门的负责人集体讨论决定。

第二十九条　安全监管监察部门依照本办法第二十八条的规定给予行政处罚,应当制作行政处罚决定书。行政处罚决定书应当载明下列事项:

(一) 当事人的姓名或者名称、地址或者住址;

(二) 违法事实和证据;

(三) 行政处罚的种类和依据;

(四) 行政处罚的履行方式和期限;

(五) 不服行政处罚决定,申请行政复议或者提起行政诉讼的途径和期限;

(六) 作出行政处罚决定的安全监管监察部门的名称和作出决定的日期。

行政处罚决定书必须盖有作出行政处罚决定的安全监管监察部门的印章。

第三十条　行政处罚决定书应当在宣告后当场交付当事人;当事人不在场的,安全监管监察部门应当在7日内依照民事诉讼法的有关规定,将行政处罚决定书送达当事人或者其他的法定受送达人:

(一) 送达必须有送达回执,由受送达人在送达回执上注明收到日期,签名或者盖章;

(二) 送达应当直接送交受送达人。受送达人是个人的,本人不在交他的同住成年家属签收,并在行政处罚决定书送达回执的备注栏内注明与受送达人的关系;

(三) 受送达人是法人或者其他组织的,应当由法人的法定代表人、其他组织的主要负责人或者该法人、组织负责收件的人签收;

(四) 受送达人指定代收人的,交代收人签收并注明受当事人委托的情况;

(五) 直接送达确有困难的,可以挂号邮寄送达,也可以委托当地安全监管监察部门代为送达,代为送达的安全监管监察部门收到文书后,必须立即交受送达人签收;

(六) 当事人或者他的同住成年家属拒绝接收的,送达人应当邀请有关基层组织的代表或者有关人员到场,注明情况,在行政处罚决定书送达回执上注明拒收的事由和日期,由送达人、见证人签名或者盖章,将文书留在当事人的收发部门或者住所,即视为送达;

(七) 受送达人下落不明,或者用以上方式无法送达的,可以公告送达,自公告发布之日起经过60日,即视为送达。公告送达,应当在案卷中注明原因和经过。

安全监管监察部门送达其他行政处罚执法文书,按照前款规定办理。

第三十一条　行政处罚案件应当自立案之日起30日内办理完毕;由于客观原因不能完成的,经安全监管监察部门负责人同意,可以延长,但不得超过90日;特殊情况需进一步延长的,应当经上一级安全监管监察部门批准,可延长至180日。

第三节　听证程序

第三十二条　安全监管监察部门作出责令停产停业整顿、责令停产停业、吊销有关许可证、撤销有关执业资格、岗位证书或者较大数额罚款的行政处罚决定之前,应当告知当事人有要求举行听证的权利;当事人要求听证的,安全监管监察部门应当组织听证,不得向当事人收取听证费用。

前款所称较大数额罚款,为省、自治区、直辖市人大常委会或者人民政府规定的数额;没有规定数额的,其数额对个人罚款为1万元以上,对生产经营单位罚款为3万元以上。

第三十三条　当事人要求听证的,应当在安全监管监察部门依照本办法第十七条规定告知后 3 日内以书面方式提出。

第三十四条　当事人提出听证要求后,安全监管监察部门应当在举行听证会的 7 日前,通知当事人举行听证的时间、地点。

当事人应当按期参加听证。当事人有正当理由要求延期的,经组织听证的安全监管监察部门负责人批准可以延期 1 次;当事人未按期参加听证,并且未事先说明理由的,视为放弃听证权利。

第三十五条　听证参加人由听证主持人、听证员、案件调查人员、当事人及其委托代理人、书记员组成。

听证主持人、听证员、书记员应当由组织听证的安全监管监察部门负责人指定的非本案调查人员担任。

当事人可以委托 1 至 2 名代理人参加听证,并提交委托书。

第三十六条　除涉及国家秘密、商业秘密或者个人隐私外,听证应当公开举行。

第三十七条　当事人在听证中的权利和义务:

(一)有权对案件涉及的事实、适用法律及有关情况进行陈述和申辩;

(二)有权对案件调查人员提出的证据质证并提出新的证据;

(三)如实回答主持人的提问;

(四)遵守听证会场纪律,服从听证主持人指挥。

第三十八条　听证按照下列程序进行:

(一)书记员宣布听证会场纪律、当事人的权利和义务。听证主持人宣布案由,核实听证参加人名单,宣布听证开始;

(二)案件调查人员提出当事人的违法事实、出示证据,说明拟作出的行政处罚的内容及法律依据;

(三)当事人或者其委托代理人对案件的事实、证据、适用的法律等进行陈述和申辩,提交新的证据材料;

(四)听证主持人就案件的有关问题向当事人、案件调查人员、证人询问;

(五)案件调查人员、当事人或者其委托代理人相互辩论;

(六)当事人或者其委托代理人作最后陈述;

(七)听证主持人宣布听证结束。

听证笔录应当当场交当事人核对无误后签名或者盖章。

第三十九条　有下列情形之一的,应当中止听证:

(一)需要重新调查取证的;

(二)需要通知新证人到场作证的;

(三)因不可抗力无法继续进行听证的。

第四十条　有下列情形之一的,应当终止听证:

(一)当事人撤回听证要求的;

(二)当事人无正当理由不按时参加听证的;

(三)拟作出的行政处罚决定已经变更,不适用听证程序的。

第四十一条　听证结束后,听证主持人应当依据听证情况,填写听证会报告书,提出处理意见并附听证笔录报安全监管监察部门负责人审查。安全监管监察部门依照本办法第二十八条的规定作出决定。

第四章　行政处罚的适用

　　第四十二条　生产经营单位的决策机构、主要负责人、个人经营的投资人（包括实际控制人，下同）未依法保证下列安全生产所必需的资金投入，致使生产经营单位不具备安全生产条件的，责令限期改正，提供必需的资金，并可以对生产经营单位处 1 万元以上 3 万元以下罚款，对生产经营单位的主要负责人、个人经营的投资人处 5 千元以上 1 万元以下罚款；逾期未改正的，责令生产经营单位停产停业整顿：

　　（一）未按规定缴存和使用安全生产风险抵押金的；

　　（二）未按规定足额提取和使用安全生产费用的；

　　（三）国家规定的其他安全生产所必须的资金投入。

　　生产经营单位主要负责人、个人经营的投资人有前款违法行为，导致发生生产安全事故的，依照《生产安全事故报告和调查处理条例》的规定给予处罚。

　　第四十三条　生产经营单位的主要负责人未依法履行安全生产管理职责，导致生产安全事故发生的，依照《生产安全事故报告和调查处理条例》的规定给予处罚。

　　第四十四条　生产经营单位及其主要负责人或者其他人员有下列行为之一的，给予警告，并可以对生产经营单位处 1 万元以上 3 万元以下罚款，对其主要负责人、其他有关人员处 1 千元以上 1 万元以下的罚款：

　　（一）违反操作规程或者安全管理规定作业的；

　　（二）违章指挥从业人员或者强令从业人员违章、冒险作业的；

　　（三）发现从业人员违章作业不加制止的；

　　（四）超过核定的生产能力、强度或者定员进行生产的；

　　（五）对被查封或者扣押的设施、设备、器材，擅自启封或者使用的；

　　（六）故意提供虚假情况或者隐瞒存在的事故隐患以及其他安全问题的；

　　（七）对事故预兆或者已发现的事故隐患不及时采取措施的；

　　（八）拒绝、阻碍安全生产行政执法人员监督检查的；

　　（九）拒绝、阻碍安全监管监察部门聘请的专家进行现场检查的；

　　（十）拒不执行安全监管监察部门及其行政执法人员的安全监管监察指令的。

　　第四十五条　危险物品的生产、经营、储存单位以及矿山企业、建筑施工单位有下列行为之一的，责令改正，并可以处 1 万元以上 3 万元以下的罚款：

　　（一）未建立应急救援组织或者未按规定签订救护协议的；

　　（二）未配备必要的应急救援器材、设备，并进行经常性维护、保养，保证正常运转的。

　　第四十六条　生产经营单位与从业人员订立协议，免除或者减轻其对从业人员因生产安全事故伤亡依法应承担的责任的，该协议无效；对生产经营单位的主要负责人、个人经营的投资人按照下列规定处以罚款：

　　（一）在协议中减轻因生产安全事故伤亡对从业人员依法应承担的责任的，处 2 万元以上 5 万元以下的罚款；

（二）在协议中免除因生产安全事故伤亡对从业人员依法应承担的责任的,处 5 万元以上 10 万元以下的罚款。

第四十七条 生产经营单位不具备法律、行政法规和国家标准、行业标准规定的安全生产条件,经责令停产停业整顿仍不具备安全生产条件的,安全监管监察部门应当提请有管辖权的人民政府予以关闭;人民政府决定关闭的,安全监管监察部门应当依法吊销其有关许可证。

第四十八条 生产经营单位转让安全生产许可证的,没收违法所得,吊销安全生产许可证,并按照下列规定处以罚款:

（一）接受转让的单位和个人未发生生产安全事故的,处 10 万元以上 30 万元以下的罚款;

（二）接受转让的单位和个人发生生产安全事故但没有造成人员死亡的,处 30 万元以上 40 万元以下的罚款;

（三）接受转让的单位和个人发生人员死亡生产安全事故的,处 40 万元以上 50 万元以下的罚款。

第四十九条 知道或者应当知道生产经营单位未取得安全生产许可证或者其他批准文件擅自从事生产经营活动,仍为其提供生产经营场所、运输、保管、仓储等条件的,责令立即停止违法行为,有违法所得的,没收违法所得,并处违法所得 1 倍以上 3 倍以下的罚款,但是最高不得超过 3 万元;没有违法所得的,并处 5 千元以上 1 万元以下的罚款。

第五十条 生产经营单位及其有关人员弄虚作假,骗取或者勾结、串通行政审批工作人员取得安全生产许可证书及其他批准文件的,撤销许可及批准文件,并按照下列规定处以罚款:

（一）生产经营单位有违法所得的,没收违法所得,并处违法所得 1 倍以上 3 倍以下的罚款,但是最高不得超过 3 万元;没有违法所得的,并处 5 千元以上 1 万元以下的罚款;

（二）对有关人员处 1 千元以上 1 万元以下的罚款。

有前款规定违法行为的生产经营单位及其有关人员在 3 年内不得再次申请该行政许可。

生产经营单位及其有关人员未依法办理安全生产许可证书变更手续的,责令限期改正,并对生产经营单位处 1 万元以上 3 万元以下的罚款,对有关人员处 1 千元以上 5 千元以下的罚款。

第五十一条 未取得相应资格、资质证书的机构及其有关人员从事安全评价、认证、检测、检验工作,责令停止违法行为,并按照下列规定处以罚款:

（一）机构有违法所得的,没收违法所得,并处违法所得 1 倍以上 3 倍以下的罚款,但是最高不得超过 3 万元;没有违法所得的,并处 5 千元以上 1 万元以下的罚款;

（二）有关人员处 5 千元以上 1 万元以下的罚款。

第五十二条 生产经营单位及其有关人员触犯不同的法律规定,有两个以上应当给予行政处罚的安全生产违法行为的,安全监管监察部门应当适用不同的法律规定,分别裁量,合并处罚。

第五十三条 对同一生产经营单位及其有关人员的同一安全生产违法行为,不得给予两次以上罚款的行政处罚。

第五十四条 生产经营单位及其有关人员有下列情形之一的,应当从重处罚:

（一）危及公共安全或者其他生产经营单位安全的,经责令限期改正,逾期未改正的;

（二）一年内因同一违法行为受到两次以上行政处罚的;

（三）拒不整改或者整改不力,其违法行为呈持续状态的;

（四）拒绝、阻碍或者以暴力威胁行政执法人员的。

第五十五条 生产经营单位及其有关人员有下列情形之一的,应当从轻或者减轻行政处罚:

（一）主动消除或者减轻安全生产违法行为危害后果的;

（二）受他人胁迫实施安全生产违法行为的;

（三）配合安全监管监察部门查处安全生产违法行为有立功表现的;

（四）其他依法应予从轻或者减轻行政处罚的。

安全生产违法行为轻微并及时纠正,没有造成危害后果的,不予行政处罚。

第五章　行政处罚的执行和备案

第五十六条 安全监管监察部门实施行政处罚时,应当同时责令生产经营单位及其有关人员停止、改正或者限期改正违法行为。

第五十七条 本办法所称的违法所得,按照下列规定计算:

（一）生产、加工产品的,以生产、加工产品的销售收入作为违法所得;

（二）销售商品的,以销售收入作为违法所得;

（三）提供安全生产中介、租赁等服务的,以服务收入或者报酬作为违法所得;

（四）销售收入无法计算的,按当地同类同等规模的生产经营单位的平均销售收入计算;

（五）服务收入、报酬无法计算的,按照当地同行业同种服务的平均收入或者报酬计算。

第五十八条 行政处罚决定依法作出后,当事人应当在行政处罚决定的期限内,予以履行;当事人逾期不履的,作出行政处罚决定的安全监管监察部门可以采取下列措施:

（一）到期不缴纳罚款的,每日按罚款数额的3%加处罚款;

（二）根据法律规定,将查封、扣押的设施、设备、器材拍卖所得价款抵缴罚款;

（三）申请人民法院强制执行。

当事人对行政处罚决定不服申请行政复议或者提起行政诉讼的,行政处罚不停止执行,法律另有规定的除外。

第五十九条 安全生产行政执法人员当场收缴罚款的,应当出具省、自治区、直辖市财政部门统一制发的罚款收据;当场收缴的罚款,应当自收缴罚款之日起2日内,交至所属安全监管监察部门;安全监管监察部门应当在2日内将罚款缴付指定的银行。

第六十条 除依法应当予以销毁的物品外,需要将查封、扣押的设施、设备、器材拍卖抵缴罚款的,依照法律或者国家有关规定处理。销毁物品,依照国家有关规定处理;没有规定的,经县级以上安全监管监察部门负责人批准,由两名以上安全生产行政执法人员监督销毁,并制作销毁记录。处理物品,应当制作清单。

第六十一条 罚款、没收违法所得的款项和没收非法开采的煤炭产品、采掘设备,必须按照有关规定上缴,任何单位和个人不得截留、私分或者变相私分。

第六十二条 县级安全生产监督管理部门处以2万元以上罚款、没收违法所得、没收非法生产的煤炭产品或者采掘设备价值2万元以上、责令停产停业、停止建设、停止施工、停产停业整顿、撤销有关资格、岗位证书或者吊销有关许可证的行政处罚的,应当自作出行政处罚决定之日起10日内报设区的市级安全生产监督管理部门备案。

第六十三条 设区的市级安全生产监督管理部门、煤矿安全监察分局处以5万元以上罚款、没收违法所得、没收非法生产的煤炭产品或者采掘设备价值5万元以上、责令停产停业、停止建设、停止施工、停产停业整顿、撤销有关资格、岗位证书或者吊销有关许可证的行政处罚的,应当自作出行政处罚决定之日起10日内报省级安全监管监察部门备案。

第六十四条 省级安全监管监察部门处以10万元以上罚款、没收违法所得、没收非法生产的煤炭产品或者采掘设备价值10万元以上、责令停产停业、停止建设、停止施工、停产停业整顿、撤销有关资格、岗位证书或者吊销有关许可证的行政处罚的,应当自作出行政处罚决定之日起10日内报国家安全生产监督管理总局或者国家煤矿安全监察局备案。

对上级安全监管监察部门交办案件给予行政处罚的,由决定行政处罚的安全监管监察部门自作出行政处罚决定之日起10日内报上级安全监管监察部门备案。

第六十五条 行政处罚执行完毕后,案件材料应当按照有关规定立卷归档。

案卷立案归档后,任何单位和个人不得擅自增加、抽取、涂改和销毁案卷材料。未经安全监管监察部门负责人批准,任何单位和个人不得借阅案卷。

第六章 附 则

第六十六条 安全生产监督管理部门所用的行政处罚文书式样,由国家安全生产监督管理总局统一制定。

煤矿安全监察机构所用的行政处罚文书式样,由国家煤矿安全监察局统一制定。

第六十七条 本办法所称的生产经营单位,是指合法和非法从事生产或者经营活动的基本单元,包括企业法人、不具备企业法人资格的合伙组织、个体工商户和自然人等生产经营主体。

本办法所称的“以上”包括本数,所称的“以下”不包括本数。

第六十八条 本办法自2008年1月1日起施行。原国家安全生产监督管理局(国家煤矿安全监察局)2003年5月19日公布的《安全生产违法行为行政处罚办法》、2001年4月27日公布的《煤矿安全监察程序暂行规定》同时废止。

4.3.10 安全生产行政复议规定

(2007年9月25日国家安全生产监督管理总局令第14号发布,自2007年11月1日起施行)

第一章　总　　则

第一条　为了规范安全生产行政复议工作,解决行政争议,根据《中华人民共和国行政复议法》和《中华人民共和国行政复议法实施条例》,制定本规定。

第二条　公民、法人或者其他组织认为安全生产监督管理部门、煤矿安全监察机构(以下统称安全监管监察部门)的具体行政行为侵犯其合法权益,向安全生产行政复议机关申请行政复议,安全生产行政复议机关受理行政复议申请,作出行政复议决定,适用本规定。

第三条　依法履行行政复议职责的安全监管监察部门是安全生产行政复议机关。安全生产行政复议机关负责法制工作的机构是本机关的行政复议机构(以下简称安全生产行政复议机构)。

安全生产行政复议机关应当领导、支持本机关行政复议机构依法办理行政复议事项,并依照有关规定充实、配备专职行政复议人员,保证行政复议机构的办案能力与工作任务相适应。

第四条　国家安全生产监督管理总局办理行政复议案件按照下列程序,统一受理,分工负责:

(一)政策法规司按照本规定规定的期限,对行政复议申请进行初步审查,做出受理或者不予受理的决定。对决定受理的,将案卷材料转送相关业务司局分口承办;

(二)相关业务司局收到案卷材料后,应当在30日内了解核实有关情况,提出处理意见;

(三)政策法规司根据处理意见,在20日内拟定行政复议决定书,提交本局负责人集体讨论或者主管负责人审定;

(四)本局负责人集体讨论通过或者主管负责人同意后,政策法规司制作行政复议决定书,并送达申请人、被申请人和第三人。

国家煤矿安全监察局和省级及省级以下安全监管监察部门办理行政复议案件参照上述程序执行。

第二章　行政复议范围与管辖

第五条　公民、法人或者其他组织对安全监管监察部门作出的下列具体行政行为不服,可以申请行政复议:

(一)行政处罚决定;

(二)行政强制措施;

(三)行政许可的变更、中止、撤销、撤回等决定;

(四)认为符合法定条件,申请安全监管监察部门办理许可证、资格证等行政许可手续,安全监管监察部门没有依法办理的;

(五)认为安全监管监察部门违法收费或者违法要求履行义务的;

(六)认为安全监管监察部门其他具体行政行为侵犯其合法权益的。

第六条　公民、法人或者其他组织认为安全监管监察部门的具体行政行为所依据的规定不合法,在对具体行政行为申请行政复议时,可以依据行政复议法第七条的规定一并提出审查申请。

第七条 安全监管监察部门作出的下列行政行为,不属于安全生产行政复议范围:

(一)生产安全事故调查报告;

(二)不具有强制力的行政指导行为和信访答复行为;

(三)生产安全事故隐患认定;

(四)公告信息发布;

(五)法律、行政法规规定的非具体行政行为。

第八条 对县级以上地方人民政府安全生产监督管理部门作出的具体行政行为不服的,可以向上一级安全生产监督管理部门申请行政复议,也可以向同级人民政府申请行政复议。已向同级人民政府提出行政复议申请,且同级人民政府已经受理的,上一级安全生产监督管理部门不再受理。

对国家安全生产监督管理总局作出的具体行政行为不服的,向国家安全生产监督管理总局申请行政复议。

第九条 对煤矿安全监察分局作出的具体行政行为不服的,向该分局所隶属的省级煤矿安全监察局申请行政复议。

对省级煤矿安全监察机构作出的具体行政行为不服的,向国家安全生产监督管理总局申请行政复议。

对国家煤矿安全监察局作出的具体行政行为不服的,向国家煤矿安全监察局申请行政复议。

第十条 安全监管监察部门设立的派出机构、内设机构或者其他组织,未经法律、行政法规授权,对外以自己名义作出具体行政行为的,该安全监管监察部门为被申请人。

第十一条 对安全监管监察部门依法委托的机构,以委托的安全监管监察部门名义作出的具体行政行为不服的,依照本规定第八条和第九条的规定申请行政复议。

第十二条 对安全监管监察部门与有关部门共同作出的具体行政行为不服的,可以向其共同的上一级行政机关申请行政复议。共同作出具体行政行为的安全监管监察部门与有关部门为共同被申请人。

对国家安全生产监督管理总局与国务院其他部门共同作出的具体行政行为不服的,可以向国家安全生产监督管理总局或者共同作出具体行政行为的其他任何一个部门提起行政复议申请,由作出具体行政行为的部门共同作出行政复议决定。

第十三条 下级安全监管监察部门依照法律、行政法规、规章规定,经上级安全监管监察部门批准作出具体行政行为的,批准机关为被申请人。

第三章 行政复议的申请与受理

第十四条 安全监管监察部门作出具体行政行为,依法应当向有关公民、法人或者其他组织送达法律文书而未送达的,视为该公民、法人或者其他组织不知道该具体行政行为。

安全监管监察部门作出的具体行政行为对公民、法人或者其他组织的权利、义务可能产生不利影响的,应当告知其申请行政复议的权利、行政复议机关和行政复议申请期限。

第十五条 行政复议可以书面申请,也可以当场口头申请。书面申请可以采取当面递交、邮寄或者传真等方式提出,并在行政复议申请书中载明《行政复议法实施条例》第十九条规定的事项。

当场口头申请的,安全生产行政复议机构应当按照第一款规定的事项,当场制作行政复议申请笔录交申请人核对或者向申请人宣读,并由申请人签字确认。

第十六条 安全生产行政复议机构应当自收到行政复议申请之日起3日内对复议申请是否符合下列条件进行初步审查:

(一)有明确的申请人和被申请人;

(二)申请人与具体行政行为有利害关系;

(三)有具体的行政复议请求和事实依据;

(四)在法定申请期限内提出;

(五)属于本规定第五条规定的行政复议范围;

(六)属于收到行政复议申请的行政复议机关的职责范围;

(七)其他行政复议机关尚未受理同一行政复议申请,人民法院尚未受理同一主体就同一事实提起的行政诉讼。

第十七条 行政复议申请错列被申请人的,安全生产行政复议机构应当告知申请人变更被申请人。

第十八条 行政复议申请材料不齐全或者表述不清楚的,安全生产行政复议机构可以自收到该行政复议申请之日起5日内书面通知申请人补正。补正通知应当载明需要补正的事项和合理的补正期限。无正当理由逾期不补正的,视为申请人放弃行政复议申请。补正申请材料所用时间不计入行政复议审理期限。

第十九条 经初步审查后,安全生产行政复议机构应当自收到行政复议申请之日起5日内按下列规定作出处理:

(一)符合本规定第十六条规定的,予以受理,并制发行政复议受理决定书;

(二)不符合本规定第十六条规定的,决定不予受理,并制发行政复议申请不予受理决定书;

(三)不属于本机关职责范围的,应当告知申请人向有权受理的行政复议机关提出。

第二十条 行政复议期间,安全生产行政复议机构认为申请人以外的公民、法人或者其他组织与被审查的具体行政行为有利害关系的,可以通知其作为第三人参加行政复议。

行政复议期间,申请人以外的公民、法人或者其他组织与被审查的具体行政行为有利害关系的,可以向安全生产行政复议机构申请作为第三人参加行政复议。

第四章 行政复议的审理和决定

第二十一条 安全生产行政复议机构审理行政复议案件,应当由2名以上行政复议人员参加。

第二十二条 安全生产行政复议机构应当自行政复议申请受理之日起7日内,将行政复议申请书副本或者行政复议申请笔录复印件发送被申请人。

被申请人应当自收到申请书副本或者行政复议申请笔录复印件之日起 10 日内,按照复议机构要求的份数提出书面答复,并提交当初作出具体行政行为的证据、依据和其他有关材料。

被申请人书面答复应当载明下列事项,并加盖单位公章:

(一)作出具体行政行为的基本过程和情况;

(二)作出具体行政行为的事实依据和有关证据材料;

(三)作出具体行政行为所依据的法律、行政法规、规章和规范性文件的文号、具体条款和内容;

(四)对申请人复议请求的意见和理由;

(五)答复的年月日。

第二十三条 有下列情形之一的,被申请人经安全生产行政复议机构允许可以补充相关证据:

(一)在作出具体行政行为时已经收集证据,但因不可抗力等正当理由不能提供的;

(二)申请人或者第三人在行政复议过程中,提出了其在安全监管监察部门实施具体行政行为过程中没有提出的申辩理由或者证据的。

第二十四条 有下列情形之一的,申请人应当提供证明材料:

(一)认为被申请人不履行法定职责的,提供曾经要求被申请人履行法定职责而被申请人未履行的证明材料,但被申请人依法应当主动履行的除外;

(二)申请行政复议时一并提出行政赔偿请求的,提供受具体行政行为侵害而造成损害的证明材料;

(三)申请人自己主张的事实;

(四)法律、行政法规规定由申请人提供证据材料的其他情形。

第二十五条 申请人、被申请人、第三人应当对其提交的证据材料分类编号,对证据材料的来源、证明对象和内容作简要说明,并在证据材料上签字或者盖章,注明提交日期。

证据材料是复印件的,应当经复议机构核对无误,并注明原件存放的单位和处所。

第二十六条 行政复议原则上采取书面审理的方式,但对重大、复杂的案件,申请人提出要求或者安全生产行政复议机构认为必要时,可以采取听证的方式审理。

听证应当保障当事人平等的陈述、质证和辩论的权利。

第二十七条 安全生产行政复议机构采取听证的方式审理复议案件,应当制作听证笔录并载明下列事项:

(一)案由,听证的时间、地点;

(二)申请人、被申请人、第三人及其代理人的基本情况;

(三)听证主持人、听证员、书记员的姓名、职务等;

(四)申请人、被申请人、第三人争议的焦点问题,有关事实、证据和依据;

(五)其他应当记载的事项。

申请人、被申请人、第三人应当核对听证笔录并签字或者盖章。

第二十八条 安全生产行政复议机构认为必要时,可以实地调查核实证据。调查核实时,行政复议人员不得少于 2 人,并应当向当事人或者有关人员出示证件。

需要现场勘验的,现场勘验所用时间不计入行政复议审理期限。

第二十九条　安全生产行政复议期间涉及专门事项需要鉴定的,当事人可以自行委托鉴定机构进行鉴定,也可以申请行政复议机构委托鉴定机构进行鉴定。鉴定费用由当事人承担。鉴定所用时间不计入行政复议审理期限。

第三十条　申请人在行政复议决定作出前自愿撤回行政复议申请的,经行政复议机构同意,可以撤回。

申请人撤回行政复议申请的,不得以同一事实和理由再次提出行政复议申请。但是,申请人能够证明撤回行政复议申请违背其真实意思表示的除外。

第三十一条　行政复议申请由两个以上申请人共同提出,在行政复议决定作出前,部分申请人撤回行政复议申请的,安全生产行政复议机关应当就其他申请人未撤回的行政复议申请作出行政复议决定。

第三十二条　被申请人在复议期间改变原具体行政行为的,应当书面告知复议机构。

被申请人改变原具体行政行为,申请人撤回复议申请的,行政复议终止;申请人不撤回复议申请的,安全生产行政复议机关经审查认为原具体行政行为违法的,应当作出确认其违法的复议决定;认为原具体行政行为合法的,应当作出维持的复议决定。

第三十三条　公民、法人或者其他组织对安全监管监察部门行使法律、行政法规规定的自由裁量权作出的具体行政行为不服申请行政复议,申请人与被申请人在行政复议决定作出前自愿达成和解的,应当向安全生产行政复议机构提交书面和解协议;和解内容不损害社会公共利益和他人合法权益的,安全生产行政复议机构应当准许。

第三十四条　有下列情形之一的,安全生产行政复议机构可以按照自愿、合法的原则进行调解:

(一)公民、法人或者其他组织对安全监管监察部门行使法律、行政法规规定的自由裁量权作出的具体行政行为不服申请行政复议的;

(二)当事人之间的行政赔偿或者行政补偿的纠纷。

当事人经调解达成协议的,安全生产行政复议机关应当制作行政复议调解书。调解书应当载明行政复议请求、事实、理由和调解结果,并加盖安全生产行政复议机关印章。行政复议调解书经双方当事人签字,即具有法律效力。

调解未达成协议或者调解书生效前一方反悔的,安全生产行政复议机关应当及时作出行政复议决定。

第三十五条　安全生产行政复议机构应当对被申请人作出的具体行政行为进行审查,提出意见,经安全生产行政复议机关集体讨论通过或者负责人同意后,依法作出行政复议决定。

第三十六条　被申请人被责令重新作出具体行政行为的,应当在法律、行政法规、规章规定的期限内重新作出具体行政行为;法律、行政法规、规章未规定期限的,重新作出具体行政行为的期限为60日。

被申请人不得以同一事实和理由作出与原具体行政行为相同或者基本相同的具体行政行为。但因违反法定程序被责令重新作出具体行政行为的除外。

第三十七条　申请人在申请行政复议时一并提出行政赔偿请求,安全生产行政复议机关对符合国家赔偿法有关规定应当给予赔偿的,在决定撤销、变更具体行政行为或者确认具体行政行为违法时,应当同时决定被申请人依法给予赔偿。

申请人在申请行政复议时没有提出行政赔偿请求的,安全生产行政复议机关在依法决定撤销或者变更原具体行政行为确定的罚款以及对设备、设施、器材的扣押、查封等强制措施时,应当同时责令被申请人返还罚款,解除对设备、设施、器材的扣押、查封等强制措施。

第三十八条 安全生产行政复议机关在申请人的行政复议请求范围内,不得作出对申请人更为不利的行政复议决定。

第五章 附 则

第三十九条 安全生产行政复议机关及其工作人员和被申请人在安全生产行政复议工作中违反本规定的,依照行政复议法及其实施条例的规定,追究法律责任。

第四十条 行政复议期间的计算和行政复议文书的送达,依照民事诉讼法关于期间、送达的规定执行。

本规定关于行政复议期间有关“3 日”、“5 日”、“7 日”的规定是指工作日,不含节假日。

第四十一条 安全生产行政复议案件审理完毕,案件承办人应当将案件材料在 10 日内立卷、归档。

下一级安全生产行政复议机关应当在作出行政复议决定之日起 15 日内将行政复议决定书报上一级安全生产行政复议机构备案。

第四十二条 安全监管行政复议机关办理行政复议案件,使用国家安全生产监督管理总局统一制定的文书式样。

煤矿安全监察行政复议机关办理行政复议案件,使用国家煤矿安全监察局统一制定的文书式样。

第四十三条 本规定自 2007 年 11 月 1 日起施行。原国家经济贸易委员会 2003 年 2 月 18 日公布的《安全生产行政复议暂行办法》和原国家安全生产监督管理局(国家煤矿安全监察局)2003 年 6 月 20 日公布的《煤矿安全监察行政复议规定》同时废止。

4.3.11 实施工程建设强制性标准监督规定

(2000 年 8 月 25 日原建设部令第 81 号发布,自发布之日起施行)

第一条 为加强工程建设强制性标准实施的监督工作,保证建设工程质量,保障人民的生命、财产安全,维护社会公共利益,根据《中华人民共和国标准化法》、《中华人民共和国标准化法实施条例》和《建设工程质量管理条例》,制定本规定。

第二条 在中华人民共和国境内从事新建、扩建、改建工程建设活动,必须执行工程建设强制性标准。

第三条 本规定所称工程建设强制性标准是指直接涉及工程质量、安全、卫生及环境保护等方面的工程建设标准强制性条文。

国家工程建设标准强制性条文由国务院建设行政主管部门会同国务院有关行政主管

部门确定。

　　第四条　国务院建设行政主管部门负责全国实施工程建设强制性标准的监督管理工作。

　　国务院有关行政主管部门按照国务院的职能分工负责实施工程建设强制性标准的监督管理工作。

　　县级以上地方人民政府建设行政主管部门负责本行政区域内实施工程建设强制性标准的监督管理工作。

　　第五条　工程建设中拟采用的新技术、新工艺、新材料,不符合现行强制性标准规定的,应当由拟采用单位提请建设单位组织专题技术论证,报批准标准的建设行政主管部门或者国务院有关主管部门审定。

　　工程建设中采用国际标准或者国外标准,现行强制性标准未作规定的,建设单位应当向国务院建设行政主管部门或者国务院有关行政主管部门备案。

　　第六条　建设项目规划审查机关应当对工程建设规划阶段执行强制性标准的情况实施监督。

　　施工图设计文件审查单位应当对工程建设勘察、设计阶段执行强制性标准的情况实施监督。

　　建筑安全监督管理机构应当对工程建设施工阶段执行施工安全强制性标准的情况实施监督。

　　工程质量监督机构应当对工程建设施工、监理、验收等阶段执行强制性标准的情况实施监督。

　　第七条　建设项目规划审查机关、施工图设计文件审查单位、建筑安全监督管理机构、工程质量监督机构的技术人员必须熟悉、掌握工程建设强制性标准。

　　第八条　工程建设标准批准部门应当定期对建设项目规划审查机关、施工图设计文件审查单位、建筑安全监督管理机构、工程质量监督机构实施强制性标准的监督进行检查,对监督不力的单位和个人,给予通报批评,建议有关部门处理。

　　第九条　工程建设标准批准部门应当对工程项目执行强制性标准情况进行监督检查。监督检查可以采取重点检查、抽查和专项检查的方式。

　　第十条　强制性标准监督检查的内容包括:

　　(一) 有关工程技术人员是否熟悉、掌握强制性标准;

　　(二) 工程项目的规划、勘察、设计、施工、验收等是否符合强制性标准的规定;

　　(三) 工程项目采用的材料、设备是否符合强制性标准的规定;

　　(四) 工程项目的安全、质量是否符合强制性标准的规定;

　　(五) 工程中采用的导则、指南、手册、计算机软件的内容是否符合强制性标准的规定。

　　第十一条　工程建设标准批准部门应当将强制性标准监督检查结果在一定范围内公告。

　　第十二条　工程建设强制性标准的解释由工程建设标准批准部门负责。

　　有关标准具体技术内容的解释,工程建设标准批准部门可以委托该标准的编制管理单位负责。

第十三条 工程技术人员应当参加有关工程建设强制性标准的培训,并可以计入继续教育学时。

第十四条 建设行政主管部门或者有关行政主管部门在处理重大工程事故时,应当有工程建设标准方面的专家参加;工程事故报告应当包括是否符合工程建设强制性标准的意见。

第十五条 任何单位和个人对违反工程建设强制性标准的行为有权向建设行政主管部门或者有关部门检举、控告、投诉。

第十六条 建设单位有下列行为之一的,责令改正,并处以20万元以上50万元以下的罚款:

(一)明示或者暗示施工单位使用不合格的建筑材料、建筑构配件和设备的;

(二)明示或者暗示设计单位或者施工单位违反工程建设强制性标准,降低工程质量的。

第十七条 勘察、设计单位违反工程建设强制性标准进行勘察、设计的,责令改正,并处以10万元以上30万元以下的罚款。

有前款行为,造成工程质量事故的,责令停业整顿,降低资质等级;情节严重的,吊销资质证书;造成损失的,依法承担赔偿责任。

第十八条 施工单位违反工程建设强制性标准的,责令改正,处工程合同价款2%以上4%以下的罚款;造成建设工程质量不符合规定的质量标准的,负责返工、修理,并赔偿因此造成的损失;情节严重的,责令停业整顿,降低资质等级或者吊销资质证书。

第十九条 工程监理单位违反强制性标准规定,将不合格的建设工程以及建筑材料、建筑构配件和设备按照合格签字的,责令改正,处50万元以上100万元以下的罚款,降低资质等级或者吊销资质证书;有违法所得的,予以没收;造成损失的,承担连带赔偿责任。

第二十条 违反工程建设强制性标准造成工程质量、安全隐患或者工程事故的,按照《建设工程质量管理条例》有关规定,对事故责任单位和责任人进行处罚。

第二十一条 有关责令停业整顿、降低资质等级和吊销资质证书的行政处罚,由颁发资质证书的机关决定;其他行政处罚,由建设行政主管部门或者有关部门依照法定职权决定。

第二十二条 建设行政主管部门和有关行政主管部门工作人员,玩忽职守、滥用职权、徇私舞弊的,给予行政处分;构成犯罪的,依法追究刑事责任。

第二十三条 本规定由国务院建设行政主管部门负责解释。

第二十四条 本规定自发布之日起施行。

4.3.12 特种作业人员安全技术培训考核管理办法

(1997年7月12日国家经济贸易委员会令第13号发布,自1999年10月1日起施行)

第一章 总　　则

第一条　为规范特种作业人员的安全技术培训、考核、发证工作,防止人员伤亡事故,促进安全全生产,根据国家有关法律、法规,制定本办法。

第二条　本办法适用于中华人民共和国境内一切涉及特种作业的单位和特种作业人员。

第三条　本办法所称特种作业,是指容易发生人员伤亡事故,对操作者本人、他人及周围设施的安全有重大危害的作业。

特种作业包括:

（一）电工作业;

（二）金属焊接切割作业;

（三）起重机械(含电梯)作业;

（四）企业内机动车辆驾驶;

（五）登高架设作业;

（六）锅炉作业(含水质化验);

（七）压力容器操作;

（八）制冷作业;

（九）爆破作业;

（十）矿山通风作业(含瓦斯检验);

（十一）矿山排水作业(含尾矿坝作业);

（十二）由省、自治区、直辖市安全生产综合管理部门或国务院行业主管部门提出,并经国家经济贸易委员会批准的其他作业。

第四条　本办法所称特种作业人员是指直接从事特种作业的人员。

特种作业人员必须具备以下基本条件:

（一）年龄满 18 周岁;

（二）身体健康,无妨碍从事相应工种作业的疾病和生理缺陷;

（三）初中以上文化程度,具备相应工种的安全技术知识,参加国家规定的安全技术理论和实际操作考核并成绩合格;

（四）符合相应工种作业特点需要的其他条件。

第二章 培　　训

第五条　特种作业人员在独立上岗作业前,必须进行与本工种相适应的、专门的安全技术理论学习和实际操作训练。

第六条　负责特种作业人员培训的单位应当具备相应的条件,并经省、自治区、直辖市安全生产综合管理部门或其委托的地、市级安全生产综合管理部门审查认可。

第七条　取得培训资格的单位,每 5 年由原审查、批准机构进行 1 次复审。经复审合格的,方可继续从事特种作业人员的培训。

第八条　特种作业人员的安全技术培训考核标准和基本培训教材,由国家经济贸易委员会制定和组织编写。

第九条　培训单位应将培训计划、教员资格等资料报送考核、发证单位备案。

第三章　考核和发证

第十条　特种作业人员的考核和发证工作,必须坚持公正、公平、公开的原则,不得弄虚作假。

第十一条　特种作业人员安全技术考核分为安全技术理论考核和实际操作考核。具体考核内容按照国家经济贸易委员会制定的《特种作业人员安全技术培训考核标准》执行。

第十二条　负责特种作业人员考核的单位应当具备相应的条件,并经省、自治区、直辖市安全生产综合管理部门审查认可。

第十三条　参加特种作业安全操作资格考核的人员,应当填写考核申请表,由申请人或申请人的用人单位向当地负责特种作业人员考核的单位提出申请。

考核单位收到考核申请后,应在印日内组织考核。经考核合格的,发给相应的特种作业操作证;经考核不合格的,允许补考 1 次。

第十四条　特种作业操作证由国家经济贸易委员会制作,并由省、自治区、直辖市安全生产综合管理部门或其委托的地、市级安全生产综合管理部门负责签发。

特种作业操作证在全国通用。

第十五条　特种作业操作证,每 2 年复审 1 次。连续从事本工种 10 年以上的,经用人单位进行知识更新教育后,复审时间可延长至每 4 年 1 次。

第十六条　特种作业操作证复审由特种作业人员本人或用人单位在有效期内提出申请,由当地的考核、发证单位负责审验。

复审内容包括:

(一) 健康检查;

(二) 违章作业记录检查;

(三) 安全生产新知识和事故案例教育;

(四) 本工种安全知识考试。

第十七条　复审合格的,由复审单位签章、登记,予以确认。复审不合格的,可在接到通知之日起 30 日内向原复审单位申请再次复审。复审单位可根据申请,再复审 1 次。再复审仍不合格或未按期复审的,特种作业操作证失效。

第十八条　跨地区从业或跨地区流动施工单位的特种作业人员,可向从业或施工所在地的考核、发证单位申请复审。

第四章　监督管理

第十九条　特种作业人员必须持证上岗。无证上岗的,按国家有关规定对用人单位和作业人员进行处罚。

第二十条　用人单位应当加强特种作业人员的管理,做好申报、培训、考核、复审的组织工作和日常的检查工作。

第二十一条　发证单位及用人单位应当建立特种作业人员档案。

第二十二条　各省、自治区、直辖市安全生产综合管理部门应当在每年初向国家经济贸易委员会报送上一年度本地区有关特种作业人员培训、考核、发证和复审的统计资料。

第二十三条　跨地区从业或跨地区流动施工单位的特种作业人员必须接受当地安全生产综合管理部门的监督管理。

第二十四条　有下列情形之一的,由发证单位收缴其特种作业操作证:

（一）未按规定接受复审或复审不合格的;

（二）违章操作造成严重后果或违章操作记录达3次以上的;

（三）弄虚作假骗取特种作业操作证的;

（四）经确认健康状况已不适宜继续从事所规定的特种作业的。

第二十五条　离开特种作业岗位达6个月以上的特种作业人员,应当重新进行实际操作考核,经确认合格后方可上岗作业。

第二十六条　特种作业操作证不得伪造、涂改、转借或转让。

第二十七条　从事特种作业人员考核、发证和复审工作的有关人员滥用职权、玩忽职守、徇私舞弊的,应给予行政处分;构成犯罪的,依法追究其刑事责任。

第五章　附　　则

第二十八条　根据工作需要,国家经济贸易委员会可以委托有关机构审查认可特种作业人员培训单位和考核单位的资格,签发特种作业操作证。

第二十九条　各省、自治区、直辖市安全生产综合管理部门可依据本规定制定实施办法。

4.3.13　建筑施工企业安全生产许可证管理规定

（2004年7月5日中华人民共和国原建设部令第128号发布,自公布之日起施行）

第一章　总　　则

第一条　为了严格规范建筑施工企业安全生产条件,进一步加强安全生产监督管理,防止和减少生产安全事故,根据《安全生产许可证条例》、《建设工程安全生产管理条例》等有关行政法规,制定本规定。

第二条　国家对建筑施工企业实行安全生产许可制度。

建筑施工企业未取得安全生产许可证的,不得从事建筑施工活动。

本规定所称建筑施工企业,是指从事土木工程、建筑工程、线路管道和设备安装工程及装修工程的新建、扩建、改建和拆除等有关活动的企业。

第三条　国务院建设主管部门负责中央管理的建筑施工企业安全生产许可证的颁发和管理。

省、自治区、直辖市人民政府建设主管部门负责本行政区域内前款规定以外的建筑施工企业安全生产许可证的颁发和管理,并接受国务院建设主管部门的指导和监督。

市、县人民政府建设主管部门负责本行政区域内建筑施工企业安全生产许可证的监督管理,并将监督检查中发现的企业违法行为及时报告安全生产许可证颁发管理机关。

第二章　安全生产条件

第四条　建筑施工企业取得安全生产许可证,应当具备下列安全生产条件:

(一)建立、健全安全生产责任制,制定完备的安全生产规章制度和操作规程;

(二)保证本单位安全生产条件所需资金的投入;

(三)设置安全生产管理机构,按照国家有关规定配备专职安全生产管理人员;

(四)主要负责人、项目负责人、专职安全生产管理人员经建设主管部门或者其他有关部门考核合格;

(五)特种作业人员经有关业务主管部门考核合格,取得特种作业操作资格证书;

(六)管理人员和作业人员每年至少进行一次安全生产教育培训并考核合格;

(七)依法参加工伤保险,依法为施工现场从事危险作业的人员办理意外伤害保险,为从业人员交纳保险费;

(八)施工现场的办公、生活区及作业场所和安全防护用具、机械设备、施工机具及配件符合有关安全生产法律、法规、标准和规程的要求;

(九)有职业危害防治措施,并为作业人员配备符合国家标准或者行业标准的安全防护用具和安全防护服装;

(十)有对危险性较大的分部分项工程及施工现场易发生重大事故的部位、环节的预防、监控措施和应急预案;

(十一)有生产安全事故应急救援预案、应急救援组织或者应急救援人员,配备必要的应急救援器材、设备;

(十二)法律、法规规定的其他条件。

第三章　安全生产许可证的申请与颁发

第五条　建筑施工企业从事建筑施工活动前,应当依照本规定向省级以上建设主管部门申请领取安全生产许可证。

中央管理的建筑施工企业(集团公司、总公司)应当向国务院建设主管部门申请领取安全生产许可证。

前款规定以外的其他建筑施工企业,包括中央管理的建筑施工企业(集团公司、总公司)下属的建筑施工企业,应当向企业注册所在地省、自治区、直辖市人民政府建设主管部门申请领取安全生产许可证。

第六条　建筑施工企业申请安全生产许可证时,应当向建设主管部门提供下列材料:

(一)建筑施工企业安全生产许可证申请表;

(二)企业法人营业执照;

(三)第四条规定的相关文件、材料。

建筑施工企业申请安全生产许可证,应当对申请材料实质内容的真实性负责,不得隐瞒有关情况或者提供虚假材料。

第七条　建设主管部门应当自受理建筑施工企业的申请之日起45日内审查完毕;经

审查符合安全生产条件的,颁发安全生产许可证;不符合安全生产条件的,不予颁发安全生产许可证,书面通知企业并说明理由。企业自接到通知之日起应当进行整改,整改合格后方可再次提出申请。

建设主管部门审查建筑施工企业安全生产许可证申请,涉及铁路、交通、水利等有关专业工程时,可以征求铁路、交通、水利等有关部门的意见。

第八条 安全生产许可证的有效期为 3 年。安全生产许可证有效期满需要延期的,企业应当于期满前 3 个月向原安全生产许可证颁发管理机关申请办理延期手续。

企业在安全生产许可证有效期内,严格遵守有关安全生产的法律法规,未发生死亡事故的,安全生产许可证有效期届满时,经原安全生产许可证颁发管理机关同意,不再审查,安全生产许可证有效期延期 3 年。

第九条 建筑施工企业变更名称、地址、法定代表人等,应当在变更后 10 日内,到原安全生产许可证颁发管理机关办理安全生产许可证变更手续。

第十条 建筑施工企业破产、倒闭、撤销的,应当将安全生产许可证交回原安全生产许可证颁发管理机关予以注销。

第十一条 建筑施工企业遗失安全生产许可证,应当立即向原安全生产许可证颁发管理机关报告,并在公众媒体上声明作废后,方可申请补办。

第十二条 安全生产许可证申请表采用住房和城乡建设部规定的统一式样。

安全生产许可证采用国务院安全生产监督管理部门规定的统一式样。

安全生产许可证分正本和副本,正、副本具有同等法律效力。

第四章 监督管理

第十三条 县级以上人民政府建设主管部门应当加强对建筑施工企业安全生产许可证的监督管理。建设主管部门在审核发放施工许可证时,应当对已经确定的建筑施工企业是否有安全生产许可证进行审查,对没有取得安全生产许可证的,不得颁发施工许可证。

第十四条 跨省从事建筑施工活动的建筑施工企业有违反本规定行为的,由工程所在地的省级人民政府建设主管部门将建筑施工企业在本地区的违法事实、处理结果和处理建议抄告原安全生产许可证颁发管理机关。

第十五条 建筑施工企业取得安全生产许可证后,不得降低安全生产条件,并应当加强日常安全生产管理,接受建设主管部门的监督检查。安全生产许可证颁发管理机关发现企业不再具备安全生产条件的,应当暂扣或者吊销安全生产许可证。

第十六条 安全生产许可证颁发管理机关或者其上级行政机关发现有下列情形之一的,可以撤销已经颁发的安全生产许可证:

(一)安全生产许可证颁发管理机关工作人员滥用职权、玩忽职守颁发安全生产许可证的;

(二)超越法定职权颁发安全生产许可证的;

(三)违反法定程序颁发安全生产许可证的;

(四)对不具备安全生产条件的建筑施工企业颁发安全生产许可证的;

（五）依法可以撤销已经颁发的安全生产许可证的其他情形。

依照前款规定撤销安全生产许可证，建筑施工企业的合法权益受到损害的，建设主管部门应当依法给予赔偿。

第十七条 安全生产许可证颁发管理机关应当建立、健全安全生产许可证档案管理制度，定期向社会公布企业取得安全生产许可证的情况，每年向同级安全生产监督管理部门通报建筑施工企业安全生产许可证颁发和管理情况。

第十八条 建筑施工企业不得转让、冒用安全生产许可证或者使用伪造的安全生产许可证。

第十九条 建设主管部门工作人员在安全生产许可证颁发、管理和监督检查工作中，不得索取或者接受建筑施工企业的财物，不得谋取其他利益。

第二十条 任何单位或者个人对违反本规定的行为，有权向安全生产许可证颁发管理机关或者监察机关等有关部门举报。

第五章 罚 则

第二十一条 违反本规定，建设主管部门工作人员有下列行为之一的，给予降级或者撤职的行政处分；构成犯罪的，依法追究刑事责任：

（一）向不符合安全生产条件的建筑施工企业颁发安全生产许可证的；

（二）发现建筑施工企业未依法取得安全生产许可证擅自从事建筑施工活动，不依法处理的；

（三）发现取得安全生产许可证的建筑施工企业不再具备安全生产条件，不依法处理的；

（四）接到对违反本规定行为的举报后，不及时处理的；

（五）在安全生产许可证颁发、管理和监督检查工作中，索取或者接受建筑施工企业的财物，或者谋取其他利益的。

由于建筑施工企业弄虚作假，造成前款第（一）项行为的，对建设主管部门工作人员不予处分。

第二十二条 取得安全生产许可证的建筑施工企业，发生重大安全事故的，暂扣安全生产许可证并限期整改。

第二十三条 建筑施工企业不再具备安全生产条件的，暂扣安全生产许可证并限期整改；情节严重的，吊销安全生产许可证。

第二十四条 违反本规定，建筑施工企业未取得安全生产许可证擅自从事建筑施工活动的，责令其在建项目停止施工，没收违法所得，并处10万元以上50万元以下的罚款；造成重大安全事故或者其他严重后果，构成犯罪的，依法追究刑事责任。

第二十五条 违反本规定，安全生产许可证有效期满未办理延期手续，继续从事建筑施工活动的，责令其在建项目停止施工，限期补办延期手续，没收违法所得，并处5万元以上10万元以下的罚款；逾期仍不办理延期手续，继续从事建筑施工活动的，依照本规定第二十四条的规定处罚。

第二十六条 违反本规定，建筑施工企业转让安全生产许可证的，没收违法所得，处

10 万元以上 50 万元以下的罚款,并吊销安全生产许可证;构成犯罪的,依法追究刑事责任;接受转让的,依照本规定第二十四条的规定处罚。

冒用安全生产许可证或者使用伪造的安全生产许可证的,依照本规定第二十四条的规定处罚。

第二十七条 违反本规定,建筑施工企业隐瞒有关情况或者提供虚假材料申请安全生产许可证的,不予受理或者不予颁发安全生产许可证,并给予警告,1 年内不得申请安全生产许可证。

建筑施工企业以欺骗、贿赂等不正当手段取得安全生产许可证的,撤销安全生产许可证,3 年内不得再次申请安全生产许可证;构成犯罪的,依法追究刑事责任。

第二十八条 本规定的暂扣、吊销安全生产许可证的行政处罚,由安全生产许可证的颁发管理机关决定;其他行政处罚,由县级以上地方人民政府建设主管部门决定。

第六章 附 则

第二十九条 本规定施行前已依法从事建筑施工活动的建筑施工企业,应当自《安全生产许可证条例》施行之日起(2004 年 1 月 13 日起)1 年内向建设主管部门申请办理建筑施工企业安全生产许可证;逾期不办理安全生产许可证,或者经审查不符合本规定的安全生产条件,未取得安全生产许可证,继续进行建筑施工活动的,依照本规定第二十四条的规定处罚。

第三十条 本规定自公布之日起施行。

4.3.14 建筑施工企业主要负责人、项目负责人和专职安全生产管理人员安全生产考核管理暂行规定

第一条 为了提高建筑施工企业主要负责人、项目负责人和专职安全生产管理人员(以下简称建筑施工企业管理人员)的安全生产知识水平和管理能力,保证建筑施工安全生产,根据《安全生产法》、《建设工程安全生产管理条例》和《安全生产许可证条例》等法律法规,制定本规定。

第二条 在中华人民共和国境内从事建设工程施工活动的建筑施工企业管理人员以及实施对建筑施工企业管理人员安全生产考核管理的,必须遵守本规定。

第三条 建筑施工企业管理人员必须经建设行政主管部门或者其他有关部门安全生产考核,考核合格取得安全生产考核合格证书后,方可担任相应职务。

第四条 本规定所称建筑施工企业主要负责人,是指对本企业日常生产经营活动和安全生产工作全面负责、有生产经营决策权的人员,包括企业法定代表人、经理、企业分管安全生产工作的副经理等。

建筑施工企业项目负责人,是指由企业法定代表人授权,负责建设工程项目管理的负责人等。

建筑施工企业专职安全生产管理人员,是指在企业专职从事安全生产管理工作的人员,包括企业安全生产管理机构的负责人及其工作人员和施工现场专职安全生产管理人员。

第五条　国务院建设行政主管部门负责全国建筑施工企业管理人员安全生产的考核工作，并负责中央管理的建筑施工企业管理人员安全生产考核和发证工作。

省、自治区、直辖市人民政府建设行政主管部门负责本行政区域内中央管理以外的建筑施工企业管理人员安全生产考核和发证工作。

第六条　建筑施工企业管理人员应当具备相应文化程度、专业技术职称和一定安全生产工作经历，并经企业年度安全生产教育培训合格后，方可参加建设行政主管部门组织的安全生产考核。

第七条　建筑施工企业管理人员安全生产考核内容包括安全生产知识和管理能力。

对建筑施工企业主要负责人、项目负责人和专职安全生产管理人员安全生产的考核要点见附件。

第八条　建设行政主管部门对建筑施工企业管理人员进行安全生产考核，不得收取考核费用，不得组织强制培训。

第九条　安全生产考核合格的，由建设行政主管部门在20日内核发建筑施工企业管理人员安全生产考核合格证书；对不合格的，应通知本人并说明理由，限期重新考核。

第十条　建筑施工企业管理人员安全生产考核合格证书由国务院建设行政主管部门规定统一的式样。

第十一条　建筑施工企业管理人员变更姓名和所在法人单位等的，应在一个月内到原安全生产考核合格证书发证机关办理变更手续。

第十二条　任何单位和个人不得伪造、转让、冒用建筑施工企业管理人员安全生产考核合格证书。

第十三条　建筑施工企业管理人员遗失安全生产考核合格证书，应在公共媒体上声明作废，并在一个月内到原安全生产考核合格证书发证机关办理补证手续。

第十四条　建筑施工企业管理人员安全生产考核合格证书有效期为三年。有效期满需要延期的，应当于期满前3个月内向原发证机关申请办理延期手续。

第十五条　建筑施工企业管理人员在安全生产考核合格证书有效期内，严格遵守安全生产法律法规，认真履行安全生产职责，按规定接受企业年度安全生产教育培训，未发生死亡事故的，安全生产考核合格证书有效期届满时，经原安全生产考核合格证书发证机关同意，不再考核，安全生产考核合格证书有效期延期3年。

第十六条　建设行政主管部门应当建立、健全建筑施工企业管理人员安全生产考核档案管理制度，并定期向社会公布建筑施工企业管理人员取得安全生产考核合格证书的情况。

第十七条　建筑施工企业管理人员取得安全生产考核合格证书后，应当认真履行安全生产管理职责，接受建设行政主管部门的监督检查。

建设行政主管部门应当加强对建筑施工企业管理人员履行安全生产管理职责情况的监督检查，发现有违反安全生产法律法规、未履行安全生产管理职责、不按规定接受企业年度安全生产教育培训、发生死亡事故，情节严重的，应当收回安全生产考核合格证书，并限期改正，重新考核。

第十八条　建设行政主管部门工作人员在建筑施工企业管理人员的安全生产考核、

发证和监督检查工作中,不得索取或者接受企业和个人的财物,不得谋取其他利益。

第十九条　任何单位或者个人对违反本规定的行为,有权向建设行政主管部门或者监察等有关部门举报。

第二十条　省、自治区、直辖市人民政府建设行政主管部门可以根据本规定制定实施细则。

第二十一条　国务院铁道、水利、交通等有关部门根据《建设工程安全生产管理条例》第三十六条的规定制定相关考核办法。

4.4　规范性文件

4.4.1　住房和城乡建设部发布关于修改《建筑工程施工许可管理办法》的决定

中华人民共和国原建设部令第 91 号

《建设部关于修改〈建筑工程施工许可管理办法〉的决定》已经 2001 年 6 月 29 日建设部第 44 次常务会审议通过,现予发布,自发布之日起施行。

部长　俞正声
2001 年 7 月 4 日

建设部关于修改《建筑工程施工许可管理办法》的决定

建设部决定对《建筑工程施工许可管理办法》作如下修改:

第十三条修改为"本办法中的罚款,法律、法规有幅度规定的从其规定。无幅度规定的,有违法所得的处 5000 元以上 30000 元以下的罚款,没有违法所得的处 5000 元以上 10000 元以下的罚款。"

本决定自发布之日起施行。

《建筑工程施工许可管理办法》根据本决定作相应的修改,重新发布。

4.4.2　关于印发《建筑施工企业主要负责人、项目负责人和专职安全生产管理人员安全生产考核管理暂行规定》的通知

（建设部建质〔2004〕59 号）

各省、自治区建设厅,直辖市建委,江苏省、山东省建管局,新疆生产建设兵团建设局,国务院有关部门建设司(局),中央管理的建筑施工企业:

为贯彻落实《安全生产法》、《建设工程安全生产管理条例》和《安全生产许可证条

例》,提高建筑施工企业主要负责人、项目负责人和专职安全生产管理人员(以下简称建筑施工企业管理人员)安全生产知识水平和管理能力,保证建筑施工安全生产,我部制定了《建筑施工企业主要负责人、项目负责人和专职安全生产管理人员安全生产考核管理暂行规定》,现印发给你们,请结合实际情况贯彻执行。在执行中遇到的问题,请及时报告我部工程质量安全监督与行业发展司。

中华人民共和国建设部
二○○四年四月八日

附件:

建筑施工企业主要负责人、项目负责人和专职安全生产管理人员安全生产考核要点

1. 建筑施工企业主要负责人

1.1 安全生产知识考核要点

1.1.1 国家有关安全生产的方针政策、法律法规、部门规章、标准及有关规范性文件,本地区有关安全生产的法规、规章、标准及规范性文件;

1.1.2 建筑施工企业安全生产管理的基本知识和相关专业知识;

1.1.3 重特大事故防范、应急救援措施,报告制度及调查处理方法;

1.1.4 企业安全生产责任制和安全生产规章制度的内容、制定方法;

1.1.5 国内外安全生产管理经验;

1.1.6 典型事故案例分析。

1.2 安全生产管理能力考核要点

1.2.1 能认真贯彻执行国家安全生产方针、政策、法规和标准;

1.2.2 能有效组织和督促本单位安全生产工作,建立健全本单位安全生产责任制;

1.2.3 能组织制定本单位安全生产规章制度和操作规程;

1.2.4 能采取有效措施保证本单位安全生产所需资金的投入;

1.2.5 能有效开展安全检查,及时消除生产安全事故隐患;

1.2.6 能组织制定本单位生产安全事故应急救援预案,正确组织、指挥本单位事故应急救援工作;

1.2.7 能及时、如实报告生产安全事故;

1.2.8 安全生产业绩:自考核之日起,所在企业一年内未发生由其承担主要责任的死亡10人以上(含10人)的重大事故。

2. 建筑施工企业项目负责人

2.1 安全生产知识考核要点

2.1.1 国家有关安全生产的方针政策、法律法规、部门规章、标准及有关规范性文件,本地区有关安全生产的法规、规章、标准及规范性文件;

2.1.2 工程项目安全生产管理的基本知识和相关专业知识;

2.1.3 重大事故防范、应急救援措施,报告制度及调查处理方法;

2.1.4 企业和项目安全生产责任制和安全生产规章制度内容、制定方法;

2.1.5 施工现场安全生产监督检查的内容和方法;

2.1.6 国内外安全生产管理经验;

2.1.7 典型事故案例分析。

2.2 安全生产管理能力考核要点

2.2.1 能认真贯彻执行国家安全生产方针、政策、法规和标准;

2.2.2 能有效组织和督促本工程项目安全生产工作,落实安全生产责任制;

2.2.3 能保证安全生产费用的有效使用;

2.2.4 能根据工程的特点组织制定安全施工措施;

2.2.5 能有效开展安全检查,及时消除生产安全事故隐患;

2.2.6 能及时、如实报告生产安全事故;

2.2.7 安全生产业绩:自考核之日起,所管理的项目一年内未发生由其承担主要责任的死亡事故。

3. 建筑施工企业专职安全生产管理人员

3.1 安全生产知识考核要点

3.1.1 国家有关安全生产的方针政策、法律法规、部门规章、标准及有关规范性文件,本地区有关安全生产的法规、规章、标准及规范性文件;

3.1.2 重大事故防范、应急救援措施,报告制度、调查处理方法以及防护救护方法;

3.1.3 企业和项目安全生产责任制和安全生产规章制度;

3.1.4 施工现场安全监督检查的内容和方法;

3.1.5 典型事故案例分析。

3.2 安全生产管理能力考核要点

3.2.1 能认真贯彻执行国家安全生产方针、政策、法规和标准;

3.2.2 能有效对安全生产进行现场监督检查;

3.2.3 发现生产安全事故隐患,能及时向项目负责人和安全生产管理机构报告,及时消除生产安全事故隐患;

3.2.4 能及时制止现场违章指挥、违章操作行为;

3.2.5 能及时、如实报告生产安全事故;

3.2.6 安全生产业绩:自考核之日起,所在企业或项目一年内未发生由其承担主要责任的死亡事故。

4.4.3 住房和城乡建设部关于加强建筑意外伤害保险工作的指导意见

（建质［2003］107 号）

自 1997 年我部《关于印发〈施工现场工伤保险试点工作研讨纪要〉的通知》（建监安［1997］17 号）以来，特别是 1998 年 3 月 1 日《建筑法》颁布实施以来，上海、浙江、山东等 24 个省、自治区和直辖市积极开展了建筑意外伤害保险工作，积累了一定经验。为贯彻执行《建筑法》和《安全生产法》，进一步加强和规范建筑意外伤害保险工作，提出如下指导意见：

一、全面推行建筑意外伤害保险工作

根据《建筑法》第四十八条规定，建筑职工意外伤害保险是法定的强制性保险，也是保护建筑业从业人员合法权益，转移企业事故风险，增强企业预防和控制事故能力，促进企业安全生产的重要手段。2003 年内，要实现在全国各地全面推行建筑意外伤害保险制度的目标。

各地区建设行政主管部门要依法加强对本地区建筑意外伤害保险工作的监督管理和指导，建立和完善有关规章制度，引导本地区建筑意外伤害保险工作有序健康发展。要切实把推行建筑意外伤害保险作为今年建筑安全生产工作的重点来抓。已经开展这项工作的地区，要继续加强和完善有关制度和措施，扩大覆盖面。尚未开展这项工作的地区，要认真借鉴兄弟省（区、市）的经验，抓紧制定有关管理办法，尽快启动这项工作。

二、关于建筑意外伤害保险的范围

建筑施工企业应当为施工现场从事施工作业和管理的人员，在施工活动过程中发生的人身意外伤亡事故提供保障，办理建筑意外伤害保险、支付保险费。范围应当覆盖工程项目。已在企业所在地参加工伤保险的人员，从事现场施工时仍可参加建筑意外伤害保险。

各地建设行政主管部门可根据本地区实际情况，规定建筑意外伤害保险的附加险要求。

三、关于建筑意外伤害保险的保险期限

保险期限应涵盖工程项目开工之日到工程竣工验收合格日。提前竣工的，保险责任自行终止。因延长工期的，应当办理保险顺延手续。

四、关于建筑意外伤害保险的保险金额

各地建设行政主管部门要结合本地区实际情况，确定合理的最低保险金额。最低保险金额要能够保障施工伤亡人员得到有效的经济补偿。施工企业办理建筑意外伤害保险时，投保的保险金额不得低于此标准。

五、关于建筑意外伤害保险的保险费

保险费应当列入建筑安装工程费用。保险费由施工企业支付,施工企业不得向职工摊派。

施工企业和保险公司双方应本着平等协商的原则,根据各类风险因素商定建筑意外伤害保险费率,提倡差别费率和浮动费率。差别费率可与工程规模、类型、工程项目风险程度和施工现场环境等因素挂钩。浮动费率可与施工企业安全生产业绩、安全生产管理状况等因素挂钩。对重视安全生产管理、安全业绩好的企业可采用下浮费率;对安全生产业绩差、安全管理不善的企业可采用上浮费率。通过浮动费率机制,激励投保企业安全生产的积极性。

六、关于建筑意外伤害保险的投保

施工企业应在工程项目开工前,办理完投保手续。鉴于工程建设项目施工工艺流程中各工种调动频繁、用工流动性大,投保应实行不记名和不计人数的方式。工程项目中有分包单位的由总承包施工企业统一办理,分包单位合理承担投保费用。业主直接发包的工程项目由承包企业直接办理。

各级建设行政主管部门要强化监督管理,把在建工程项目开工前是否投保建筑意外伤害保险情况作为审查企业安全生产条件的重要内容之一;未投保的工程项目,不予发放施工许可证。

投保人办理投保手续后,应将投保有关信息以布告形式张贴于施工现场,告之被保险人。

七、关于建筑意外伤害保险的索赔

建筑意外伤害保险应规范和简化索赔程序,搞好索赔服务。各地建设行政主管部门要积极创造条件,引导投保企业在发生意外事故后即向保险公司提出索赔,使施工伤亡人员能够得到及时、足额的赔付。各级建设行政主管部门应设置专门电话接受举报,凡被保险人发生意外伤害事故,企业和工程项目负责人隐瞒不报、不索赔的,要严肃查处。

八、关于建筑意外伤害保险的安全服务

施工企业应当选择能提供建筑安全生产风险管理、事故防范等安全服务和有保险能力的保险公司,以保证事故后能及时补偿与事故前能主动防范。目前还不能提供安全风险管理和事故预防的保险公司,应通过建筑安全服务中介组织向施工企业提供与建筑意外伤害保险相关的安全服务。建筑安全服务中介组织必须拥有一定数量、专业配套、具备建筑安全知识和管理经验的专业技术人员。

安全服务内容可包括施工现场风险评估、安全技术咨询、人员培训、防灾防损设备配置、安全技术研究等。施工企业在投保时可与保险机构商定具体服务内容。

各地建设行政主管部门应积极支持行业协会或者其他中介组织开展安全咨询服务工作,大力培育建筑安全中介服务市场。

九、关于建筑意外伤害保险行业自保

一些国家和地区结合建筑行业高风险特点,采取建筑意外伤害保险行业自保或企业联合自保形式,并取得一定成功经验。有条件的省(区、市)可根据本地的实际情况,研究探索建筑意外伤害保险行业自保。我部将根据各地研究和开展建筑意外伤害保险的实际情况,提出相应的意见。

4.4.4　住房和城乡建设部关于贯彻落实国务院《关于进一步加强安全生产工作的决定》的意见

建质[2004]47号

各省、自治区建设厅,直辖市建委(市政管委),江苏省、山东省建管局,新疆生产建设兵团建设局,国务院有关部门建设司(局),中央管理有关总公司:

2004年1月9日,国务院作出《关于进一步加强安全生产工作的决定》(国发[2004]2号),进一步明确了安全生产工作的指导思想、目标任务、工作重点和政策措施,对做好新时期的安全生产工作具有十分重要的指导意义,全国建设系统一定要认真贯彻落实。

近年来,全国建设系统认真贯彻落实党中央、国务院关于安全生产工作的一系列重要指示和工作部署,采取有效措施加强安全生产工作。国务院颁布了《建设工程安全生产管理条例》,明确了建设活动各方主体的安全生产责任;初步建立了建设系统安全生产监管体系,安全生产监督管理得到加强;针对建设系统多发性事故和安全生产管理中的薄弱环节,集中开展了专项整治,建筑业和城市市政公用行业市场秩序和安全生产条件有所改善,安全生产状况总体趋于稳定好转。但是,目前全国建设系统安全生产形势依然严峻,事故起数和死亡人数一直较高;安全生产基础比较薄弱,保障体系和机制不健全;部分地区和企业安全生产意识不强,安全生产投入不足,安全生产责任制不落实;建设系统安全生产监督管理制度、机构、队伍建设和监管工作亟待加强。为全面贯彻落实国务院《关于进一步加强安全生产工作的决定》,加强建设系统安全生产工作,尽快实现建设系统安全生产形势的根本好转,提出以下意见。

一、充分认识安全生产重要意义,明确指导思想以及工作目标

1. 深化对安全生产工作重要意义的认识。建筑行业和城市市政公用行业的安全生产与人民群众的切身利益密切相关。做好建设系统安全生产工作,切实保障人民群众生命和国家财产安全,是"三个代表"重要思想的集中体现,是全面建设小康社会、统筹经济社会全面发展的重要内容,也是各级建设行政主管部门必须履行的法定职责。各级建设行政主管部门要充分认识当前建设系统安全生产形势的严峻性,牢固树立"责任重于泰山"的意识,增强抓好建设系统安全生产工作的责任感和紧迫感,求真务实,长抓不懈,动员全国建设系统和社会有关方面,齐抓共管,全力推进。

2. 指导思想。认真贯彻"三个代表"重要思想,落实国务院《关于进一步加强安全生产的决定》,全面实施《建筑法》、《安全生产法》、《建设工程安全生产管理条例》和《安全

生产许可证条例》,强化组织领导,加强基础工作,改进监管方式,依法落实建设活动各方主体安全责任,建立建设系统安全生产长效机制,努力实现全国建设系统安全生产状况的根本好转。

3. 奋斗目标。到 2007 年,全国建设系统安全生产状况稳定好转,死亡人数和建筑施工百亿元产值死亡率有一定幅度的下降。到 2010 年,全国建设系统安全生产状况明显好转,重特大事故得到有效遏制,建筑施工和城市市政公用行业事故起数和死亡人数均有较大幅度的下降。力争到 2020 年,全国建设系统安全生产状况实现根本性好转,有关指标达到或者接近世界中等发达国家水平。

二、健全完善安全生产制度机制,依法加强安全生产监督管理

4. 建立健全建设系统安全生产法规体系。根据《建筑法》、《安全生产法》、《建设工程安全生产条例》和《安全生产许可证条例》,修订完善《建筑安全生产监督管理规定》(原建设部令第 13 号)和《建设工程施工现场管理规定》(原建设部令第 15 号),制定完善建筑业企业安全生产许可、建筑超重机械设备使用安全监督管理、建筑施工企业三类人员安全生产考核等配套部门规章。认真做好施工企业安全管理规范、建筑施工安全技术管理规范、建筑施工现场环境与卫生标准、建筑施工安全通用规范等国家标准和行业标准的制定修订工作。各地要结合本地实际,制定和完善地方建设系统安全生产法规规定,及时调整和修改与有关法律法规相抵触的内容,并要根据实际情况制定地方有关技术标准和规范,以尽快形成国家和地方、行政管理和技术标准,互相呼应、互为补充、比较完善的建设系统安全生产法规体系。

5. 建立完善建设系统安全生产各项制度。根据《安全生产许可证条例》和《建设工程安全生产管理条例》,建立建筑施工企业安全生产许可制度,从源头上制止不具备安全生产条件的企业进入建筑市场;组织开展对施工单位主要负责人、项目负责人和专职安全生产管理人员安全生产知识和管理能力的考核工作,建立建筑施工企业三类人员的安全生产考核制度,严格规范三类人员的任职条件;各地要结合国家下达的安全生产控制指标,采用死亡人数、事故增幅和百亿元产值死亡率等指标,制定本地区建设系统安全生产控制标准,建立健全安全生产目标责任管理制度,并将目标逐级分解,全面落实安全生产责任制;同时,要建立特种作业人员操作资格备案制度、依法批准开工报告的建设工程和拆除工程备案制度、施工起重机械使用登记制度,继续推行和完善建筑意外伤害保险制度、生产安全事故报告制度;此外,要根据国家的统一部署和要求,探索试行安全生产风险抵押金制度。

6. 加强日常安全生产监督管理。改变单一的、运动式的安全监督检查方式,从重点监督检查企业施工过程实体安全,转变为重点监督检查企业安全生产责任制的建立与实施状况,以及安全生产法律法规和标准规范的落实和执行情况;从以告知性的检查为主,转变为以随机抽查及巡查为主。加大对小企业、村镇建设工程等安全生产薄弱环节的监管力度。强化安全生产信用体系建设,充分利用信息网络技术,健全完善建设系统重大质量安全事故报告和信息处罚系统,定期向社会公布企业安全生产不良记录,增强安全生产社会舆论监督力度。认真查处事故,强化责任追究,坚持事故原因未查清不放过、责任人

员未处理不放过、整改措施未落实不放过、有关人员未受到教育不放过的"四不放过"原则,不仅要追究事故直接责任人的责任,同时要追究有关负责人的领导责任,尤其要追究工程项目部经理、分管安全生产的项目经理的责任。

7. 加强建设工程安全生产监管机构和队伍建设。建立健全建设工程安全生产监督机构,积极与编制、财政部门协商,配备满足工作需要的人员编制并在财政中解决经费来源。加强对执法监督人员安全生产法律法规和执法业务的培训,逐步建立考核合格后持证上岗制度,切实提高监督执法人员服务意识和依法行政水平,建立起覆盖全行业、全城乡、全过程的建设工程安全生产监管网络体系。

三、强化安全生产各项基础工作,落实企业安全生产主体责任

8. 依法加强企业安全生产基础工作。贯彻实施《建筑法》、《安全生产法》和《建设工程安全生产管理条例》,明确和强化建设活动各方主体的安全生产责任。完善建设系统安全生产技术规范,制定颁布建设系统安全生产质量工作标准,在全国建筑业企业中开展安全质量标准化活动。督促和引导企业在认真贯彻执行国家和行业有关管理规定和技术标准、规范的同时,制定企业内部安全生产的标准化规定,全面规范生产流程的每个环节和每个岗位。企业要按规定设置安全生产管理机构,配备专职安全生产管理人员,积极采用安全性能可靠的新技术、新工艺、新设备和新材料,不断改善安全生产条件。改进企业安全生产管理方法和手段,积极采用安全生产评价等方法,落实各项安全防范措施,全面加强安全生产基础工作,提高安全生产管理水平。

9. 落实企业安全生产投入。认真执行《建设工程安全生产管理条例》有关规定,落实建设单位在工程概算中确定并提供安全作业环境和安全施工措施费用,施工单位将安全作业环境及安全施工措施所需费用用于施工安全防护用具及设施的采购和更新、安全施工措施的落实、安全生产条件的改善。根据建筑行业特点和不同地区经济发展水平,组织研究并确定安全费用的提取标准,逐步建立对建筑业企业提取安全费用制度,形成企业安全生产投入长效机制。

10. 深化建设系统安全生产专项整治。继续对建筑施工、城市燃气、公共交通、风景名胜区、城市公园等方面的安全生产开展专项整治,突出专项整治重点,制定有效整治方案,巩固扩大整治成果。在专项整治中要坚决关闭取缔不具备安全生产条件的企业。要把安全生产专项整治与完善建设工程安全技术方案的论证、审批、验收、检查制度,建立健全危及安全生产的工艺设备的限制、淘汰和禁止使用制度,依法落实企业安全生产保障制度,加强日常监督管理以及建立安全生产长效机制结合起来,确保整治工作不断深化、取得实效。

11. 搞好安全生产培训工作。进一步完善建设系统安全生产培训教育基础建设,建立完善各层次人员的培训考试题库,加快编写各类别、各层次建设安全生产培训教材。施工企业要对管理人员和作业人员每年至少进行一次安全生产教育培训;加强进入新的施工现场和岗位,以及采用新技术、新工艺、新设备、新材料时对作业人员的安全教育。强化对施工现场一线操作人员尤其是农民工的安全培训教育,大力发展劳务企业,加强成建制培训,探索劳务输出地和输入地农民工培训方式,提高农民工安全操作基本技能以及安全

防护救护的意识和知识水平。

12. 加强建设系统安全生产科研和技术开发。制定和完善建设系统安全生产科技中长期规划，组织高等院校、科研机构、生产企业、社会团体等安全生产科研资源，推动安全生产重大科技和管理课题的科研工作。注重政府引导与市场导向相结合，研究建立安全生产激励机制，鼓励企业加大安全生产科技投入。结合安全生产实际，推广安全适用、先进可靠的生产工艺和技术装备，淘汰落后的生产工艺、设备，不断推进行业科技进步。

13. 建立建设系统生产安全应急救援体系。制定建设系统生产安全事故应急救援指导意见和方案，加强系统生产安全事故应急救援体系建设。各地要根据地方人民政府的要求，制定本地区建设系统特大生产安全事故应急救援预案，增强建设系统生产安全事故的抢险救援能力。施工企业要制定本企业和项目施工现场生产安全事故的应急救援预案，建立应急救援组织或者配备应急救援人员，配备必要的应急救援器材、设备，并定期组织演练。

四、加强安全生产工作组织领导，构建完善齐抓共管工作格局

14. 认真落实各级领导安全生产责任。建立健全领导干部安全生产责任制，制定完善省级建设行政主管部门安全生产目标责任的考核评价办法，定期通报各地安全生产情况，促进安全生产责任制和安全生产措施的落实。依法严肃事故责任追究，对存在失职、渎职行为，或对事故发生负有领导责任的有关管理部门、企业领导人，要依照有关法律法规严格追究责任。

15. 构建各方面齐抓共管的建设系统安全生产工作格局。各级建设行政主管部门每季度至少召开一次安全生产专题会议，分析、部署、督促和检查本地区建设系统安全生产工作，并积极与安全生产监督管理部门以及其他负有建设工程安全生产监督职责的部门沟通、协调，共同做好建设系统安全生产工作。充分发挥建筑业和城市市政公用行业各类协会、学会、中心以及有关大专院校、科研院所的作用，为建设系统安全生产提供信息、法律、宣传、培训、科研等支持。强化和明确建设、勘察、设计、施工、监理、设备供应、租赁、拆装等单位以及城市市政公用行业各有关单位的安全生产责任，健全完善自我约束、自我管理的企业安全生产管理机制。强化安全生产社会监督、群众监督和新闻媒体监督，丰富"建筑安全生产月"、"创建文明工地"等活动内容，构建在人民政府统一领导下的、全建设系统和社会有关方面齐抓共管的安全生产工作格局。

16. 做好宣传教育和舆论引导工作。积极会同宣传、新闻等部门，充分利用各种媒体，采用多种方式和手段，大力宣传党和国家安全生产方针政策、法律法规，宣传建设系统加强安全生产工作的措施和做法，以及安全生产工作先进典型和经验；对严重忽视安全生产、导致重特大事故发生的典型事例要予以曝光。积极与当地教育部门联系，争取在中小学开设有关城市燃气、地铁、公交、公园等方面的安全知识课程，提高青少年识灾和防灾能力。通过广泛深入、持续不断地宣传教育，不断增强全行业和群众安全生产和安全防护、保护意识。

当前，我国基本建设规模逐年增大，科学技术含量高、施工难度大的工程项目日益增多；安全生产法律法规逐步完善，安全生产监督管理不断加强，全国建设系统安全生产工作面临着新的挑战和机遇。各级建设行政主管部门要加强调查研究,注意发展安全生产工作中出现的新情况、研究新问题,不断增强安全生产工作的针对性和实效性,努力开创建设系统安全生产工作的新局面,为实现党的十六大提出的全面建设小康社会的目标提供安全、稳定的社会和经济环境。

中华人民共和国建设部

二〇〇四年三月十七日

4.5 国际公约

建筑业安全卫生公约(中译本)

国际劳工组织大会,经国际劳工局理事会召集,于一九八八年六月一日在日内瓦举行其第七十五届会议,并注意到有关的国际劳工公约和建议书,特别是一九三七年(建筑业)安全规定公约和建议书,一九三七年(建筑业)预防事故合作建议书、一九六〇年辐射防护公约和建议书、一九六三年机器防护公约和建议书、一九六七年最大负重量公约和建议书、一九七四年职业性癌公约和建议书、一九七七年工作环境(空气污染、噪声和震动)公约和建议书、一九八一年职业安全和卫生公约和建议书、一九八五年职业卫生服务系统公约和建议书、一九八六年石棉公约和建议书,并注意到一九六四年工伤事故和职业病津贴公约所附并于一九八〇年经修订的职业病一览表,并经决定采纳本届会议议程第四项关于建筑业安全和卫生的某些提议,经确定这些提议应采取修订一九三七年(建筑业)安全规定公约的国际公约的形式,于一九八八年六月二十日通过以下公约,引起时得称之为一九八八年建筑业安全和卫生公约:

一、范围和定义

第一条

1. 本公约适用于一切建筑活动,既建造、土木工程、安装与拆卸工作,包括从工地准备工作直到项目完成的建筑工地上的一切工序、作业和运输。

2. 凡批准本公约的会员国在与最有代表性的有关雇主组织和工人组织(如存在此类组织)磋商后,可对存在较重大特殊问题的特定经济活动部门或特定企业免于实施本公约或其某些条款,但应保证安全卫生的工作环境为条件。

3. 本公约不适用于由国家法律或条例确定的独立劳动者。

第二条

就本公约而言:

1. "建筑"一词包括:

(1) 建造,包括挖掘和建筑、改建、修复、维护(包括清扫和油漆)以及拆除一切类型的建筑物或工程;

(2) 土木工程,包括诸如机场、码头、港口、内河航道、水坝、河流和海滨堤坝或海防工程、公路和高速公路、铁路、桥梁、隧道、高架桥以及用于通信、排水、污水处理、饮水和能源供应等公共工程的挖掘和建筑、改建、修理、维修及拆除；

（3）安装、拆除预制建筑物和结构，以及在建筑工地制造预制构件；

2."建筑工地"一词指从事上述第 1 项所述任何一项工序或作业的工作场地；

3."工作场所"一词指工人因工作原因必须在场或前往的，并由下述第 5 项限定的雇主所控制的一切场所；

4."工人"一词指从事建筑的任何人员；

5."雇主"一词指：

（1）在建筑工地雇佣一名或数名工人的任何自然人或法人；和

（2）视具体情况而定的主承包商、承包商或转包商；

6."主管人员"一词指具有适当资格，即能顺利地完成一些特定任务所需的经适当培训以及由足够的知识、经验和技能的人员。主管当局可规定任命此类人员的适当标准并确定赋予他们的职责；

7."脚手架"一词指任何固定、悬吊或活动的临时台架及用于承载工人和物料或进入此种台架的支撑结构，不包括下述第 8 项所限定的"起重机械"；

8."起重机械"一词指任何用于升降人员或装载物的固定活动机械；

9."升降附属装置"一词指可降装载物固定在起重机械上，但不构成该机械或装载物的组成部分的任何装置。

二、一般规定

第三条

应就使本公约各项规定生效而采取的措施，与最有代表性的有关雇主组织和工人组织进行磋商。

第四条

凡批准本公约的会员国应承诺，在对所涉及的安全和卫生危害作出评估的基础上，制订法律或条例并使之生效，以保证本公约各项规定的实施。

第五条

根据上述第 4 条制订的法律或条例可通过制订技术标准或实施规则，或以其他适合国情和惯例的方法保证其具体实施。

各会员国在使上述第四条和本条第 1 款生效时，应充分考虑在标准领域中公认的国际组织所制订的有关标准。

第六条

应按照国家法律或条例规定的小法采取措施，保证雇主和工人之间的合作，以促进建筑工地的安全和卫生。

第七条

国家法律或条例应规定雇主和独立劳动者有遵守工作场所安全和卫生方面的义务。

第八条

1. 凡两个或更多雇主同时在同一建筑工地从事活动时：

（1）主承包商或实际控制或主要负责建筑工地全部活动的其他人员或机构，应负责

协调安全和卫生方面规定措施,并在符合国家法律或条例的情况下保证这些措施得以实施;

（2）如主承包商或实际控制主要负责建筑工地全部活动的其他人员或机构不在建筑工地,则他们应在符合国家法律或条例的情况下就地有指定有权威和手段的主管人员或机构,以代表他们保证协调和遵守上述第（1）项提及的措施;

（3）雇主应对其管辖下的工人执行规定措施负责。

2. 凡若干雇主或独立劳动者同时在同一建筑工地从事活动时,他们有责任按照国家法律或条例的要求在执规定的安全和卫生措施方面进行合作。

第九条

负责建筑项目的设计和计划工作的人员,应根据国家法律、条例和惯例考虑建筑工人的安全和健康。

第十条

国家法律或条例应规定工人有参与保证对他们所掌管的设备与工作方法的工作条件的安全性,以对所采用的可能影响安全和卫生的工作程序发表意见方面的权利和义务。

第十一条

国家法律和条例应规定工人有责任：

1. 在实施规定的安全和卫生措施方面与其雇主尽可能密切合作。

2. 适当注意自己的安全和健康以及可能受到他们工作中行为或疏忽而影响其他人员的安全和健康。

3. 使用由他们支配的设施,不得滥用为他们的自我保护或保护其他人而提供的任何设备。

4. 及时向其直接主管人以及工人安全代表（如存在此类代表）报告他们认为可能造成危险而他们自己又不能适当处理的任何情况。

5. 遵守规定的安全和卫生措施。

第十二条

1. 国家法律或条例规定工人应由权利在有充分理由认为对其安全或健康存在紧迫的严重危险时躲避危险,并有义务立即通知其主管人。

2. 在工人安全遇到紧迫危险时,雇主应立即采取措施停止作业并按情况安排撤离。

三、预防和保护措施

第十三条　工作场所的安全

1. 应采取一切适当预防措施保证所有工作场所安全可靠,不存在可能危及工人安全与健康的危险。

2. 应提供、保持及（如属适宜）标明出入一切工作场所的安全手段。

3. 应采取一切适宜的预防措施,保护在建筑工地或附近的人员免遭工地可能发生的任何危险。

第十四条　脚手架和梯子

1. 当无法在地面或地面上方或建筑物的一个部分或其他固定结构上安全操作时,应提供并保持安全可靠的脚手架,或其他符合同样要求的设施。

2. 在进入不具备安全作业条件的高架工作岗位时,应提供适用作业的优质梯子,并应对其予以适当固定以防止因疏忽而移动。

3. 一切脚手架和梯子应按照国家法律和条例建造、使用。

4. 脚手架应按国家法律或条例规定的情况和时间由主管人员进行检查。

第十五条 起重机械和升降附属装置

1. 任何其重机械和升降附属装置,包括其元件、附件、锚具和支架,均应:

(1)设计和制造良好,使用优质材料并就其使用目的而言有足够强度;

(2)安装和使用得当;

(3)保持良好工作状态;

(4)按国家法律或条例规定的期限和情况由专业主管人员检查测试,并应将检查测试结果记录在案;

(5)按国家法律或条例由经过适当培训的工人操作。

2. 除非是按国家法律或条例以载人为目的的建造、安装和使用,起重机械不得用于提升、降落或运载人员,但有可能造成人员严重伤亡且起重机械能被安全使用的紧急情况除外。

第十六条 运输机械、土方和材料搬运设备

1. 所有土方和材料搬运的设备和运载工具均应:

(1)设计和制造良好并尽可能考虑到工人生理学原理;

(2)保持良好的工作状态;

(3)使用得当;

(4)由按照国家法律或条例经过适当培训的工人操作。

2. 在使用运载工具、土方或材料搬运设备的所有建筑工地:

(1)应为此类机械和设备提供安全和适宜的通道;

(2)交通的组织和管理应保证其安全运行。

第十七条 固定装置、机械、设备和手用工具

1. 固定装置、机械和设备,包括手动和电动工具应:

(1)设计和制造良好并尽可能考虑到工人生理学原理;

(2)保持良好的工作状态;

(3)只能按设计意图使用,除非主管人员对超出原设计目的以外的使用进行了全面评估并确认此种使用无危险性;

(4)由经过适当培训的工人操作。

2. 如属适宜,应由制造商或雇主以使用者能看懂的方式提供适当的安全使用说明。

3. 带有压力的装置和设备应由主管人员按国家法律或条例规定的情况和时间进行检查测试。

第十八条 高空包括屋顶作业

1. 如对预防危险属必要,或工程的高度或坡度超过国家法律或条例规定,应采取预防措施防止工人、工具或其他物品或材料坠落。

2. 如工人需在易碎材料覆盖的屋顶或其近旁或其他易于坠落的平面上工作,应采取预防措施防止工人无意中踏上易碎材料或从易碎材料处坠落。

第十九条 挖方工程、竖井、土方工程、地下工程和隧道

任何挖方工程、竖井、土方工程、地下工程或隧道均须采取适当预防措施以便:

(1) 通过适当的支撑或其他措施防止土块、岩石或其他物质掉落或倒塌对工人造成危险;

(2) 防止由于人员、材料或物体坠落或水涌入挖方工程、竖井、土方工程、地下工程或隧道而造成危险;

(3) 保证所有工作场所有足够的通风,以保持空气适于呼吸,并将烟雾、瓦斯、蒸汽、尘土或其他杂质限制在对健康无危险和无害的水平及国家法律或条例规定的限度之内;

(4) 使工人在发生火灾或水或固体物质涌入时能置身于安全处;

(5) 通过进行适当调查确定冒水或瓦斯漏气的位置,使工人免遭可能发生的地下灾难。

第二十条 潜水箱和沉箱

1. 每一潜水箱和沉箱应该:

(1) 制造良好,使用适宜和牢固的材料,并有足够强度;

(2) 具备适当装置使工人在水或在固体物质涌入时能躲避。

2. 潜水箱或沉箱的建造、定位、改造或拆除必须在主管人员直接监督下进行。

3. 每一潜水箱或沉箱应由主管人员按规定的期限进行检验。

第二十一条 在压缩空气中工作

1. 在压缩空气中工作只能按国家法律或条例规定的措施进行。

2. 在压缩空气中工作只能由经体检证明具有从事此项工作体能的工人在主管人员现场监督操作的情况下进行。

第二十二条 构架和模板

1. 构架和构件、模板、临时支架和支撑的架设只能在主管人员监督下进行。

2. 应采取足够的预防措施防止因结构一时的不坚固或不稳定对工人造成的危险。

3. 模板、临时支架和支撑应按能安全支撑可能置于其上的一切负荷的要求设计、建造和保养。

第二十三条 水上作业

凡在水面以上或接近水面处作业,应采取适当措施以便:

(1) 防止工人坠入水中;

(2) 营救有溺水危险的工人;

(3) 提供安全和足够的运载手段。

第二十四条 拆除工程

当拆除任何建筑或工程可能对工人或公众造成危险时:

(1) 应按照国家法律或条例采取包括清除废弃和残余物在内的适当的预防措施、方法和程序;

(2) 拆除工作只能在主管人员监督下进行。

第二十五条 照明

在工人可能需要通过的建筑工地的每一工作场所以及任何其他地点均应提供充分和适当的照明,必要时包括手提的照明设施。

第二十六条 电

1. 一切电器设备与装置均应由主管人员建造、安装与维修,其使用应毫无危险。

2. 施工前和施工期间应采取适当措施,确定工地地下、地面或地面以上一切通电的电缆或电器的位置,并防止其对工人造成任何危险。

3. 在建筑工地铺设和维修电缆和电器应遵守全国通用的规则和标准。

第二十七条 炸药

炸药的贮存、搬运、装卸和使用必须:

(1)符合国家法律或条例规定的条件;

(2)由主管人员进行,并应采取必要措施使工人和其他人员免受危害。

第二十八条 健康危害

1. 在工人可能接触化学、物理或生物危害至可能危及其健康的程度时,应采取适当预防措施防止此类接触。

2. 上述第1款提及的预防措施应包括:

(1)如属可能,以无害或危害较小的物质取代有害物质;或

(2)对机械、设备装置或操作采取技术措施;或

(3)在无法遵照上述(1)和(2)项时,采取其他有效措施,包括使用个人防护用具和防护服。

3. 在要求工人进入空气中可能存在有毒或有害物质,或含氧不足,或含有易燃气体的任何地方时,应采取适当措施防止任何危险。

4. 建筑工地废弃物的销毁或以其他方式切除,不得危及健康。

第二十九条 防火

1. 雇主应采取一切适当措施:

(1)避免火灾危险;

(2)迅速有效地在刚起火时灭火;

(3)迅速安全地撤离人员。

2. 应有足够且适当的存放易燃液体、固体和气体的方法。

第三十条 个人防护用具和防护服

1. 如其他方法均不足以保护工人,使其免遭事故危险或健康的损害,包括避免接触有害环境,则可由国家法律或条例作出规定,根据工种和危险的性质,由雇主免费向工人提供适当的个人防护用具和防护服并加以维护。

2. 雇主应向工人提供适当手段使其能使用个人防护用具,并应保证其使用得当。

3. 防护用具和防护服应符合主管当局规定的标准,并尽可能考虑到工人生理学原理。

4. 工人必须正确使用和保管供其使用的个人防护用具和防护服。

第三十一条 急救

雇主应负责保证随时提供包括训练有素人员在内的急救,并应采取措施保证遭遇事故或得急病的工人及时就医。

第三十二条 福利

1. 应在每一建筑工地或其附近地方提供足够的饮用水。

2. 应在每一建筑工地或其附近地方,按照工人人数和工期长短提供和维护以下设施:

(1) 卫生和盥洗设备;

(2) 更衣、存衣和衣服烘干设备;

(3) 供工人就餐并恶劣气候条件下暂停工作时躲避用的地方。

3. 应为男女工人分别提供卫生和盥洗设备。

第三十三条 信息与培训

工人应充分而适当地:

(1) 获得他们在工作场所可能遇到事故或维护健康的信息;

(2) 获得预防和控制这些危害以及有关保护的可行措施的指导和培训。

第三十四条 事故与疾病的报告

国家法律或条例应确定在规定期限内向主管当局报告工伤事故与职业病的情况。

四、执行

第三十五条

各会员国应:

(1) 采取一切必要措施,包括规定适当的惩罚和纠正措施,以确保有效执行本公约各项规定;

(2) 提供适当检查设施,以监督根据本公约应采取的措施的执行情况,并为这些设施提供完成任务所必须的手段,或确保已进行适当检查。

最后条款

第三十六条

本公约修订一九三七年(建筑业)安全规定公约。

第三十七条

本公约的正式批准书应送请国际劳工局长登记。

第三十八条

1. 本公约应仅对其批准书已经局长登记的国际劳工组织会员国有约束力。

2. 本公约应自两个会员国的批准书已经局长登记之日起十二个月后生效。

3. 此后,对于任何会员国,本公约应自其批准书已经登记之日起十二个月后生效。

第三十九条

1. 凡批准本公约的会员国,自本公约初次生效之日起满十年后得向国际劳工局长通知解约,并请其登记。此项解约通知书自登记之日起满一年后始得生效。

2. 凡批准本公约的会员国,在前款所述十年期满后的一年内未行使本条所规定的解约权利者,即须再遵守十年,此后每当十年期满,得依本条的规定通知解约。

第四十条

1. 国际劳工局长应将国际劳工组织各会员国所送达的一切批准书和解约通知书的登记情况，通知本组织的全体会员国。

2. 局长在将所送达的第二份批准书的登记情况通知本组织全体会员国时，应提请本组织各会员国注意本公约开始生效的日期。

第四十一条

国际劳工局长应将他按照以上各条规定所登记的一切批准书和节约通知书的详细情况，按照联合国宪章第 102 条的规定，送请联合国秘书长进行登记。

第四十二条

国际劳工局理事会在必要时，应将本公约的实施情况向大会提出报告，并审查应否将本公约的全部或部分修订问题列入大会议程。

第四十三条

如大会通过新公约对本公约作全部或部分修订时，除新公约另有规定外，应：

（1）如新修订公约生效，自其生效时，会员国对新修订公约的批准，不需按照上述第三十九条的规定，即为依法对本公约的立即解约；

（2）自新修订公约生效之日起，本公约应即停止接受会员国的批准。

对于已批准本公约而未批准修订公约的会员国，本公约以其现有的形式和内容，在任何情况下仍应有效。

第四十四条

本公约的英文本和法文本同等作准。

附录 试题

一、单选题(本题型每题有 4 个备选答案,其中只有 1 个答案是正确的。多选、不选、错选均不得分)

例:建筑工程开工前,建设单位应当按照国家有关规定向工程所在地(C)申请领取施工许可证。
    A. 乡级以上人民政府建设行政主管部门
    B. 省级以上人民政府建设行政主管部门
    C. 县级以上人民政府建设行政主管部门
    D. 县级以上人民政府

1. 2003 年 11 月 12 日,国务院第 28 次常务会议讨论并原则通过了《建设工程安全生产管理条例》草案,(   )温家宝总理签署第 393 号国务院令予以公布。
    A. 2002 年 11 月 20 日   B. 2002 年 11 月 24 日
    C. 2003 年 11 月 20 日   D. 2003 年 11 月 24 日
                              正确答案:D

2. (   )的颁布实施,标志着安全生产成为我国现阶段建筑业工作的重点,安全生产制度被确立为促进我国建筑业发展的一项根本制度。
    A.《建筑法》   B.《安全生产法》
    C.《建设工程安全生产管理条例》   D.《建设工程质量管理条例》
                              正确答案:C

3. 原建设部从 1996 年开始申办在我国执行建筑业安全卫生公约,并于(   )经全国人大常务委员会通过,我国正式批准在中国除香港特别行政区以外实施建筑施工安全卫生公约,成为国际上实施建筑业安全卫生公约的第 15 个国家,
    A. 2001 年 10 月 27 日   B. 2002 年 10 月 27 日
    C. 2003 年 10 月 27 日   D. 2003 年 10 月 24 日
                              正确答案:A

4. 原建设部从 1996 年开始申办在我国执行建筑业安全卫生公约,并于 2001 年 10 月 27 日经我全国人大常务委员会通过,我国正式批准在中国除香港特别行政区以外实施建筑施工安全卫生公约,成为实施建筑业安全卫生公约的第(   )个国家。
    A. 10   B. 12   C. 14   D. 15
                              正确答案:D

5. 《建筑法》(草案)经全国人大第八届常委会第 28 次会议审议,于(   )正式颁布。
    A. 1997 年 11 月 1 日   B. 1998 年 11 月 1 日

C. 1997 年 11 月 12 日   D. 1998 年 11 月 12 日

正确答案：A

6. 《建筑法》是我国第一部规范建筑活动的部门（   ）。
    A. 法律   B. 法规   C. 规章   D. 规范性文件

正确答案：A

7. 《建筑法》总计（   ）条。
    A. 80   B. 85   C. 90   D. 95

正确答案：B

8. （   ）是安全生产领域的综合性基本法，它是我国第一部全面规范安全生产的专门法律。
    A. 《建筑法》   B. 《安全生产法》
    C. 《建设工程安全生产管理条例》   D. 《建设工程质量管理条例》

正确答案：B

9. 行政法规是由国务院制定的（   ），颁布后在全国范围内施行。
    A. 法律   B. 法规
    C. 规章   D. 法律规范性文件

正确答案：D

10. 《安全生产许可证条例》于（   ）国务院第 34 次常务会议通过。
    A. 2003 年 1 月 7 日   B. 2003 年 2 月 7 日
    C. 2004 年 1 月 7 日   D. 2004 年 2 月 7 日

正确答案：C

11. （   ）负责中央管理的建筑施工企业安全生产许可证的颁发和管理。
    A. 国务院建设主管部门   B. 省级建设行政主管部门
    C. 市级建设行政主管部门   D. 县级以上建设行政主管部门

正确答案：A

12. （   ）负责非中央管理的建筑施工企业安全生产许可证的颁发和管理，并接受国务院建设主管部门的指导和监督。
    A. 国务院建设主管部门
    B. 市级建设行政主管部门
    C. 省、自治区、直辖市人民政府建设主管部门
    D. 县级以上建设行政主管部门

正确答案：C

13. 《中华人民共和国劳动法》于（   ）中华人民共和国第八届全国人民代表大会常务委员会第八次会议通过。
    A. 1994 年 7 月 5 日   B. 1995 年 7 月 5 日
    C. 1996 年 7 月 5 日   D. 1997 年 7 月 5 日

正确答案：A

14. 在（   ）中，我国第一次以法律形式确立了企业安全生产的准入制度，是强化安全生

产源头管理,全面落实"安全第一,预防为主"安全生产方针的重大举措。

A.《建筑法》　　　　　　　　　　B.《安全生产法》

C.《建设工程安全生产管理条例》　　D.《安全生产许可证条例》

正确答案:D

15. 《建设工程安全生产管理条例》对政府部门、有关企业及相关人员的建设工程安全生产和管理行为进行了全面规范,确立了十三项主要制度。其中,涉及政府部门的安全生产监管制度有( )项。

A. 5　　　　　　　B. 6　　　　　　　C. 7　　　　　　　D. 8

正确答案:C

16. 下列( )选项不属于企业取得安全生产许可证所应当具备的安全生产条件。

A. 建立、健全安全生产责任制,制定完备的安全生产规章制度和操作规程

B. 安全投入符合安全生产要求

C. 设置安全生产管理机构,配备专职安全生产管理人员

D. 企业负责人学历要求为本科以上

正确答案:D

17. 安全生产许可证颁发管理机关应当自收到申请之日起( )日内审查完毕,经审查符合本条例规定的安全生产条件的,颁发安全生产许可证。

A. 15　　　　　　　B. 20　　　　　　　C. 30　　　　　　　D. 45

正确答案:D

18. 对不符合本条例规定的安全生产条件的企业,不予颁发安全生产许可证,并应( )。

A. 电话通知企业　　　　　　　　B. 通过上网公示通知企业

C. 书面通知企业并说明理由　　　　D. 以上答案都不对

正确答案:C

19. 安全生产许可证的有效期为( )年。

A. 2　　　　　　　B. 3　　　　　　　C. 4　　　　　　　D. 5

正确答案:B

20. 安全生产许可证有效期满需要延期的,企业应当于期满前( )个月向原安全生产许可证颁发管理机关办理延期手续。

A. 3　　　　　　　B. 6　　　　　　　C. 9　　　　　　　D. 12

正确答案:A

21. 企业在安全生产许可证有效期内,严格遵守有关安全生产的法律法规,未发生死亡事故的,安全生产许可证有效期届满时,经原安全生产许可证颁发管理机关同意,不再审查,安全生产许可证有效期延期( )年。

A. 1　　　　　　　B. 2　　　　　　　C. 3　　　　　　　D. 6

正确答案:C

22. ( )于1991年12月5日由原建设部第15号令发布,主要规定了建设工程施工现场管理的一般性规定,施工单位文明施工的要求以及施工单位对建设工程施工现

的环境管理。

    A.《建设工程施工现场管理规定》   B.《建筑安全生产监督管理规定》

    C.《建设工程安全生产管理条例》   D.《安全生产许可证条例》

正确答案：A

23. (　　)于 2000 年 8 月 21 日第 27 次原建设部常务会议通过,主要规定了实施工程建设强制性标准的监督管理工作的政府部门,对工程建设各阶段执行强制性标准的情况实施监督的机构以及强制性标准监督检查的内容。

    A.《建设工程施工现场管理规定》   B.《建筑安全生产监督管理规定》

    C.《建设工程安全生产管理条例》   D.《实施工程建设强制性标准监督规定》

正确答案：D

24. (　　)于 1999 年 2 月 3 日由原建设部第 66 号令发布,其制定目的是保障和监督建设行政执法机关有效实施行政管理,保护公民、法人和其他组织的合法权益,促进建设行政执法工作的程序化、规范化。

    A.《建设工程施工现场管理规定》   B.《建设行政处罚程序暂行规定》

    C.《建设工程安全生产管理条例》   D.《中华人民共和国行政处罚法》

正确答案：B

25. (　　)是指国务院有关主管部门对没有国家标准而又需要在全国某个行业范围内统一的技术要求所制定的技术规范。

    A. 规范性文件   B. 强制性标准

    C. 行业标准   D. 规章

正确答案：C

26.《建筑施工安全检查标准》(JGJ 59—99)是(　　)。

    A. 推荐性行业标准   B. 强制性行业标准

    C. 推荐性国家标准   D. 强制性国家标准

正确答案：B

27.《施工企业安全生产评价标准》(JGJ /T 77—2003)是一部(　　)。

    A. 推荐性行业标准   B. 强制性行业标准

    C. 推荐性国家标准   D. 强制性国家标准

正确答案：A

28. 国务院令第 397 号(　　)中规定,依法进行安全评价是企业取得安全生产许可证应当具备的条件之一。

    A.《建筑法》   B.《施工企业安全生产评价标准》

    C.《安全生产许可证条例》   D.《建设工程安全生产管理条例》

正确答案：C

29. 下列关于法律责任的基本特征的论述(　　)是错误的。

    A. 法定性

    B. 法律责任的大小同违法程度相适应

    C. 法律关系客体违法

D. 法律责任由专门的国家机关或部门认定

正确答案：C

30. 下列(　　)不属于承担民事责任的方式。

A. 停止侵害　　　　　　　　　B. 返还财产

C. 赔偿损失　　　　　　　　　D. 刑事拘留

正确答案：D

31. 下列(　　)不属于行政处罚的种类。

A. 警告　　　　　B. 记过　　　　　C. 罚款　　　　　D. 责令停产停业

正确答案：D

32. 下列(　　)不属于行政处分，即由国家机关、企事业单位对其工作人员违反行政法规或政纪的行为所实施的制裁，主要有警告、记过、记大过、降职、降薪、撤职、开除等。

A. 罚款　　　　　B. 记大过　　　　　C. 警告　　　　　D. 留用察看

正确答案：A

33. 下列属于刑事处罚中的主刑的一项是(　　)。

A. 罚金　　　　　　　　　　　B. 管制

C. 没收财产　　　　　　　　　D. 剥夺政治权利

正确答案：B

34. 建筑工程的发包单位与承包单位应当依法订立(　　)合同，明确双方的权利和义务。

A. 口头　　　　　　　　　　　B. 口头或书面

C. 书面　　　　　　　　　　　D. 其他形式的

正确答案：C

35. 建筑工程实行总承包，(　　)将建筑工程肢解发包。

A. 允许　　　　　　　　　　　B. 原则上禁止

C. 禁止　　　　　　　　　　　D. 原则上允许

正确答案：C

36. 建筑工程总承包单位可以将承包工程中的(　　)工程发包给具有相应资质条件的分包单位。

A. 全部　　　　　　　　　　　B. 部分

C. 绝大部分　　　　　　　　　D. 任意比例部分

正确答案：B

37. (　　)可以规定实行强制监理的建筑工程的范围。

A. 县级以上人民政府建设行政主管部门

B. 省级以上人民政府建设行政主管部门

C. 国务院建设行政主管部门

D. 国务院

正确答案：D

38. 实行监理的建筑工程，由(　　)委托具有相应资质条件的工程监理单位监理。

A. 总承包单位　　　　　　　　B. 分包单位

C. 建设单位　　　　　　　　　　D. 各级人民政府建设行政主管部门

正确答案：C

39. 建设单位与其委托的工程监理应当订立（　　）委托监理合同。

A. 口头　　　　　　　　　　　　B. 书面

C. 口头或书面　　　　　　　　　D. 任意形式的

正确答案：B

40. 建筑施工企业在编制施工组织设计时,应当根据（　　）制定相应的安全技术措施。

A. 建筑工程的特点　　　　　　　B. 建设单位的要求

C. 本单位的特点　　　　　　　　D. 主管部门的要求

正确答案：A

41. （　　）负责建筑安全生产的监督管理。

A. 劳动行政主管部门　　　　　　B. 建筑业协会

C. 建设行政主管部门　　　　　　D. 国务院

正确答案：C

42. 建筑施工企业的（　　）对本企业的安全生产负责。

A. 总经理　　　　　　　　　　　B. 项目经理

C. 专职安全生产管理人员　　　　D. 法定代表人

正确答案：D

43. 建筑施工企业（　　）为从事危险作业的职工办理意外伤害保险,支付保险费。

A. 可以　　　　B. 必须　　　　C. 不必　　　　D. 自行决定是否

正确答案：B

44. 房屋拆除应当由具备保证安全条件的建筑施工单位承担,由（　　）对安全负责。

A. 建筑施工单位负责人　　　　　B. 专职安全生产管理人员

C. 项目经理　　　　　　　　　　D. 建设单位负责人

正确答案：A

45. 施工中发生事故时,（　　）应当采取紧急措施减少人员伤亡和事故损失,并按照国家有关规定及时向有关部门报告。

A. 建设单位　　　　　　　　　　B. 监理单位

C. 相关责任人员　　　　　　　　D. 建筑施工企业

正确答案：D

46. 建筑工程勘察、设计、施工的质量必须符合国家有关建筑工程安全标准的要求,具体管理办法由（　　）规定。

A. 国务院建设行政主管部门　　　B. 国务院

C. 中国建筑业协会　　　　　　　D. 全国人民代表大会

正确答案：B

47. 建筑施工企业转让、出借资质证书或者以其他方式允许他人以本企业的名义承揽工程的,对因该项承揽工程不符合规定的质量标准造成的损失,（　　）。

A. 由建筑施工企业独自负责

B. 承包单位与接受转包或者分包的单位各自独立承担相应责任

C. 由建筑施工企业与使用本企业名义的单位或者个人各自独立承担赔偿责任

D. 由建筑施工企业与使用本企业名义的单位或者个人承担连带赔偿责任

正确答案:D

48.《建筑法》规定的责令停业整顿、降低资质等级和吊销资质证书的行政处罚,由( )决定。

A. 建设行政主管部门　　　　　　　　B. 颁发资质证书的机关

C. 中国建筑业协会　　　　　　　　　D. 国务院

正确答案:B

49. 依照建筑法规定被吊销资质证书的,由( )吊销其营业执照。

A. 建设行政主管部门　　　　　　　　B. 中国建筑业协会

C. 工商行政管理部门　　　　　　　　D. 各地人民政府

正确答案:C

50.《建筑法》关于施工许可、建筑施工企业资质审查和建筑工程发包、承包、禁止转包,以及建筑工程监理、建筑工程安全和质量管理的规定,适用于其他专业建筑工程的建筑活动,具体办法由( )规定。

A. 国务院　　　　　　　　　　　　　B. 国务院建设行政主管部门

C. 中国建筑业协会　　　　　　　　　D. 全国人民代表大会

正确答案:A

51.《建筑法》规定,建筑工程实行直接发包的,发包单位( )将建筑工程发包给具有相应资质条件的承包单位。

A. 可以　　　　　B. 应当　　　　　C. 可以不　　　　　D. 应当不

正确答案:B

52.《建筑法》规定,( )对建筑工程实行总承包,禁止将建筑工程肢解发包。

A. 提倡　　　　　B. 要求　　　　　C. 强制实行　　　　　D. 禁止

正确答案:A

53.《建筑法》规定,建筑工程的发包单位( )将应当由一个承包单位完成的建筑工程肢解成若干部分发包给几个承包单位。

A. 可以　　　　　B. 应当　　　　　C. 必须　　　　　D. 不得

正确答案:D

54.《建筑法》规定,大型建筑工程或者结构复杂的建筑工程,可以由两个以上的承包单位联合共同承包。共同承包的各方对承包合同的履行( )。

A. 独立承担各自的责任　　　　　　　B. 承担连带责任

C. 不承担责任　　　　　　　　　　　D. 承担适当的责任

正确答案:B

55. 总承包单位和分包单位就分包工程对建设单位( )。

A. 独立承担各自的责任　　　　　　　B. 不承担责任

C. 承担适当的责任　　　　　　　　　D. 承担连带责任

56. 禁止总承包单位将工程分包给不具备相应资质条件的单位。( )分包单位将其承包的工程再分包。
    A. 允许   B. 禁止
    C. 原则上禁止   D. 原则上允许

57. 实施建筑工程监理前,建设单位应当将委托的工程监理单位、监理的内容及监理权限,( )被监理的建筑施工企业。
    A. 口头通知   B. 书面通知
    C. 以任何形式通知   D. 不必通知

58. 工程监理单位不按照委托监理合同的约定履行监理义务,对应当监督检查的项目不检查或者不按照规定检查,给建设单位造成损失的,应当承担( )。
    A. 全部的赔偿责任   B. 大部分的赔偿责任
    C. 相应的赔偿责任   D. 相应的补偿责任

59. 工程监理单位与承包单位串通,为承包单位谋取非法利益,给建设单位造成损失的,应当( )。
    A. 独自承担赔偿责任   B. 与承包单位承担连带赔偿责任
    C. 不必承担赔偿责任   D. 由承包单位承担赔偿责任

60. 施工总承包的,建筑工程( )的施工必须由总承包单位自行完成。
    A. 地基基础工程   B. 主体结构
    C. 装修工程   D. 一半以上工程量

61. ( )应当向建筑施工企业提供与施工现场相关的地下管线资料,建筑施工企业应当采取措施加以保护。
    A. 设计单位   B. 监理单位
    C. 建设单位   D. 各级地方人民政府建设行政主管部门

62. ( )应当建立健全劳动安全生产教育培训制度,加强对职工安全生产的教育培训;未经安全生产教育培训的人员,不得上岗作业。
    A. 建筑施工企业   B. 监理单位
    C. 设计单位   D. 建设单位

63. 建筑施工企业必须为从事危险作业的职工办理意外伤害保险,由( )支付保险费。
    A. 建筑施工企业   B. 职工
    C. 建筑施工企业和职工   D. 保险公司

64. 房屋拆除应当由（   ）承担，由施工单位负责人对安全负责。

   A. 具备相应资质等级的施工单位　　　B. 基本具备保证安全条件的建筑施工单位

   C. 一般的建筑施工单位　　　　　　　D. 建设单位

65. 建筑设计单位和建筑施工企业对建设单位违反法律、行政法规和建筑工程质量、安全标准，提出的降低工程质量的要求，（   ）。

   A. 可以予以拒绝　　　　　　　　　　B. 应当予以拒绝

   C. 不得予以拒绝　　　　　　　　　　D. 视情况决定拒绝与否

66. 建筑活动应当确保（   ）。

   A. 经济性　　　　　　　　　　　　　B. 建筑工程质量和安全

   C. 技术先进　　　　　　　　　　　　D. 有利于推动当地经济发展

67. 建筑工程的发包单位（   ）将建筑工程的勘察、设计、施工、设备采购一并发包给一个工程总承包单位。

   A. 不得　　　　　B. 可以　　　　　C. 应当　　　　　D. 必须

68. 分包单位（   ）将其承包的工程再分包。

   A. 不得　　　　　B. 可以　　　　　C. 必须　　　　　D. 自行决定是否

69. 工程监理单位（   ）转让工程监理业务。

   A. 可以　　　　　　　　　　　　　　B. 必须

   C. 自行决定是否　　　　　　　　　　D. 不得

70. 施工现场对毗邻的建筑物、构筑物和特殊作业环境可能造成损害的，建筑施工企业（   ）采取安全防护措施。

   A. 应当　　　　　　　　　　　　　　B. 可以

   C. 不得　　　　　　　　　　　　　　D. 自行决定是否

71. 建筑工程监理应当依照法律、行政法规及有关的技术标准、设计文件和建筑工程承包合同，对承包单位在施工质量、建设工期和建设资金使用等方面，代表（   ）实施监督。

   A. 施工单位　　　　　　　　　　　　B. 建设单位

   C. 主管部门　　　　　　　　　　　　D. 上级机关

72. 实施建筑工程监理前，（   ）应当将委托的工程监理单位、监理的内容及监理权限，书面通知被监理的建筑施工企业。

A. 施工单位   B. 主管部门
C. 建设单位   D. 上级机关

正确答案：C

73. 建筑工程安全生产管理必须坚持(   )的方针。
A. 安全第一、预防为主   B. 事中控制与事后控制相结合
C. 经济效益第一   D. 技术先进

正确答案：A

74. 建筑施工企业在编制施工组织设计时,对专业性较强的工程项目,(   )。
A. 不必编制专项安全施工组织设计
B. 视情况决定是否编制专项安全施工组织设计
C. 视情况决定是否采取安全技术措施
D. 应当编制专项安全施工组织设计,并采取安全技术措施

正确答案：D

75. (   )应当在施工现场采取维护安全、防范危险、预防火灾等措施;有条件的,应当对施工现场实行封闭管理。
A. 各级人民政府   B. 监理单位
C. 建筑施工企业   D. 建设单位

正确答案：C

76. (   )应当遵守有关环境保护和安全生产的法律、法规的规定,采取控制和处理施工现场的各种粉尘、废气、废水、固体废物以及噪声、振动对环境的污染和危害的措施。
A. 各级人民政府   B. 监理单位
C. 建筑施工企业   D. 建设单位

正确答案：C

77. 有下列情形之一的,(   )应当按照国家有关规定办理申请批准手续:
(一)需要临时占用规划批准范围以外场地的;
(二)可能损坏道路、管线、电力、邮电通讯等公共设施的;
(三)需要临时停水、停电、中断道路交通的;
(四)需要进行爆破作业的;
(五)法律、法规规定需要办理报批手续的其他情形。
A. 建设单位   B. 监理单位
C. 建筑施工企业   D. 设计单位

正确答案：A

78. (   )对建筑工程的质量、安全事故、质量缺陷、安全隐患等都有权向建设行政主管部门或者其他有关部门进行检举、控告、投诉。
A. 任何单位和个人   B. 建设单位
C. 监理单位   D. 项目经理

正确答案：A

79. 建设行政主管部门和其他有关部门在对建筑活动实施监督管理过程中,(   )。
    A. 可以收取相关费用
    B. 不得收取任何费用
    C. 除按照国务院有关规定收取费用外,不得收取其他费用
    D. 除按照国务院有关规定收取费用外,还可收取其他费用

    正确答案:C

80. 从事建筑活动的专业技术人员,应当(   )从事建筑活动。
    A. 依法取得相应的执业资格证书,但可在执业资格证书许可的范围外
    B. 依法取得相应的执业资格证书,并在执业资格证书许可的范围内
    C. 不必取得执业资格证书
    D. 依法取得相应的职业资格证书,但可在执业资格证书许可的范围外

    正确答案:B

81. (   )不得滥用行政权力,限定发包单位将招标发包的建筑工程发包给指定的承包单位。
    A. 建设单位   B. 监理单位
    C. 主管部门   D. 政府及其所属部门

    正确答案:D

82. 从事建设工程活动,必须严格执行基本建设程序,坚持(   )的原则。
    A. 先勘察、后设计、再施工   B. 先计划,后设计,再预算
    C. 先预算,后勘察,再设计   D. 先设计,后勘察,再施工

    正确答案:A

83. 关于建设项目设计文件的修改,下列表述正确的是(   )
    A. 建设文件是工程建设的主要依据,经批准后,不得任意变更和修改
    B. 建设单位和监理单位可以修改工程建设勘察设计文件
    C. 确需修改的,应由新的勘察设计单位修改
    D. 修改单位对修改的勘察设计文件不承担相应的法律责任

    正确答案:A

84. 涉及建筑主体和承重结构变动的装修工程,建设单位应当在施工前委托原设计单位或者具有相应资质等级的设计单位提出设计方案;没有设计方案的(   )。
    A. 不得施工   B. 在某些部门许可下可以施工
    C. 在质量监督部门监督下可以施工   D. 不确定

    正确答案:A

85. 房屋建筑使用者在装修过程中,不得擅自变动房屋建筑主体和(   )。
    A. 全部结构   B. 承重结构
    C. 部分结构   D. 重要结构

    正确答案:B

86. 注册建筑师、注册结构工程师等注册执业人员应当在设计文件上(   ),对设计文件负责。

A. 盖章   B. 签字

C. 盖有关部门的公章   D. 审批

正确答案:B

87. ( ) 提供的地质、测量、水文等勘察成果必须真实、准确。

A. 勘察单位   B. 设计单位

C. 建设主管部门   D. 其他单位

正确答案:A

88. ( ) 应当根据勘察成果文件进行建设工程设计。

A. 设计单位   B. 监理单位

C. 建设单位   D. 其他部门

正确答案:A

89. 设计单位应当就审查合格的施工图设计文件向( )作出详细说明。

A. 施工单位   B. 建筑部门

C. 国家   D. 其他部门

正确答案:A

90. 下列哪个单位应当依法取得相应等级的资质证书,并在其资质等级许可的范围内承揽工程。( )

A. 建设单位   B. 房地产公司

C. 施工单位   D. 工程单位

正确答案:C

91. ( ) 施工单位超越本单位资质等级许可的业务范围或者以其他施工单位的名义承揽工程。

A. 许可   B. 禁止

C. 在某些特殊情况下许可   D. 在建设主管部门许可下可以

正确答案:B

92. ( ) 施工单位允许其他单位或者个人以本单位的名义承揽工程。

A. 许可   B. 禁止

C. 在某些特殊情况下可以   D. 在建设主管部门许可下可以

正确答案:B

93. ( ) 不得转包或者违法分包工程。

A. 施工单位   B. 建设单位

C. 房地产公司   D. 所有建筑相关部门

正确答案:A

94. 施工单位在施工过程中发现设计文件和图纸有差错的,应当( )。

A. 按照常规做法来做   B. 按照相关规定来做

C. 及时提出意见和建议   D. 及时向有关部门报告

正确答案:C

95. 施工人员对涉及结构安全的试块、试件以及有关材料,应当在建设单位或者( )监督下现场取样,并送具有相应资质等级的质量检测单位进行检测。

A. 建设工程质量监督机构　　　　　B. 工程监理单位

C. 建设工程施工监督机构　　　　　D. 建设主管部门

正确答案:B

96. 施工单位应当建立、健全教育培训制度,加强对职工的教育培训;未经教育培训或者考核不合格的人员,(　　)。

A. 不得上岗作业　　　　　　　　　B. 应当下岗

C. 可以上岗作业　　　　　　　　　D. 调到其他岗位任职

正确答案:A

97. 工程监理单位应当依法取得相应等级的资质证书,并(　　)承担工程监理业务。

A. 在某些特殊情况下,可以在高于其资质等级的范围内

B. 在低于其资质等级范围内

C. 在其资质等级许可的范围内

D. 视具体情况而定

正确答案:C

98. (　　)工程监理单位超越本单位资质等级许可的范围或者以其他工程监理单位的名义承担工程监理业务。

A. 禁止　　　　　　　　　　　　　B. 在某些特殊情况下

C. 在建设主管部门许可的情况下　　D. 根据需要可以

正确答案:A

99. (　　)工程监理单位允许其他单位或者个人以本单位的名义承担工程监理业务。

A. 禁止　　　　　　　　　　　　　B. 在某些特殊情况下

C. 在建设主管部门许可的情况下　　D. 根据需要可以

正确答案:A

100. 工程监理单位(　　)转让工程监理业务。

A. 在事务繁忙时可以　　　　　　　B. 在建设主管部门许可下可以

C. 不可以　　　　　　　　　　　　D. 可以

正确答案:C

101. 工程监理单位与被监理工程的施工承包单位以及建筑材料、建筑构配件和设备供应单位有隶属关系或者其他利害关系的,(　　)承担该项建设工程的监理业务。

A. 在特殊情况下可以　　　　　　　B. 在建设主管部门许可下

C. 可以　　　　　　　　　　　　　D. 不可以

正确答案:D

102. 未经(　　)签字,建筑材料、建筑构配件和设备不得在工程上使用或者安装,施工单位不得进行下一道工序的施工。

A. 总监理工程师　　　　　　　　　B. 监理工程师

C. 总工程师　　　　　　　　　　　D. 工程师

正确答案:B

103. 未经(　　)签字,建设单位不拨付工程款,不进行竣工验收。

    A. 总监理工程师   B. 监理工程师

    C. 总工程师   D. 工程师

正确答案:A

104. 下列哪个部门和国务院铁路、交通、水利等有关部门应当加强对有关建设工程质量和安全的法律、法规和强制性标准执行情况的监督检查。(　　)

    A. 国务院建设行政主管部门

    B. 省级地方人民政府建设行政主管部门

    C. 县级以上地方人民政府建设行政主管部门

    D. 县级以下地方人民政府建设行政主管部门

正确答案:A

105. 勘察、设计、施工、工程监理单位超越本单位资质等级承揽工程的,责令停止违法行为,对勘察、设计单位或者工程监理单位处合同约定的勘察费、设计费或者监理酬金(　　)的罚款。

    A. 1 倍以上 2 倍以下   B. 2 倍以上 3 倍以下

    C. 3 倍以上 4 倍以下   D. 4 倍以上 5 倍以下

正确答案:A

106. 为了加强建设工程安全生产监督管理,保障人民群众生命和财产安全,根据(　　)、《中华人民共和国安全生产法》,制定《建设工程安全生产管理条例》。

    A.《中华人民共和国建筑法》   B.《建设工程质量管理条例》

    C.《中华人民共和国合同法》   D.《中华人民共和国产品质量法》

正确答案:A

107. 根据《建设工程安全生产管理条例》,建设工程安全生产管理坚持(　　)的方针。

    A. 预防第一、安全为主   B. 改正第一、罚款为主

    C. 安全第一、预防为主   D. 罚款第一、改正为主

正确答案:C

108. 根据《建设工程安全生产管理条例》,建设单位应当向施工单位提供施工现场及毗邻区域内供水、排水、供电、供气、供热、通信、广播电视等(　　),并保证资料的真实、准确、完整。

    A. 地质资料、水文资料、相邻建筑物资料、地下工程的有关资料

    B. 地下管线资料、水文资料、构筑物资料、地下工程的有关资料

    C. 地下管线资料,气象和水文观测资料,相邻建筑物和构筑物、地下工程的有关资料

    D. 地质资料、气象观测资料、地下工程的有关资料

正确答案:C

109. 根据《建设工程安全生产管理条例》,建设单位不得对勘察、设计、施工、工程监理等单位提出不符合建设工程安全生产法律、法规和强制性标准规定的要求,不得(　　)。

    A. 变更合同约定的造价   B. 压缩定额规定的工期

185

C. 变更合同的约定内容　　　　　　　D. 压缩合同约定的工期

正确答案：D

110. 根据《建设工程安全生产管理条例》，建设单位在编制（　　）时，应当确定建设工程安全作业环境及安全施工措施所需费用。

　　　A. 工程预算　　　　　　　　　　　　B. 工程估算

　　　C. 工程决算　　　　　　　　　　　　D. 工程概算

正确答案：D

111. 根据《建设工程安全生产管理条例》，建设单位不得明示或者暗示施工单位购买、租赁、使用不符合（　　）的安全防护用具、机械设备、施工机具及配件、消防设施和器材。

　　　A. 造价控制要求　　　　　　　　　　B. 安全施工要求

　　　C. 质量要求　　　　　　　　　　　　D. 进度要求

正确答案：B

112. 根据《建设工程安全生产管理条例》，建设单位在申请领取（　　）时，应当提供建设工程有关安全施工措施的资料。

　　　A. 施工许可证　　　　　　　　　　　B. 开工令

　　　C. 建设用地许可证　　　　　　　　　D. 验收许可证

正确答案：A

113. 根据《建设工程安全生产管理条例》，依法批准开工报告的建设工程，建设单位应当自开工报告批准之日起（　　）日内，将保证安全施工的措施报送建设工程所在地的县级以上地方人民政府建设行政主管部门或者其他有关部门备案。

　　　A. 20　　　　　　B. 10　　　　　　C. 15　　　　　　D. 28

正确答案：C

114. 根据《建设工程安全生产管理条例》，依法批准开工报告的建设工程，建设单位应当自开工报告批准之日起 15 日内，将保证安全施工的措施报送建设工程所在地的（　　）级以上地方人民政府建设行政主管部门或者其他有关部门备案。

　　　A. 区　　　　　　B. 县　　　　　　C. 省　　　　　　D. 市

正确答案：B

115. 根据《建设工程安全生产管理条例》，建设单位应当在拆除工程施工（　　）日前，将下列资料报送建设工程所在地的县级以上地方人民政府建设行政主管部门或者其他有关部门备案：（一）施工单位资质等级证明；（二）拟拆除建筑物、构筑物及可能危及毗邻建筑的说明；（三）拆除施工组织方案；（四）堆放、清除废弃物的措施。实施爆破作业的，应当遵守国家有关民用爆炸物品管理的规定。

　　　A. 20　　　　　　B. 10　　　　　　C. 15　　　　　　D. 28

正确答案：C

116. 根据《建设工程安全生产管理条例》，采用新结构、新材料、新工艺的建设工程和特殊结构的建设工程，设计单位应当在设计中提出（　　）的措施建议。

　　　A. 施工安全操作与防护保障施工作业人员安全和预防生产安全事故

B.设计安全操作与防护保障施工作业人员安全和预防生产安全事故

C.保障施工作业人员安全和预防生产安全事故

D.建筑安全操作与防护保障施工作业人员安全和预防生产安全事故

正确答案:C

117.根据《建设工程安全生产管理条例》,设计单位和(　　)等注册执业人员应当对其设计负责。

A.注册造价工程师　　　　　　　　B.资产评估师

C.房地产估价师　　　　　　　　　D.注册建筑师

正确答案:D

118.根据《建设工程安全生产管理条例》,工程监理单位和监理工程师应当按照法律、法规和工程建设强制性标准实施监理,并对建设工程安全生产承担(　　)。

A.监理责任　　　　　　　　　　　B.违约责任

C.赔偿责任　　　　　　　　　　　D.技术责任

正确答案:A

119.根据《建设工程安全生产管理条例》,为建设工程提供机械设备和配件的单位,应当按照安全施工的要求配备齐全有效的(　　)等安全设施和装置。

A.保障、限位　　　　　　　　　　B.担保、限位

C.保险、限量　　　　　　　　　　D.保险、限位

正确答案:D

120.根据《建设工程安全生产管理条例》,在施工现场安装、拆卸施工起重机械和整体提升脚手架、模板等自升式架设设施,必须由具有(　　)承担。

A.建设单位　　　　　　　　　　　B.施工企业

C.合同中约定的单位　　　　　　　D.相应资质的单位

正确答案:D

121.根据《建设工程安全生产管理条例》,安装、拆卸施工起重机械和整体提升脚手架、模板等自升式架设设施,应当编制拆装方案、制定安全施工措施,并由(　　)现场监督。

A.专业技术人员　　　　　　　　　B.监理人员

C.设计人员　　　　　　　　　　　D.建设单位技术人员

正确答案:A

122.根据《建设工程安全生产管理条例》,施工起重机械和整体提升脚手架、模板等自升式架设设施安装完毕后,安装单位应当(　　),并向施工单位进行安全使用说明,办理验收手续并签字。

A.他检、出具他检合格证明　　　　B.自检、出具检验合格证明

C.自检、出具自检合格证明　　　　D.他检、出具检验合格证明

正确答案:C

123.根据《建设工程安全生产管理条例》,检验检测机构对检测合格的施工起重机械和整体提升脚手架、模板等自升式架设设施,应当出具(　　)证明文件,并对检测结果负

187

责。

    A. 产品合格   B. 安全合格

    C. 生产合格   D. 制造合格

正确答案：B

124. 根据《建设工程安全生产管理条例》,施工单位对列入(   )的安全作业环境及安全施工措施所需费用,应当用于施工安全防护用具及设施的采购和更新、安全施工措施的落实、安全生产条件的改善,不得挪作他用。

    A. 建设工程预算   B. 建设工程概算

    C. 建设工程概预算   D. 建设工程结算

正确答案：B

125. 根据《建设工程安全生产管理条例》,施工单位应当设立(   ),配备专职安全生产管理人员。

    A. 安全生产管理机构   B. 安全生产监督机构

    C. 安全生产实施机构   D. 安全生产保障机构

正确答案：A

126. 根据《建设工程安全生产管理条例》,专职安全生产管理人员负责对安全生产进行现场监督检查。发现安全事故隐患,应当及时向项目负责人和安全生产管理机构报告;对违章指挥、违章操作的;应当(   )。

    A. 立即上报   B. 处以罚款

    C. 立即制止   D. 给予处分

正确答案：C

127. 根据《建设工程安全生产管理条例》,建设工程实行施工总承包的,由(   )对施工现场的安全生产负总责。

    A. 分包单位   B. 建设单位

    C. 总承包单位   D. 监理单位

正确答案：C

128. 根据《建设工程安全生产管理条例》,总承包单位应当自行完成建设工程(   )的施工。

    A. 整体结构   B. 主要结构

    C. 所有结构   D. 主体结构

正确答案：D

129. 根据《建设工程安全生产管理条例》,总承包单位依法将建设工程分包给其他单位的,分包合同中应当明确各自的安全生产方面的权利、义务。总承包单位和分包单位对分包工程的安全生产(   )。

    A. 不承担责任   B. 承担连带责任

    C. 不承担连带责任   D. 承担责任

正确答案：B

130. 根据《建设工程安全生产管理条例》,分包单位应当服从总承包单位的安全生产管理,分包单位不服从管理导致生产安全事故的,由分包单位承担(　　)。

A.全部责任　　　　　　　　　　B.合同中约定的责任

C.一般责任　　　　　　　　　　D.主要责任

正确答案:D

131. 根据《建设工程安全生产管理条例》,施工单位应当在施工组织设计中编制安全技术措施和施工现场临时用电方案,对基坑支护与降水工程、土方开挖工程、模板工程、起重吊装工程、脚手架工程、拆除、爆破工程达到一定规模的危险性较大的分部分项工程编制专项施工方案,并附具(　　),经施工单位技术负责人、总监理工程师签字后实施,由专职安全生产管理人员进行现场监督。

A.安全用电方案　　　　　　　　B.安全实施方案

C.安全施工方案　　　　　　　　D.安全验算结果

正确答案:D

132. 根据《建设工程安全生产管理条例》,建设工程施工前,施工单位负责项目管理的技术人员应当对有关安全施工的技术要求向(　　)作出详细说明,并由双方签字确认。

A.监理人员　　　　　　　　　　B.建设单位工作人员

C.施工作业班组、作业人员　　　D.设计人员

正确答案:C

133. 根据《建设工程安全生产管理条例》,施工单位应当在施工现场入口处、施工起重机械、临时用电设施、脚手架、出入通道口、楼梯口、电梯井口、孔洞口、桥梁口、隧道口、基坑边沿、爆破物及有害危险气体和液体存放处等危险部位,设置明显的(　　)。

A.安全提示标志　　　　　　　　B.安全警示标志

C.安全标志　　　　　　　　　　D.警示提示标志

正确答案:B

134. 根据《建设工程安全生产管理条例》,施工单位应当根据不同施工阶段和周围环境及季节、气候的变化,在施工现场采取相应的安全施工措施。施工现场暂时停止施工的,施工单位应当做好现场防护,所需费用由(　　)承担,或者按照合同约定执行。

A.施工单位　　　　　　　　　　B.建设单位

C.双方　　　　　　　　　　　　D.责任方

正确答案:D

135. 根据《建设工程安全生产管理条例》,施工单位应当将施工现场的办公、生活区与作业区(　　);办公、生活区的选址应当符合安全性要求。职工的膳食、饮水、休息场所等应当符合卫生标准。

A.保持适当距离　　　　　　　　B.随意设置、并保持安全距离

C.保持安全距离　　　　　　　　D.分开设置、并保持安全距离

正确答案:D

136. 根据《建设工程安全生产管理条例》,施工单位应当在施工现场建立(　　),确定消防安全责任人,制定用火、用电、使用易燃易爆材料等各项消防安全管理制度和操作

规程,设置消防通道、消防水源,配备消防设施和灭火器材,并在施工现场入口处设置明显标志。

A. 消防安全责任制度　　　　　　　B. 消防责任制度

C. 安全责任制度　　　　　　　　　D. 消防警示制度

正确答案:A

137. 根据《建设工程安全生产管理条例》,施工单位应当向作业人员提供安全防护用具和安全防护服装,并(　　)危险岗位的操作规程和违章操作的危害。

A. 告知　　　　　　　　　　　　　B. 书面告知

C. 口头告知　　　　　　　　　　　D. 口头或书面告知

正确答案:B

138. 根据《建设工程安全生产管理条例》,在施工中发生危及人身安全的紧急情况时,作业人员有权(　　)或者在采取必要的应急措施后撤离危险区域。

A. 立即下达停工令　　　　　　　　B. 立即自救

C. 立即上报　　　　　　　　　　　D. 立即停止作业

正确答案:D

139. 根据《建设工程安全生产管理条例》,施工单位采购、租赁的安全防护用具、机械设备、施工机具及配件,应当具有生产(制造)许可证、产品合格证,并在进入施工现场前进行(　　)。

A. 检测　　　　B. 检查　　　　C. 查验　　　　D. 测试

正确答案:C

140. 根据《建设工程安全生产管理条例》,施工现场的安全防护用具、机械设备、施工机具及配件必须由专人管理,定期进行检查、维修和保养,建立相应的(　　),并按照国家有关规定及时报废。

A. 资料档案　　　　　　　　　　　B. 系统档案

C. 审查档案　　　　　　　　　　　D. 备份档案

正确答案:A

141. 根据《建设工程安全生产管理条例》,施工单位在使用施工起重机械和整体提升脚手架、模板等自升式架设设施前,应当组织有关单位进行验收,也可以委托具有相应资质的检验检测机构进行验收;使用承租的机械设备和施工机具及配件的,由施工总承包单位、分包单位、出租单位和安装单位(　　)进行验收。验收合格的方可使用。

A. 分别　　　　B. 共同　　　　C. 出代表　　　　D. 单独

正确答案:B

142. 根据《建设工程安全生产管理条例》,(　　)规定的施工起重机械,在验收前应当经有相应资质的检验检测机构监督检验合格。

A.《建设工程勘察设计管理条例》　　B.《注册建筑师条例》

C.《特种设备安全监察条例》　　　　D.《建设工程质量管理条例》

正确答案:C

143. 根据《建设工程安全生产管理条例》,施工单位应当自施工起重机械和整体提升脚手架、模板等自升式架设设施验收合格之日起（　　）日内,向建设行政主管部门或者其他有关部门登记。登记标志应当置于或者附着于该设备的显著位置。

A. 10　　　　　　B. 30　　　　　　C. 20　　　　　　D. 28

正确答案:B

144. 根据《建设工程安全生产管理条例》,施工单位的主要负责人、项目负责人、专职安全生产管理人员应当经建设行政主管部门或者其他有关部门（　　）方可任职。

　　A. 评审后　　　　　　　　　　B. 资质检验后
　　C. 推荐　　　　　　　　　　　D. 考核合格后

正确答案:D

145. 根据《建设工程安全生产管理条例》,施工单位应当对管理人员和作业人员（　　）安全生产教育培训,其教育培训情况记入个人工作档案。安全生产教育培训考核不合格的人员,不得上岗。

　　A. 每季至少进行一次　　　　　B. 每月至少进行一次
　　C. 每年至少进行一次　　　　　D. 每年至少进行二次

正确答案:C

146. 根据《建设工程安全生产管理条例》,作业人员进入新的岗位或者新的施工现场前,应当接受（　　）。

　　A. 质量教育　　　　　　　　　B. 安全生产教育培训
　　C. 生产教育培训　　　　　　　D. 机械操作规程培训

正确答案:B

147. 根据《建设工程安全生产管理条例》,施工单位在采用（　　）时,应当对作业人员进行相应的安全生产教育培训。

　　A. 新技术、新工艺、新设备、新原料　　B. 新技术、新方法、新设备、新材料
　　C. 新技术、新工艺、新设备、新材料　　D. 新能源、新工艺、新设备、新材料

正确答案:C

148. 根据《建设工程安全生产管理条例》,施工单位应当为施工现场从事危险作业的人员办理（　　）。

　　A. 人寿保险　　　　　　　　　B. 火灾险
　　C. 财产保险　　　　　　　　　D. 意外伤害保险

正确答案:D

149. 根据《建设工程安全生产管理条例》,意外伤害保险费由施工单位支付。实行施工总承包的,由总承包单位支付意外伤害保险费。意外伤害保险期限自（　　）止。

　　A. 建设开工之日起至有意外伤害发生
　　B. 有意外伤害发生起至竣工验收合格
　　C. 开工令下达起至竣工
　　D. 建设工程开工之日起至竣工验收合格

正确答案:D

150. （　　）级以上地方人民政府负责安全生产监督管理的部门依照《中华人民共和国

191

安全生产法》的规定,对本行政区域内建设工程安全生产工作实施综合监督管理。

A. 省　　　　　　B. 市　　　　　　C. 县　　　　　　D. 乡

正确答案:C

151. 根据《建设工程安全生产管理条例》,(　　)对全国的建设工程安全生产实施监督管理。国务院铁路、交通、水利等有关部门按照国务院规定的职责分工,负责有关专业建设工程安全生产的监督管理。

A. 国务院建设行政主管部门　　　　B. 国务院劳动行政主管部门
C. 技术监督部门　　　　　　　　　D. 国务院安全生产主管部门

正确答案:A

152. 根据《建设工程安全生产管理条例》,建设行政主管部门或者其他有关部门对建设工程是否有安全施工措施进行审查时,(　　)。

A. 可以收取费用　　　　　　　　　B. 不得收取费用
C. 适当收取合理费用　　　　　　　D. 收取必要费用

正确答案:B

153. 根据《建设工程安全生产管理条例》,国家对严重危及施工安全的工艺、设备、材料实行(　　)制度。具体目录由国务院建设行政主管部门会同国务院其他有关部门制定并公布。

A. 限地区使用　　　　　　　　　　B. 报告
C. 淘汰　　　　　　　　　　　　　D. 登记备案

正确答案:C

154. 根据《建设工程安全生产管理条例》,(　　)应当制定本单位生产安全事故应急救援预案,建立应急救援组织或者配备应急救援人员,配备必要的应急救援器材、设备,并定期组织演练。

A. 建设单位　　　　　　　　　　　B. 施工单位
C. 监理单位　　　　　　　　　　　D. 设计单位

正确答案:B

155. 根据《建设工程安全生产管理条例》,发生生产安全事故后,施工单位应当采取措施(　　)。需要移动现场物品时,应当做出标记和书面记录,妥善保管有关证物。

A. 立即上报　　　　　　　　　　　B. 防止事故扩大,保护事故现场
C. 防止事故扩大　　　　　　　　　D. 保护事故现场,妥善保护证物

正确答案:B

156. 违反《建设工程安全生产管理条例》的规定,建设单位未提供建设工程安全生产作业环境及安全施工措施所需费用的,责令限期改正;逾期未改正的,(　　)。

A. 撤销施工许可证
B. 责令拆除该建设工程
C. 责令该建设工程停止施工
D. 责令该建设单位缴纳一定数额的罚款

正确答案:C

157. 根据《建设工程安全生产管理条例》,建设单位未将保证安全施工的措施或者拆除工程的有关资料报送有关部门备案的,责令（　　）,给予警告。
A. 限期改正
B. 停止施工
C. 缴纳罚款
D. 暂扣施工许可证

158. 违反《建设工程安全生产管理条例》的规定,建设单位要求施工单位压缩合同约定的工期的,责令限期改正,处____万元以上____万元以下的罚款;造成重大安全事故,构成犯罪的,对直接责任人员,依照刑法有关规定追究刑事责任;造成损失的,依法承担赔偿责任。（　　）
A. 10,30　　　　B. 20,30　　　　C. 10,50　　　　D. 20,50

159. 违反《建设工程安全生产管理条例》的规定,勘察单位、设计单位采用新结构、新材料、新工艺的建设工程和特殊结构的建设工程,设计单位未在设计中提出保障施工作业人员安全和预防生产安全事故的措施建议的,责令限期改正,处____万元以上____万元以下的罚款;情节严重的,责令停业整顿,降低资质等级,直至吊销资质证书;造成重大安全事故,构成犯罪的,对直接责任人员,依照刑法有关规定追究刑事责任;造成损失的,依法承担赔偿责任。（　　）
A. 10,30　　　　B. 20,30　　　　C. 10,50　　　　D. 20,50

160. 违反《建设工程安全生产管理条例》的规定,工程监理单位未对施工组织设计中的安全技术措施或者专项施工方案进行审查的,责令限期改正;逾期未改正的,责令停业整顿,并处____万元以上____万元以下的罚款;情节严重的,降低资质等级,直至吊销资质证书;造成重大安全事故,构成犯罪的,对直接责任人员,依照刑法有关规定追究刑事责任;造成损失的,依法承担赔偿责任。（　　）
A. 10,30　　　　B. 20,30　　　　C. 10,50　　　　D. 20,50

161. 根据《建设工程安全生产管理条例》,注册执业人员未执行法律、法规和工程建设强制性标准的,责令停止执业____个月以上____年以下;情节严重的,吊销执业资格证书,____年内不予注册;造成重大安全事故的,终身不予注册;构成犯罪的,依照刑法有关规定追究刑事责任。（　　）
A. 3,1,5　　　　B. 3,1,3　　　　C. 3,2,5　　　　D. 5,1,3

162. 违反《建设工程安全生产管理条例》的规定,为建设工程提供机械设备和配件的单位,未按安全施工的要求配备齐全有效的保险、限位等安全设施和装置的,责令限期改正,处合同价款____倍以上____倍以下的罚款;造成损失的,依法承担赔偿责任。（　　）
A. 1,5　　　　B. 3,5　　　　C. 1,3　　　　D. 1,2

163. 违反《建设工程安全生产管理条例》的规定,出租单位出租未经安全性能检测或者经检测不合格的机械设备和施工机具及配件的,责令停业整顿,并处____万元以上____万元以下的罚款;造成损失的,依法承担赔偿责任。(   )

    A. 1,5   B. 5,10   C. 1,10   D. 10,20

正确答案:B

164. 违反《建设工程安全生产管理条例》的规定,施工起重机械和整体提升脚手架、模板等自升式架设设施安装、拆卸单位未由专业技术人员现场监督的,责令限期改正,处____万元以上____万元以下的罚款;情节严重的,责令停业整顿,降低资质等级,直至吊销资质证书;造成损失的,依法承担赔偿责任。(   )

    A. 1,5   B. 5,10   C. 1,10   D. 10,20

正确答案:B

165. 违反《建设工程安全生产管理条例》的规定,施工单位挪用列入建设工程概算的安全生产作业环境及安全施工措施所需费用的,责令限期改正,处挪用费用____以上____以下的罚款;造成损失的,依法承担赔偿责任。(   )

    A. 10%,50%   B. 20%,50%   C. 10%,20%   D. 30%,50%

正确答案:B

166. 违反《建设工程安全生产管理条例》的规定,施工单位未根据不同施工阶段和周围环境及季节、气候的变化,在施工现场采取相应的安全施工措施,或者在城市市区内的建设工程的施工现场未实行封闭围挡的,责令限期改正,逾期未改正的,责令停业整顿,并处____万元以上____万元以下的罚款;造成重大安全事故,构成犯罪的,对直接责任人员,依照刑法有关规定追究刑事责任。(   )

    A. 1,5   B. 5,10   C. 1,10   D. 10,20

正确答案:B

167. 违反《建设工程安全生产管理条例》的规定,施工单位使用未经验收或者验收不合格的施工起重机械和整体提升脚手架、模板等自升式架设设施的,责令限期改正;逾期未改正的,责令停业整顿,并处____万元以上____万元以下的罚款;情节严重的,降低资质等级,直至吊销资质证书;造成重大安全事故,构成犯罪的,对直接责任人员,依照刑法有关规定追究刑事责任;造成损失的,依法承担赔偿责任。(   )

    A. 10,30   B. 20,30   C. 10,50   D. 20,50

正确答案:A

168. 违反《建设工程安全生产管理条例》的规定,施工单位的主要负责人、项目负责人未履行安全生产管理职责的,责令限期改正;逾期未改正的,责令施工单位停业整顿;造成重大安全事故、重大伤亡事故或者其他严重后果,构成犯罪的,依照刑法有关规定追究(   )。

    A. 民事责任   B. 行政责任

    C. 刑事责任   D. 赔偿责任

正确答案:C

169. 根据《建设工程安全生产管理条例》,作业人员不服管理、违反规章制度和操作规程冒险作业造成重大伤亡事故或者其他严重后果,构成犯罪的,依照刑法有关规定追究(　　)。

A. 民事责任　　　　　　　　　　B. 行政责任

C. 刑事责任　　　　　　　　　　D. 赔偿责任

正确答案:C

170. 根据《建设工程安全生产管理条例》,施工单位的主要负责人、项目负责人有前款违法行为,尚不够刑事处罚的,处____万元以上____万元以下的罚款或者按照管理权限给予撤职处分;自刑罚执行完毕或者受处分之日起,5 年内不得担任任何施工单位的主要负责人、项目负责人。(　　)

A. 2,20　　　　　　　　　　　B. 10,20

C. 10,50　　　　　　　　　　D. 2,10

正确答案:A

171. 根据《建设工程安全生产管理条例》,施工单位的主要负责人、项目负责人有前款违法行为,尚不够刑事处罚的,处 2 万元以上 20 万元以下的罚款或者按照管理权限给予撤职处分;自刑罚执行完毕或者受处分之日起,(　　)年内不得担任任何施工单位的主要负责人、项目负责人。

A. 2　　　　　B. 5　　　　　C. 1　　　　　D. 10

正确答案:B

172. 根据《建设工程安全生产管理条例》,施工单位取得资质证书后,降低安全生产条件的,责令限期改正;经整改仍未达到与其资质等级相适应的安全生产条件的,责令停业整顿,(　　)。

A. 暂扣资质证书

B. 罚款

C. 降低其资质等级直至吊销营业执照

D. 降低其资质等级直至吊销资质证书

正确答案:D

173. 《建设工程安全生产管理条例》规定的(　　),由建设行政主管部门或者其他有关部门依照法定职权决定。

A. 民事责任　　　　　　　　　　B. 行政处罚

C. 刑事处罚　　　　　　　　　　D. 赔偿责任

正确答案:B

174. 根据《建设工程安全生产管理条例》,违反消防安全管理规定的行为,由(　　)依法处罚。

A. 人民法院　　　　　　　　　　B. 检察机关

C. 安全监督机构　　　　　　　　D. 公安消防机构

正确答案:D

175. 抢险救灾和农民自建低层住宅的安全生产管理,(　　)《建设工程安全生产管理条例》。

A. 适用   B. 不适用

C. 基本适用   D. 除特殊规定外,适用

正确答案:B

176. 根据《建设工程安全生产管理条例》,军事建设工程的安全生产管理,按照( )的有关规定执行。

A. 国务院   B. 建设部

C. 中央军事委员会   D. 地方各级人民政府

正确答案:C

177. 违反《建设工程安全生产管理条例》的规定,施工单位的主要负责人、项目负责人、专职安全生产管理人员、作业人员或者特种作业人员,未经安全教育培训或者经考核不合格即从事相关工作的,责令限期改正;逾期未改正的,责令停业整顿,依照《中华人民共和国安全生产法》的有关规定处以罚款;造成重大安全事故,构成犯罪的,对直接责任人员,依照刑法有关规定追究( )。

A. 民事责任   B. 行政责任

C. 刑事责任   D. 赔偿责任

正确答案:C

178. 违反《建设工程安全生产管理条例》的规定,县级以上人民政府建设行政主管部门或者其他有关行政管理部门的工作人员,对不具备安全生产条件的施工单位颁发资质证书的,给予降级或者撤职的行政处分;构成犯罪的,依照刑法有关规定追究( ):

A. 民事责任   B. 行政责任

C. 刑事责任   D. 赔偿责任

正确答案:C

179. 违反《建设工程安全生产管理条例》的规定,县级以上人民政府建设行政主管部门或者其他有关行政管理部门的工作人员,对没有安全施工措施的建设工程颁发施工许可证的,给予( );构成犯罪的,依照刑法有关规定追究刑事责任。

A. 降级行政处分   B. 撤职行政处分

C. 行政处分   D. 降级或者撤职的行政处分

正确答案:D

180. 根据《建设工程安全生产管理条例》,安全警示标志必须符合( )。

A. 国家标准   B. 行业标准

C. 企业标准   D. 地方标准

正确答案:A

181. 根据《建设工程安全生产管理条例》,施工现场临时搭建的建筑物应当符合( )。

A. 国家标准   B. 行业标准

C. 质量有关要求   D. 安全使用要求

正确答案:D

182. 根据《建设工程安全生产管理条例》,在( )内的建设工程,施工单位应当对施工

现场实行封闭围挡。

    A. 城镇   B. 城市市区   C. 城乡   D. 乡村

正确答案:B

183. 根据《建设工程安全生产管理条例》,在施工中发生危及人身安全的紧急情况时,作业人员有权立即停止作业或者在采取必要的应急措施后( )。

    A. 疏散作业人员   B. 隔离危险区域

    C. 保护财产安全   D. 撤离危险区域

正确答案:A

184. 《特种设备安全监察条例》规定的施工起重机械,在验收前应当经有相应资质的( )监督检验合格。

    A. 检验检测机构   B. 产品检查机构

    C. 质量审核机构   D. 监督检查机构

正确答案:A

185. 意外伤害保险费由( )支付。

    A. 建设单位   B. 责任单位

    C. 施工单位   D. 监理单位

正确答案:C

186. 建设行政主管部门在审核发放( )时,应当对建设工程是否有安全施工措施进行审查,对没有安全施工措施的,不得颁发。

    A. 生产许可证   B. 质量许可证

    C. 产品合格证   D. 施工许可证

正确答案:D

187. 施工单位应当根据建设工程施工的特点、范围,对施工现场易发生重大事故的部位、环节进行监控,制定施工现场生产安全事故应急救援预案。实行施工总承包的,由总承包单位统一组织编制建设工程生产安全事故应急救援预案,工程( )按照应急救援预案,建立应急救援组织或者配备应急救援人员,配备救援器材、设备,并定期组织演练。

    A. 总承包单位   B. 分包单位

    C. 施工单位   D. 总承包单位和分包单位

正确答案:D

188. ( )负责中央管理的建筑施工企业安全生产许可证的颁发和管理。

    A. 质检部   B. 地方政府

    C. 国务院建设主管部门   D. 省级建设部门

正确答案:C

189. 安全生产许可证颁发管理机关应当自收到申请之日起( )日内审查完毕,经审查符合本条例规定的安全生产条件的,颁发安全生产许可证。

    A. 75   B. 60   C. 45   D. 90

正确答案:C

190. 安全生产许可证的有效期为（　　）年。安全生产许可证有效期满需要延期的,企业应当于期满前 3 个月向原安全生产许可证颁发管理机关办理延期手续。

A. 3　　　　　　B. 1　　　　　　C. 5　　　　　　D. 2

正确答案:A

191. 未取得安全生产许可证擅自进行生产的,责令停止生产,没收违法所得,并处 10 万元以上(　　)万元以下的罚款;造成重大事故或者其他严重后果,构成犯罪的,依法追究刑事责任。

A. 30　　　　　B. 20　　　　　C. 45　　　　　D. 50

正确答案:D

192. 安全生产许可证有效期满未办理延期手续,继续进行生产的,责令停止生产,限期补办延期手续,没收违法所得,并处(　　)的罚款;逾期仍不办理延期手续,继续进行生产的,依照《建设工程安全生产管理条例》第十九条的规定处罚。

A. 5 万元以上 7 万元以下　　　　　B. 5 万元以上 10 万元以下

C. 1 万元以上 5 万元以下　　　　　D. 3 万元以上 10 万元以下

正确答案:B

193. 监察机关依照(　　)的规定,对安全生产许可证颁发管理机关及其工作人员履行《企业安全许可证条例》规定的职责实施监察。

A.《中华人民共和国行政处罚法》　　B.《中华人民共和国行政监察法》

C.《中华人民共和国行政许可法》　　D.《中华人民共和国行政复议法》

正确答案:B

194. (　　)对安全生产监督管理中存在的重大问题应当及时予以协调、解决。

A. 国务院和地方各级人民政府

B. 县级以上人民政府

C. 国务院和地方各级人民法院

D. 国务院和地方各级人民执法部门

正确答案:B

195. (　　)应当按照保障安全生产的要求,依法及时制定有关的国家标准或者行业标准,并根据科技进步和经济发展适时修订。

A. 国务院有关部门

B. 国务院和地方各级人民法院

C. 县级以上人民政府

D. 国务院和地方各级人民执法部门

正确答案:A

196. (　　)应当采取多种形式,加强对有关安全生产的法律、法规和安全生产知识的宣传,提高职工的安全生产意识。

A. 国务院有关部门

B. 国务院和地方各级人民执法部门

C. 县级以上人民政府

D. 各级人民政府及其有关部门

正确答案：D

197. 国家实行生产安全事故责任追究制度，依照本法和有关法律、法规的规定，追究（　　　）的法律责任。

A. 生产安全事故责任人员　　　　　B. 相关企业领导

C. 技术员工　　　　　　　　　　　D. 项目经理

正确答案：A

198. 生产经营单位应当具备的安全生产条件所必需的资金投入，由生产经营单位的决策机构、（　　　），并对由于安全生产所必需的资金投入不足导致的后果承担责任。

A. 主要负责人或者个人经营的投资人予以保证

B. 相关负责人或者集体经营的投资人予以保证

C. 相关负责人或者个人经营的投资人予以保证

D. 主要负责人或者集体经营的投资人予以保证

正确答案：A

199. 矿山、建筑施工单位和危险物品的生产、经营、储存单位，应当设置安全生产管理机构或者配备（　　　）。

A. 专职安全生产监督人员　　　　　B. 专职安全生产管理人员

C. 专职安全生产指挥人员　　　　　D. 专职安全生产领导人员

正确答案：B

200. 生产经营单位委托工程技术人员提供安全生产管理服务的，保证安全生产的责任仍由（　　　）。

A. 责任人负责　　　　　　　　　　B. 销售经理负责

C. 主管负责　　　　　　　　　　　D. 本单位负责

正确答案：D

201. 生产经营单位的主要（　　　）必须具备与本单位所从事的生产经营活动相应的安全生产知识和管理能力。

A. 负责人　　　　　　　　　　　　B. 安全生产管理人员

C. 负责人和安全生产管理人员　　　D. 负责人和安全生产监督人员

正确答案：C

202. 危险物品的生产、经营、储存单位以及矿山、建筑施工单位的主要负责人和安全生产管理人员，应当由有关主管部门对其安全生产知识和管理能力（　　　）方可任职。考核不得收费。

A. 考核前　　　　　　　　　　　　B. 考核合格后

C. 不用考核　　　　　　　　　　　D. 考核后

正确答案：B

203. 生产经营单位的（　　　）必须按照国家有关规定经专门的安全作业培训，取得特种作业操作资格证书，方可上岗作业。

A. 作业人员　　　　　　　　　　　B. 项目负责人

C. 危险项目作业人员　　　　　　　D. 特种作业人员

正确答案：D

204. 特种作业人员的范围由(　　)负责安全生产监督管理的部门会同国务院有关部门确定。

A. 国务院　　　　B. 检察院　　　　C. 法院　　　　D. 生产部

正确答案：A

205. 生产经营单位新建、改建、扩建工程项目的安全设施,必须与主体工程同时设计、同时施工、同时投入生产和使用。(　　)投资应当纳入建设项目概算。

A. 保安设施　　　　　　　　　　　B. 安全设施

C. 监控设施　　　　　　　　　　　D. 公共设施

正确答案：B

206. 建设项目安全设施的(　　)应当对安全设施设计负责。

A. 经理　　　　　　　　　　　　　B. 项目经理

C. 设计人、设计单位　　　　　　　D. 经纪人

正确答案：C

207. 生产经营单位必须对安全设备进行经常性维护、保养,并定期检测,保证正常运转。维护、保养、检测应当做好记录,并由(　　)。

A. 负责人签字　　　　　　　　　　B. 经理签字

C. 有关人员签字　　　　　　　　　D. 生产商方面签字

正确答案；C

208. 涉及生命安全、危险性较大的特种设备的目录由(　　)负责特种设备安全监督管理的部门制定,报国务院批准后执行。

A. 建设部　　　　　　　　　　　　B. 公安部

C. 国务院　　　　　　　　　　　　D. 地方人民政府

正确答案；C

209. 国家对严重危及生产安全的工艺、设备实行(　　)。

A. 改进制度　　　　　　　　　　　B. 淘汰制度

C. 翻新制度　　　　　　　　　　　D. 统一调换

正确答案：B

210. 生产、经营、运输、储存、使用(　　)或者处置废弃危险物品的,由有关主管部门依照有关法律、法规的规定和国家标准或者行业标准审批并实施监督管理。

A. 燃烧物品　　　　　　　　　　　B. 化学物品

C. 危险物品　　　　　　　　　　　D. 生活物品

正确答案：C

211. 生产经营单位对重大危险源应当登记建档,进行定期检测、评估、监控,并制定应急预案,告知从业人员和相关人员在紧急情况下应当(　　)。

A. 采取的应急措施　　　　　　　　B. 减小损失

C. 保护生命　　　　　　　　　　　D. 及时报告有关部门

212. 生产、经营、储存、使用（　　）的车间、商店、仓库不得与员工宿舍在同一座建筑物内，并应当与员工宿舍保持安全距离。

    A. 生产物品　　　　　　　　　　B. 办公物品
    C. 危险物品　　　　　　　　　　D. 交通工具

213. 生产经营单位进行爆破、吊装等危险作业，应当安排（　　）进行现场安全管理，确保操作规程的遵守和安全措施的落实。

    A. 专门人员　　　　　　　　　　B. 领导
    C. 技术工人　　　　　　　　　　D. 负责人

214. 生产经营单位必须为从业人员提供符合国家标准或者行业标准的（　　），并监督、教育从业人员按照使用规则佩戴、使用。

    A. 劳动工具　　　　　　　　　　B. 劳动防护用品
    C. 劳动保护　　　　　　　　　　D. 劳动设备

215. 生产经营单位不得将生产经营项目、场所、设备发包或者出租给不具备安全生产条件或者相应资质的（　　）。

    A. 公司　　　　　　　　　　　　B. 政府
    C. 军队　　　　　　　　　　　　D. 单位或者个人

216. 从业人员发现直接危及人身安全的紧急情况时，有权停止作业或者在采取可能的应急措施后（　　）作业场所。

    A. 撤离　　　　　　　　　　　　B. 不能撤离
    C. 保护　　　　　　　　　　　　D. 检查

217. 因生产安全事故受到损害的从业人员，除依法享有工伤社会保险外，依照有关民事法律尚有获得赔偿的权利的，有权向本单位提出（　　）。

    A. 任何要求　　　　　　　　　　B. 保护要求
    C. 辞职要求　　　　　　　　　　D. 赔偿要求

218. 从业人员在作业过程中，应当严格遵守本单位的安全生产规章制度和操作规程，服从管理，正确佩戴和使用（　　）。

    A. 劳动生产用品　　　　　　　　B. 劳动防护用品
    C. 劳动标识　　　　　　　　　　D. 劳动联系工具

219. 从业人员发现事故隐患或者其他不安全因素，应当立即报告（　　）；接到报告的人员应当及时予以处理。

A. 现场安全生产管理人员   B. 建设单位人员

C. 设计人员   D. 监理人员

正确答案：A

220. 生产经营单位对负有安全生产监督管理职责的部门的监督检查人员依法履行监督检查职责,应当予以配合,不得( )。

A. 抵抗   B. 躲避

C. 拒绝、阻挠   D. 掩饰

正确答案：C

221. ( )执行监督检查任务时,必须出示有效的监督执法证件;对涉及被检查单位的技术秘密和业务秘密,应当为其保密。

A. 安全生产监督检查人员   B. 安全生产值班人员

C. 领班人员   D. 安全生产员

正确答案：A

222. 任何单位或者个人对事故隐患或者安全生产违法行为,( )向负有安全生产监督管理职责的部门报告或者举报。

A. 无权   B. 均有权   C. 应逐级   D. 应越级

正确答案：B

223. ( )对报告重大事故隐患或者举报安全生产违法行为的有功人员,给予奖励。具体奖励办法由国务院负责安全生产监督管理的部门会同国务院财政部门制定。

A. 县级以上各级人民政府及其有关部门

B. 建设行政主管部门

C. 省级以上各级人民政府及其有关部门

D. 国务院及其有关部门

正确答案：A

224. ( )应当组织有关部门制定本行政区域内特大生产安全事故应急救援预案,建立应急救援体系。

A. 建设行政主管部门   B. 县级以上地方各级人民政府

C. 安全生产主管部门   D. 技术监督局

正确答案：B

225. 危险物品的生产、经营、储存单位以及矿山、建筑施工单位应当建立应急救援组织;生产经营规模较小,( )。

A. 可以不建立应急救援组织的,但应当指定兼职的应急救援人员

B. 也应建立应急救援组织的,但可以不指定兼职的应急救援人员

C. 可以不建立应急救援组织的,应当指定专职应急救援人员

D. 也应建立应急救援组织的,指定应急救援人员

正确答案：A

226. 县级以上地方各级人民政府负责安全生产监督管理的部门应当定期统计分析本行政区域内发生生产安全事故的情况,并定期( )。

A. 记录   B. 公证

C. 向社会公布   D. 登报

正确答案:C

227. 生产经营单位的主要负责人未履行中华人民共和国安全生产法规定的安全生产管理职责的,责令限期改正;逾期未改正的,责令(　　)。

    A. 交纳罚款   B. 生产经营单位停产停业整顿

    C. 停业   D. 破产

正确答案:B

228. 生产经营单位的主要负责人因未履行中华人民共和国安全生产法规定的安全生产管理职责而受刑事处罚或者撤职处分的,自刑罚执行完毕或者受处分之日起,(　　)不得担任任何生产经营单位的主要负责人。

    A. 三年内   B. 五年内   C. 一年内   D. 二年内

正确答案:B

229. 生产经营单位将生产经营项目、场所、设备发包或者出租给不具备安全生产条件或者相应资质的单位或者个人的,(　　)。

    A. 责令限期改正,没收违法所得

    B. 单处或者并处一万元以上五万元以下的罚款

    C. 导致发生生产安全事故给他人造成损害的,与承包方、承租方承担连带赔偿责任

    D. 处违法所得一倍以上五倍以下的罚款

正确答案:A

230. 两个以上生产经营单位在同一作业区域内进行可能危及对方安全生产的生产经营活动,未签订安全生产管理协议或者未指定专职安全生产管理人员进行安全检查与协调的,责令限期改正;逾期未改正的,(　　)。

    A. 交纳罚款   B. 及时报告有关部门

    C. 吊销营业执照   D. 责令停产停业

正确答案:D

231. 生产经营单位主要负责人在本单位发生重大生产安全事故时,不立即组织抢救或者在事故调查处理期间擅离职守或者逃匿的,给予降职、撤职的处分,对逃匿的处(　　)拘留;构成犯罪的,依照刑法有关规定追究刑事责任。

    A. 五日以下   B. 十五日以下

    C. 十日以下   D. 二十五日以下

正确答案:B

232. 生产经营单位发生生产安全事故造成人员伤亡、他人财产损失的,应当依法承担(　　);拒不承担或者其负责人逃匿的,由人民法院依法强制执行。

    A. 民事责任   B. 刑事责任

    C. 行政责任   D. 赔偿责任

正确答案:D

233. 生产经营单位必须为从业人员提供符合(　　)劳动防护用品,并监督、教育从业人

203

员按照使用规则佩戴、使用。

A. 国家标准或者行业标准的

B. 安全生产监督管理的部门规定的

C. 国务院有关部门规定的

D. 市级以上各级人民政府及其有关部门规定的

正确答案：A

234. (   )对涉及安全生产的事项进行审查、验收,不得收取费用;不得要求接受审查、验收的单位购买其指定品牌或者指定生产、销售单位的安全设备、器材或者其他产品。

A. 国务院及其有关部门

B. 负有安全生产监督管理职责的部门

C. 单位或者个人

D. 地方人民政府

正确答案：B

235. 监察机关依照行政监察法的规定,对负有(   )及其工作人员履行安全生产监督管理职责实施监察。

A. 安全生产监督管理职责的部门　　　B. 安全生产职责的部门

C. 安全监督管理职责的部门　　　　　D. 安全生产职责的单位

正确答案：A

236. 建设单位在申请领取施工许可证时,应当提供建设工程有关(   )的资料。

A. 施工组织设计　　　　　　　　　　B. 安全生产

C. 安全施工措施　　　　　　　　　　D. 工程造价

正确答案：C

237. 注册建筑师等注册执业人员应当对其(   )负责。

A. 勘察　　　　　B. 施工　　　　　C. 设计　　　　　D. 监理

正确答案：C

238. 施工起重机械和整体提升脚手架、模板等自升式架设设施的使用达到国家规定的检验检测期限的,必须经(   )检测。经检测不合格的,不得继续使用。

A. 具有专业资质的监察机构　　　　　B. 具有专业资质的检验检测机构

C. 具有资质的检验检测机构　　　　　D. 具有资质的检查机构

正确答案：B

239. 为了加强安全管理,政府要求施工单位要缴纳工伤社会保险,关于该保险费缴纳的说法正确的是(   )。

A. 施工单位与劳动者各缴纳一半

B. 施工单位全额缴纳

C. 施工单位与劳动者在合同中约定交纳办法

D. 劳动者全额缴纳

正确答案：B

240. 某污水处理工程准备开工,下面对施工措施审查的说法正确的是(　　)。

　　A. 建设行政主管部门无权审查施工措施

　　B. 应施工单位的申请,建设行政主管部门才能审查施工措施

　　C. 建设行政主管部门有权审查施工措施,但可以酌情收费

　　D. 建设行政主管部门有权审查施工措施,但不得收费

正确答案:D

241. 某工厂有闲置用房,现准备对外出租给一钢结构施工企业,根据《安全生产法》规定,下列表述正确的是(　　)。

　　A. 工厂应核查该企业是否有资质证书

　　B. 工厂不得要求查看企业的资质证书

　　C. 是否核查资质证书由工厂决定

　　D. 不需核查该企业是否有资质证书

正确答案:A

242. 大学生张某暑假到某工地打工,项目负责人曾与民工王某口头商定,不管出现任何事故,公司最多赔付5000元。后在施工中,由于王某疏忽致使扣件坠落,砸伤了张某,花去医疗费7000元。下述正确的是(　　)。

　　A. 公司最多赔偿5000元

　　B. 张某应要求王某赔偿

　　C. 公司应赔偿医疗费7000元

　　D. 公司应赔偿6000元医疗费,另1000元由张某赔偿

正确答案:C

243. 张某在脚手架上施工时,发现部分扣件松动而可能倒塌,所以停止作业,这属于从业人员行使的(　　)。

　　A. 知情权　　　　B. 拒绝权　　　　C. 紧急避险权　　　D. 检举权

正确答案:C

244. 下列行为中没有违反《安全生产法》的是(　　)。

　　A. 甲发现了安全事故隐患后没有向现场安全管理人员报告,后发生事故

　　B. 乙发现脚手架要倒塌,在没有采取其他措施情况下迅速逃离现场

　　C. 项目经理强行要求有"恐高症"的丙高空作业

　　D. 丁没有按照本单位要求在施工现场戴安全帽

正确答案:B

245. 某施工单位固定资产600万,从业人员1000人。根据《安全生产法》规定,下述做法正确的是(　　)。

　　A. 应当建立应急救援组织

　　B. 可不建立应急救援组织,但应指定兼职应急救援人员

　　C. 可不建立应急救援组织,也可不指定兼职应急救援人员

　　D. 可不建立应急救援组织,但配备必要的应急救援器材设备

正确答案:A

246. 下列行为中没有违反《安全生产法》的是(　　)。

A. 甲在发生安全事故后立即报告了本单位负责人,但是报告中的伤亡人数少于后来确定的人数

B. 安全事故发生地的地方人民政府在安全事故发生后,组织有关人员对安全事故调查,调查结果确定一个月后将事故情况上报

C. 安全事故发生地的地方人民政府在上报的报告中有意遗漏伤亡人数

D. 单位负责人在接到安全事故报告后没有迅速赶到事故现场

正确答案:A

247. 在建筑生产中最基本的安全管理制度是(　　)。

A. 安全生产责任制度　　　　　　B. 群防群治制度

C. 安全生产教育培训制度　　　　D. 安全生产检查制度

正确答案:A

248. 为了保护工程建设活动中从业人员的生命健康,《建设工程安全生产管理条例》规定,建设单位不得压缩(　　)。

A. 合理工期　　　　　　　　　　B. 合同约定的工期

C. 标准工期　　　　　　　　　　D. 法定工期

正确答案:B

249. 为了提高城市的形象,完善城市功能,经有关部门批准拟拆除某写字楼,下列关于拆除写字楼的说法正确的是(　　)。

A. 施工单位拆除写字楼前,应得到工程所在地的建设行政主管部门批准

B. 拆除写字楼前,施工单位应到工程所在地的建设行政主管部门备案

C. 建设单位拆除写字楼前,应持有关资料报工程所在地的建设行政主管部门批准

D. 在拆除写字楼前,建设单位应持有关资料报工程所在地的建设行政主管部门备案

正确答案:D

250. 某重点工程按照法律规定不需办理施工许可证,持有开工报告即可开工建设,下列说法正确的是(　　)。

A. 建设单位应将保证安全施工的措施报送开工报告发证机构审查

B. 建设单位应将保证安全施工的措施报送开工报告发证机构备案

C. 建设单位应将保证安全施工的措施报送建设行政主管部门批准

D. 建设单位应将保证安全施工的措施报送建设行政主管部门备案

正确答案:D

251. 某新设立的建筑施工总承包公司,依据《建设工程安全生产管理条例》规定,下列做法正确的是(　　)。

A. 应当设立安全生产管理机构,配备兼职安全生产管理人员

B. 不必设立安全生产管理机构,但需配备兼职安全生产管理人员

C. 不必设立安全生产管理机构,但需配备专职安全生产管理人员

D. 应当设立安全生产管理机构,配备专职安全生产管理人员

正确答案:D

252. 建筑安全监督机构在检查施工现场时,发现某施工单位在没有竣工的建筑物内设置员工集体宿舍,下列表述正确的是施工单位(　　)。

A.经工程所在地建设安全监督机构同意,可以继续使用

B.经工程所在地建设行政主管部门同意,可以继续使用

C.必须将宿舍迁出

D.经工程所在地质量监督机构同意,可以继续使用

正确答案:C

253. 工程总承包单位为某建设工程项目中从事危险作业的人员办理意外伤害保险,该保险责任期限到该项目(　　)之日为止。

A.提交竣工验收报告　　　　　　　　B.竣工验收合格

C.竣工验收备案　　　　　　　　　　D.交付使用

正确答案:B

254. 关于施工总承包与分包单位安全责任的划分,下列表述不正确的是(　　)。

A.由总承包单位对施工现场的安全生产负总责

B.总承包单位和分包单位对各自承包范围内的安全生产自行承担责任

C.总承包单位和分包单位对分包工程的安全生产承担连带责任

D.分包单位不服从总承包单位管理导致生产安全事故的,由分包单位承担主要责任

正确答案:B

255. 施工单位专职安全生产管理人员负责对安全生产进行现场监督检查,发现安全事故隐患,应当及时向(　　)报告;对违章指挥、违章操作,应当立即制止。

A.项目负责人　　　　　　　　　　　B.安全生产管理机构

C.县级以上人民政府　　　　　　　　D.项目负责人和安全生产管理机构

正确答案:D

256. 起重吊装工程是一个危险性工程,对于起重吊装工程的说法不正确的是(　　)。

A.施工单位应该在施工组织设计中编制安全技术措施

B.需要编制专项施工方案,并无安全验算结果

C.专项施工方案经专职安全管理人员签字后实施

D.由专项安全管理人员进行现场监督

正确答案:C

257. 某施工单位租赁一建筑设备公司的塔吊,经组织有关方验收合格,施工单位应在验收合格之日起(　　)内,向建设行政主管部门或者其他有关部门登记。

A.5 日　　　　　　B.10 日　　　　　　C.20 日　　　　　　D.30 日

正确答案:D

258. 关于安全施工技术交底,下面说法正确的是(　　)。

A.施工单位负责项目管理的技术人员向施工作业人员的交底

B.专职安全生产管理人员向施工作业人员交底

C.施工单位负责项目管理的技术人员向专职安全生产管理人员交底

D.施工作业人员向施工单位负责人交底

259. 施工单位的安全生产费用不应该用于( )。
    A. 购买施工安全防护用具　　　　B. 安全设施的更新
    C. 安全施工措施的落实　　　　　D. 职工安全事故的赔偿

260. 施工单位应当组织专家对专项施工方案进行论证、审查的工程是( )。
    A. 脚手架工程　　　　　　　　　B. 爆破工程
    C. 模板工程　　　　　　　　　　D. 地下暗挖工程

261. 甲建筑公司承建乙市一隧道项目，现缺乏一种进口挖掘机，公司领导决定采用租赁
    方式向乙市建筑机械租赁公司租赁，以节约资金。原乙建筑机械租赁公司的此种进
    口挖掘机确实性能良好，但缺少产品合格证，下列说法正确的是( )。
    A. 不能出租
    B. 可以出租
    C. 经乙市建设局批准后可以出租
    D. 经乙市人民政府批准后可以出租

262. 某施工企业于 2004 年 3 月 1 日取得安全生产许可证，该许可证至( )届满。
    A. 2006 年 3 月 1 日　　　　　　B. 2007 年 3 月 2 日
    C. 2008 年 3 月 1 日　　　　　　D. 2009 年 3 月 1 日

263. 企业在安全生产许可证有效期内，未发生死亡事故的，安全生产许可证届满时，经原
    安全生产许可证颁发管理机关同意，( )。
    A. 不再审查，有效期延期 3 年
    B. 必须再次审查，有效期增加 2 年
    C. 不再审查，有效期直至发生死亡事故
    D. 必须再次审查，重新办理

264. 建筑施工企业应当按照安全生产许可证的管理规定向( )以上建设主管部门申
    请领取安全生产许可证。
    A. 省级　　　　　B. 市级　　　　　C. 部级　　　　　D. 县级

265. 2007 年 3 月 28 日，国务院第 172 次常务会议通过《生产安全事故报告和调查处理条
    例》，自( )起施行。
    A. 2007 年 5 月 9 日　　　　　　B. 2007 年 4 月 9 日
    C. 2007 年 6 月 1 日　　　　　　D. 2007 年 7 月 1 日

266. 根据( )和有关法律，制定《生产安全事故报告和调查处理条例》。

A.《建筑法》   B.《中华人民共和国安全生产法》

C.《建设工程安全生产管理条例》   D.《建设工程质量管理条例》

正确答案:B

267. ( )是指造成 10 人以上 30 人以下死亡,或者 50 人以上 100 人以下重伤,或者 5000 万元以上 1 亿元以下直接经济损失的事故。

    A. 重大事故   B. 较大事故

    C. 特别重大事故   D. 一般事故

正确答案:A

268. ( )是指造成 3 人以上 10 人以下死亡,或者 10 人以上 50 人以下重伤,或者 1000 万元以上 5000 万元以下直接经济损失的事故。

    A. 重大事故   B. 较大事故

    C. 特别重大事故   D. 一般事故

正确答案:B

269. ( )适用《生产安全事故报告和调查处理条例》。

    A. 环境污染事故

    B. 核设施事故

    C. 国防科研生产事故

    D. 生产经营活动中发生的造成人身伤亡

正确答案:D

270. ( )应当依照本条例的规定,严格履行职责,及时、准确地完成事故调查处理工作。

    A. 乡级以上人民政府

    B. 县级以上人民政府

    C. 省级以上人民政府

    D. 县级以上人民政府建设行政主管部门

正确答案:B

271. 事故发生后,事故现场有关人员应当( )向本单位负责人报告。

    A. 立即   B. 1 小时内   C. 2 小时内   D. 3 小时内

正确答案:A

272. 事故发生后,单位负责人接到报告后,应当于( )小时内向事故发生地县级以上人民政府安全生产监督管理部门和负有安全生产监督管理职责的有关部门报告。

    A. 立即   B. 1   C. 2   D. 3

正确答案:B

273. 事故发生后,如情况紧急,事故现场有关人员可以直接向事故发生地( )安全生产监督管理部门和负有安全生产监督管理职责的有关部门报告。

    A. 乡级以上人民政府

    B. 县级以上人民政府

    C. 省级以上人民政府

209

D. 县级以上人民政府建设行政主管部门

正确答案:B

274. (   )逐级上报至省、自治区、直辖市人民政府安全生产监督管理部门和负有安全生产监督管理职责的有关部门。
     A. 重大事故　　　　　　　　　　B. 较大事故
     C. 特别重大事故　　　　　　　　D. 一般事故

正确答案:B

275. 国务院安全生产监督管理部门和负有安全生产监督管理职责的有关部门以及省级人民政府接到发生特别重大事故、重大事故的报告后,应当(   )报告国务院。
     A. 立即　　　　B. 1 小时内　　　　C. 2 小时内　　　　D. 3 小时内

正确答案:A

276. 安全生产监督管理部门和负有安全生产监督管理职责的有关部门逐级上报事故情况,每级上报的时间不得超过(   )。
     A. 1 小时　　　　B. 2 小时　　　　C. 3 小时　　　　D. 4 小时

正确答案:B

277. 自事故发生之日起(   )内,事故造成的伤亡人数发生变化的,应当及时补报。
     A. 5 日　　　　B. 15 日　　　　C. 20 日　　　　D. 30 日

正确答案:D

278. 道路交通事故、火灾事故自发生之日起(   )内,事故造成的伤亡人数发生变化的,应当及时补报。
     A. 3 日　　　　B. 5 日　　　　C. 7 日　　　　D. 9 日

正确答案:C

279. 事故发生单位负责人接到事故报告后,应当(   )启动事故相应应急预案,或者采取有效措施,组织抢救,防止事故扩大,减少人员伤亡和财产损失。
     A. 立即　　　　B. 1 小时内　　　　C. 2 小时内　　　　D. 3 小时内

正确答案:A

280. 事故发生地有关地方人民政府、安全生产监督管理部门和负有安全生产监督管理职责的有关部门接到事故报告后,其负责人应当(   )赶赴事故现场,组织事故救援。
     A. 立即　　　　B. 1 小时内　　　　C. 2 小时内　　　　D. 3 小时内

正确答案:A

281. 事故调查中需要进行技术鉴定的,技术鉴定所需时间(   )事故调查期限。
     A. 全部计入　　　　　　　　　　B. 不计入
     C. 计入一半　　　　　　　　　　D. 计入二倍

正确答案:B

282. (   )由国务院或者国务院授权有关部门组织事故调查组进行调查。
     A. 重大事故　　　　　　　　　　B. 较大事故
     C. 特别重大事故　　　　　　　　D. 一般事故

正确答案:C

283. (   )由事故发生地省级人民政府负责调查。
    A. 重大事故   B. 较大事故
    C. 特别重大事故   D. 一般事故

284. 事故调查组应当自事故发生之日起(   )提交事故调查报告。
    A. 15 日内   B. 20 日内   C. 30 日内   D. 60 日内

285. 特殊情况下,经负责事故调查的人民政府批准,提交事故调查报告的期限可以适当
    延长,但延长的期限最长不超过(   )。
    A. 20 日内   B. 30 日内   C. 60 日内   D. 90 日内

286. 重大事故、较大事故、一般事故,负责事故调查的人民政府应当自收到事故调查报告
    之日起(   )内作出批复。
    A. 5 日   B. 10 日   C. 15 日   D. 30 日

287. 特别重大事故,负责事故调查的人民政府应当自收到事故调查报告之日起(   )内
    作出批复。
    A. 5 日   B. 10 日   C. 15 日   D. 30 日

288. 特别重大事故,特殊情况下,批复时间可以适当延长,但延长的时间最长不超过
    (   )。
    A. 5 日   B. 10 日   C. 15 日   D. 30 日

289. 事故发生单位主要负责人在事故调查处理期间擅离职守的,处上一年年收入(   )
    至80%的罚款。
    A. 20%   B. 30%   C. 40%   D. 50%

290. 事故发生单位主要负责人构成犯罪的,应(   )
    A. 记大过   B. 警告
    C. 留用察看   D. 依法追究刑事责任

291. 事故发生单位及其有关人员(   ),对事故发生单位处 100 万元以上 500 万元以下
    的罚款。
    A. 不立即组织事故抢救的
    B. 迟报或者漏报事故的
    C. 在事故调查处理期间擅离职守的
    D. 伪造或者故意破坏事故现场的

292. 事故发生单位及其有关人员转移、隐匿资金、财产,或者销毁有关证据、资料的,对事故发生单位处(   )的罚款。

A. 100～500 万元   B. 200～500 万元

C. 300～600 万元   D. 400～700 万元

正确答案:A

293. 伪造或者故意破坏事故现场的,对主要负责人、直接负责的主管人员和其他直接责任人员处上一年年收入60%至(   )的罚款。

A. 70%   B. 80%   C. 90%   D. 100%

正确答案:D

294. 事故发生单位对事故发生负有责任的,发生(   )的,处50万元以上200万元以下的罚款。

A. 重大事故   B. 较大事故

C. 特别重大事故   D. 一般事故

正确答案:A

295. 事故发生单位主要负责人未依法履行安全生产管理职责,导致事故发生的,发生特别重大事故的,处上一年年收入(   )的罚款。

A. 70%   B. 80%   C. 90%   D. 100%

正确答案:B

296. 事故发生单位主要负责人受到刑事处罚或者撤职处分的,自刑罚执行完毕或者受处分之日起,(   )不得担任任何生产经营单位的主要负责人。

A. 1 年内   B. 3 年内   C. 5 年内   D. 7 年内

正确答案:C

297.《安全生产培训管理办法》已经国家安全生产监督管理局局务会议审议通过,自(   )起施行。

A. 2005 年 1 月 1 日   B. 2005 年 2 月 1 日

C. 2005 年 3 月 1 日   D. 2005 年 4 月 1 日

正确答案:B

298. 为了加强安全生产培训管理,根据(   )和有关法律、行政法规的规定,制定《安全生产培训管理办法》。

A.《建筑法》   B.《安全生产法》

C.《建设工程安全生产管理条例》   D.《安全生产许可证条例》

正确答案:B

299. 设立煤矿安全监察机构的省、自治区、直辖市,由(   )依法对所辖区域内煤矿企业的安全培训工作实施监督管理。

A. 省级煤矿安全监察机构   B. 省级人民政府

C. 县级人民政府   D. 国家局

正确答案:A

300. 安全培训机构从事安全培训活动,必须取得相应的资质证书。其中(   )由省、自治区、直辖市安全生产监督管理部门审批、颁发。

A.一级   B.一级和二级

C.三级   D.三级和四级

正确答案：D

301. 安全培训机构从事安全培训活动，必须取得相应的资质证书。其中( )由国家局审批、颁发。

A.一级   B.一级和二级

C.三级   D.三级和四级

正确答案：B

302. 安全培训机构申请一级资质证书，应当具备( )。

A.注册资金或者开办费 30 万元以上

B.注册资金或者开办费 50 万元以上

C.注册资金或者开办费 80 万元以上

D.注册资金或者开办费 100 万元以上

正确答案：D

303. 取得( )资质证书的安全培训机构，可以承担省级以上安全生产监督管理部门、煤矿安全监察机构的安全生产监察员、煤矿安全监察员的培训。

A.一级   B.二级   C.三级   D.四级

正确答案：A

304. 取得( )资质证书的安全培训机构，可以承担市、县级安全生产监督管理部门的安全生产监察员的培训。

A.一级   B.二级   C.三级   D.四级

正确答案：B

305. 取得( )资质证书的安全培训机构，可以承担特种作业人员的培训。

A.一级   B.二级   C.三级   D.四级

正确答案：C

306. 申请一、二级资质证书，国家局自受理申请之日起( )内完成审查工作。

A.7 日   B.10 日   C.20 日   D.30 日

正确答案：C

307. 安全培训机构资质证书的有效期为( )年。

A.1   B.2   C.3   D.5

正确答案：C

308. 安全培训机构资质证书有效期满需要延期的，应当于安全培训机构资质证书有效期满前( )向原颁发证书的机构办理延期手续。

A.7 日内   B.10 日内   C.30 日内   D.60 日内

正确答案：C

309. 对安全培训机构及其教师的考核发证，收取( )费用。

A.0 元   B.100 元   C.150 元   D.200 元

310. 安全培训应当按照( )统一制定的安全培训大纲进行。
A. 国家局、省级安全生产监督管理部门
B. 县级安全生产监督管理部
C. 省级人民政府
D. 县级人民政府

正确答案:A

311. 安全监督监察人员、危险物品的生产、经营、储存单位与矿山企业的主要负责人,安全生产管理人员和特种作业人员的安全培训大纲,由( )组织制定。
A. 国家局
B. 县级安全生产监督管理部门
C. 省级人民政府
D. 省级安全生产监督管理部门

正确答案:A

312. 国家局、省级安全生产监督管理部门( )组织一次优秀教材的评选。
A. 每1年　　B. 每2年　　C. 每3年　　D. 每4年

正确答案:B

313. ( )负责市级、县级安全生产监督管理部门的安全生产监察员的培训工作。
A. 国家局
B. 省级安全生产监督管理部门
C. 省级人民政府
D. 县级人民政府

正确答案:B

314. 安全监督监察人员,危险物品的生产、经营、储存单位及矿山企业主要负责人,安全生产管理人员和特种作业人员的考核标准,由( )制定。
A. 国家局
B. 省级安全生产监督管理部门
C. 省级人民政府
D. 县级人民政府

正确答案:A

315. ( )负责特种作业人员的考核。
A. 国家局
B. 省级安全生产监督管理部门
C. 省级人民政府
D. 县级人民政府

正确答案:B

316. ( )负责省属生产经营单位和中央企业分公司、子公司及其所属单位的主要负责人和安全生产管理人员的考核。
A. 国家局
B. 省级安全生产监督管理部门
C. 省级人民政府
D. 县级人民政府

正确答案:B

317. ( )负责省级以上安全生产监督管理部门的安全生产监察员、各级煤矿安全监察机构的煤矿安全监察员的考核。
A. 国家局
B. 省级安全生产监督管理部门
C. 省级人民政府
D. 县级人民政府

正确答案:A

318. ( )负责所辖区域内煤矿企业的主要负责人、安全生产管理人员和特种作业人员的考核。

　　A.国家局

　　B.省级安全生产监督管理部门

　　C.省级煤矿安全监察机构

　　D.市级、县级安全生产监督管理部门

　　　　　　　　　　　　　　　　　　　　　　　　　　正确答案:C

319. 安全培训的考核应坚持( )。

　　A.教考分离　　　　　　　　　　B.统一标准

　　C.分级负责　　　　　　　　　　D.以上都正确

　　　　　　　　　　　　　　　　　　　　　　　　　　正确答案:D

320. 危险物品的生产、经营、储存单位和矿山企业主要负责人、安全生产管理人员经考核合格后,颁发( )。

　　A.安全生产监察员证　　　　　　B.煤矿安全监察员证

　　C.安全资格证　　　　　　　　　D.培训合格证

　　　　　　　　　　　　　　　　　　　　　　　　　　正确答案:C

321. ( )的式样,由负责培训考核的部门规定。

　　A.安全生产监察员证　　　　　　B.煤矿安全监察员证

　　C.安全资格证　　　　　　　　　D.培训合格证

　　　　　　　　　　　　　　　　　　　　　　　　　　正确答案:D

322. 安全生产监察员证、煤矿安全监察员证、安全资格证的有效期为( )。

　　A.1 年　　　　B.3 年　　　　C.5 年　　　　D.6 年

　　　　　　　　　　　　　　　　　　　　　　　　　　正确答案:B

323. 安全生产监察员证、煤矿安全监察员证、安全资格证的有效期满需要延期的,应当于期满前( )向原发证部门办理延期手续。

　　A.7 日内　　　　B.10 日内　　　　C.1 个月内　　　　D.2 个月内

　　　　　　　　　　　　　　　　　　　　　　　　　　正确答案:D

324. 特种作业操作资格证的有效期为( )。

　　A.1 年　　　　B.3 年　　　　C.5 年　　　　D.6 年

　　　　　　　　　　　　　　　　　　　　　　　　　　正确答案:D

325. 特种作业操作资格证需延期或者复审的,应当于期满前( )向原发证部门或者异地相关部门办理延期或者复审手续。

　　A.7 日内　　　　B.10 日内　　　　C.1 个月内　　　　D.2 个月内

　　　　　　　　　　　　　　　　　　　　　　　　　　正确答案:C

326. 特种作业操作资格证在( )范围内有效。

　　A.全国　　　　B.全省　　　　C.全县　　　　D.全市

　　　　　　　　　　　　　　　　　　　　　　　　　　正确答案:A

327. 煤矿安全监察机构考核颁发的主要负责人、安全生产管理人员的安全资格证在（　　）范围内有效。

    A. 全国　　　　　　B. 全省　　　　　　C. 全县　　　　　　D. 全市

正确答案：A

328. 安全生产监督管理部门、煤矿安全监察机构及其工作人员应当坚持（　　）的原则，颁发资质证书。

    A. 公开　　　　　　B. 公平　　　　　　C. 公正　　　　　　D. 以上都正确

正确答案：D

329. 对已经取得资质证书的安全培训机构，安全生产监督管理部门、煤矿安全监察机构应当每（　　）进行一次评估检查。

    A. 1 年　　　　　　B. 3 年　　　　　　C. 5 年　　　　　　D. 6 年

正确答案：B

330. 监察机关依照（　　）等法律、行政法规的规定，对安全生产监督管理部门、煤矿安全监察机构及其工作履行安全培训工作监督管理职责实施监察。

    A.《行政监察法》　　　　　　　　B.《建筑法》

    C.《建设工程安全生产管理条例》　　D.《中华人民共和国安全生产法》

正确答案：A

331. 安全生产监督管理部门、煤矿安全监察机构工作人员在安全培训监督管理工作中，构成犯罪的，应（　　）。

    A. 记大过　　　　　　　　　　B. 警告

    C. 留用察看　　　　　　　　　D. 依法追究刑事责任

正确答案：D

二、多选题（本题型每题有 5 个备选答案，其中至少有 2 个答案是正确的。多选、少选、错选均不得分）。

例：中华人民共和国建筑法的立法目的是（ABCD）

    A. 加强对建筑活动的监督管理

    B. 维护建筑市场秩序

    C. 保证建筑工程的质量和安全

    D. 促进建筑业健康发展

    E. 维护建筑业企业的权益

1. 申请领取施工许可证，应当具备下列条件：（　　　　）。

    A. 已经办理建筑工程用地审批手续

    B. 在城市规划区的建筑工程，已经取得规划许可证

    C. 有保证工程质量和安全的具体措施

D. 有满足施工需要的施工图纸及技术资料

E. 法律、行政法规规定的其他条件

正确答案：ABCDE

2. 实施建筑工程监理前，建设单位应当将(　　　)，书面通知被监理的建筑施工企业。

A. 委托的工程监理单位　　　　B. 监理的内容　　　　C. 监理单位的报酬

D. 监理人员名单　　　　　　　E. 监理权限

正确答案：ABE

3. 根据《建筑法》，建筑施工企业在编制施工组织设计时，对专业性较强的工程项目(　　　)。

A. 应当编制专项安全施工组织设计

B. 视情况决定是否编制专项安全施工组织设计

C. 不必编制专项安全施工组织设计

D. 采取安全技术措施

E. 视情况决定是否采取安全技术措施

正确答案：AD

4. 根据《建筑法》，建筑施工企业应当在施工现场采取(　　　)。

A. 维护安全的措施　　　　　B. 防范危险的措施　　　　C. 预防火灾的措施

D. 有条件的，应当对施工现场实行封闭管理　　　　E. 风险转移的措施

正确答案：ABCD

5. 建筑施工企业应当遵守有关环境保护和安全生产的法律、法规的规定，采取控制和处理施工现场的各种(　　　)的措施。

A. 粉尘　　　　　　　　　　B. 废气　　　　　　　　　C. 固体废物

D. 废水　　　　　　　　　　E. 噪声、振动对环境的污染和危害

正确答案：ABCDE

6. 有下列情形之一的，建设单位应当按照国家有关规定办理申请批准手续(　　　)。

A. 需要临时占用规划批准范围以外场地的

B. 可能损坏道路、管线、电力、邮电通讯等公共设施的

C. 需要临时停水、停电、中断道路交通的

D. 需要进行爆破作业的

E. 法律、法规规定需要办理报批手续的其他情形

正确答案：ABCDE

7. 根据《建筑法》，建筑施工企业必须(　　　)。

A. 依法加强对建筑安全生产的管理

B. 执行安全生产责任制度

C. 采取有效措施防止伤亡

D. 采取有效措施防止其他安全生产事故

E. 避免任何安全生产事故

正确答案：ABCD

8. 建筑施工企业和作业人员在施工过程中,应当( )。

A. 遵守有关安全生产的法律　　B. 遵守有关安全生产的法规

C. 遵守建筑行业安全规章　　　D. 遵守建筑行业安全规程

E. 不得违章指挥或者违章作业

正确答案:ABCDE

9. 超越本单位资质等级承揽工程的,( )。

A. 责令停止违法行为

B. 处以罚款

C. 可以责令停业整顿,降低资质等级

D. 情节严重的,吊销资质证书

E. 有违法所得的,予以没收

正确答案:ABCDE

10. 建筑施工企业转让、出借资质证书或者以其他方式允许他人以本企业的名义承揽工程的( )。

A. 责令改正

B. 没收违法所得,并处罚款

C. 可以责令停业整顿,降低资质等级

D. 情节严重的,吊销资质证书

E. 直接追究单位的刑事责任

正确答案:ABCD

11. 承包单位将承包的工程转包的,或者违反建筑法规定进行分包的( )。

A. 责令改正

B. 没收违法所得,并处罚款

C. 直接追究单位的刑事责任

D. 可以责令停业整顿,降低资质等级

E. 情节严重的,吊销资质证书

正确答案:ABDE

12. 建筑设计单位不按照建筑工程质量、安全标准进行设计的( )。

A. 责令改正,处以罚款

B. 造成工程质量事故的,责令停业整顿,降低资质等级或者吊销资质证书,没收违法所得,并处罚款

C. 造成损失的,承担赔偿责任

D. 构成犯罪的,依法追究刑事责任

E. 直接追究单位的刑事责任

正确答案:ABCD

13. 建筑施工企业在施工中偷工减料的,使用不合格的建筑材料、建筑构配件和设备的,或者有其他不按照工程设计图纸或者施工技术标准施工的行为的( )。

A. 责令改正,处以罚款

B. 情节严重的,责令停业整顿,降低资质等级或者吊销资质证书

C. 造成建筑工程质量不符合规定的质量标准的,负责返工、修理,并赔偿因此造成的损失

D. 构成犯罪的,依法追究刑事责任

E. 直接追究单位的刑事责任

正确答案:ABCD

14. 关于施工单位职工安全生产培训下列说法正确的是:(　　　　)。

A. 施工单位自主决定培训

B. 培训制度无硬性规定

C. 施工单位应当加强对职工的教育培训

D. 施工单位应当建立、健全教育培训制度

E. 未经教育培训或者考核不合格的人员,不得上岗作业

正确答案:CDE

15. 以下关于工程监理单位的几种说法,正确的是(　　　　)。

A. 与建设单位或者施工单位串通,弄虚作假、降低工程质量的

B. 禁止工程监理单位超越本单位资质等级许可的范围承担工程监理业务

C. 禁止工程监理单位以其他工程监理单位的名义承担工程监理业务

D. 禁止工程监理单位允许其他单位或者个人以本单位的名义承担工程监理业务

E. 工程监理单位不得转让工程监理业务

正确答案:BCDE

16. 为了加强建设工程安全生产监督管理,保障人民群众生命和财产安全,根据(　　　　),制定《建设工程安全生产管理条例》。

A.《中华人民共和国建筑法》

B.《中华人民共和国城市规划法》

C.《中华人民共和国安全生产法》

D.《中华人民共和国建设工程质量管理条例》

E.《中华人民共和国建设工程勘察设计管理条例》

正确答案:AC

17. 建设单位应当向施工单位提供(　　　　),并保证资料的真实、准确、完整。

A. 建设项目周围环境现状

B. 相邻建筑物和构筑物、地下工程的有关资料

C. 气象和水文观测材料

D. 担保合同

E. 施工现场及毗邻区域内供水、排水、供电、供气、供热、通信、广播电视等地下管线资料

正确答案:BCE

18. 《建设工程安全生产管理条例》适用于以下哪项(　　　　)。

A. 建设工程的新建　　　　　　B. 建设工程的改建　　　C. 建设工程的扩建

219

D. 救灾工程   E. 建设工程的拆除

正确答案：ABCE

19. 制定《建设工程安全生产管理条例》的目的是(   )。
    A. 加强建设工程安全生产监督管理
    B. 保障人民群众生命安全
    C. 保障人民群众财产安全
    D. 保护施工单位利益不受侵害
    E. 保证建设单位利益

正确答案：ABC

20. 《建设工程安全生产管理条例》中的建设工程指(   )。
    A. 土木工程   B. 建筑工程   C. 线路管道
    D. 设备安装工程   E. 装修工程

正确答案：ABCDE

21. 哪些单位,必须遵守安全生产法律、法规的规定,保证建设工程安全生产(   )。
    A. 建设单位   B. 设计单位   C. 施工单位
    D. 工程监理单位   E. 其他与建设生产安全有关单位

正确答案：ABCDE

22. 根据《建设工程安全生产管理条例》,下列说法正确的是(   )：
    A. 建设工程安全生产管理条例只适用于施工单位
    B. 建设工程安全生产管理条例适用于施工单位
    C. 建设工程安全生产管理条例不适用建设单位
    D. 建设工程安全生产管理条例不适用监理单位
    E. 建设工程安全生产管理条例适用于设计单位

正确答案：BE

23. 根据《建设工程安全生产管理条例》,下列说法错误的是(   )
    A. 建设工程安全生产管理,坚持质量第一、预防为主的方针
    B. 建设单位可压缩合同约定工期
    C. 建设工程安全生产管理,坚持预防第一、安全为主的方针
    D. 建设单位因建设工程需要,向有关部门或者单位查询相关资料时,有关部门或者单
       位应当及时提供。
    E. 建设工程安全生产管理,坚持安全第一、预防为主的方针。

正确答案：ABC

24. 根据《建设工程安全生产管理条例》,建设单位在编制工程概算时,应当确定
    (   )所需费用。
    A. 现场卫生条件   B. 建设工程安全作业环境
    C. 工程施工   D. 安全施工措施
    E. 建设工程安全措施

正确答案：BD

220

25. 根据《建设工程安全生产管理条例》,下列说法错误的是(　　　　)
    A. 建设单位可压缩合同约定工期
    B. 建设单位应当向施工单位提供施工现场资料
    C. 施工单位应该自行勘察施工现场,建设单位无义务提供相应资料
    D. 建设单位因建设工程需要,向有关部门或者单位查询前款规定的资料时,有关部门或者单位无义务及时提供
    E. 建设单位不得压缩合同约定的工期

    正确答案:ACD

26. 根据《建设工程安全生产管理条例》,下列说法错误的是(　　　　)
    A. 建设单位在编制工程概算时,应当确定建设工程安全作业环境及安全施工措施所需费用
    B. 施工单位在编制工程概算时,应当确定建设工程安全作业环境及安全施工措施所需费用
    C. 设计单位在编制工程概算时,应当确定建设工程安全作业环境及安全施工措施所需费用
    D. 建设单位在编制工程预算时,应当确定建设工程安全作业环境及安全施工措施所需费用
    E. 建设单位在编制工程决算时,应当确定建设工程安全作业环境及安全施工措施所需费用

    正确答案:BCDE

27. 根据《建设工程安全生产管理条例》,下列说法正确的是(　　　　)
    A. 建设单位在编制工程概算时,应当确定建设工程安全作业环境及安全施工措施所需费用
    B. 建设单位在申请领取施工许可证时,应当提供建设工程有关安全施工措施的资料
    C. 建设单位可压缩合同约定工期
    D. 建设工程安全生产管理,坚持质量第一、预防为主的方针
    E. 建设单位应当向施工单位提供施工现场资料,并保证资料的真实、准确、完整

    正确答案:ABE

28. 建设单位应当在拆除工程施工 15 日前,将下列资料报送建设工程所在地的县级以上地方人民政府建设行主管部门或者其他有关部门备案:(　　　　)。
    A. 堆放、清除废弃物的措施
    B. 施工单位资质等级证明
    C. 拟拆除工程地下管线资料
    D. 拟拆除建筑物、构筑物及可能危及毗邻建筑的说明
    E. 拆除施工组织方案

    正确答案:ABDE

29. 根据《建设工程安全生产管理条例》,下列说法正确的是(　　　　)。
    A. 建设工程,是指土木工程、建筑工程、线路管道和设备安装工程及装修工程

B. 国家鼓励建设工程安全生产的科学技术研究和先进技术的推广应用,推进建设工程安全生产的科学管理

C. 建设单位因建设工程需要,向有关部门或者单位查询规定的资料时,有关部门或者单位应及时提供

D. 建设单位不得对勘察、设计、施工、工程监理等单位提出不符合建设工程安全生产法律、法规和强制性标准规定的要求,不得压缩合同约定的工期

E. 建设单位在编制工程概算时,应当确定建设工程安全作业环境及安全施工措施所需费用

正确答案:ABCDE

30. 根据《建设工程安全生产管理条例》,下列说法正确的是( )。

A. 依法批准开工报告的建设工程,建设单位应当自开工报告批准之日起 30 日内,将保证安全施工的措施报送建设工程所在地的县级以上地方人民政府建设行政主管部门或者其他有关部门备案

B. 依法批准开工报告的建设工程,建设单位应当自开工报告批准之日起 15 日内,将保证安全施工的措施报送建设工程所在地方县级以上人民政府建设行政主管部门或者其他有关部门备案

C. 依法批准开工报告的建设工程,建设单位应当自开工报告批准之日起 40 日内,将保证安全施工的措施报送建设工程所在地的市级以上人民政府建设行政主管部门或者其他有关部门备案

D. 建设单位应当将拆除工程发包给具有相应资质等级的施工单位

E. 建设单位可以明示或暗示施工单位购买、使用不符合安全施工要求的安全防护用具或机械设备等

正确答案:BD

31. 根据《建设工程安全生产管理条例》,下列说法正确的是( )。

A. 勘察单位应当按照法律、法规和工程建设强制性标准进行勘察,提供的勘察文件应当真实、准确,满足建设工程安全生产的需要

B. 实施爆破作业的,应当遵守国家有关民用爆炸物品管理的规定

C. 建设单位应当将拆除工程发包给具有相应资质等级的施工单位

D. 勘察单位在勘察作业时,应当严格执行操作规程,采取措施保证各类管线、设施和周边建筑物、构筑物的安全

E. 施工单位应当考虑施工安全操作和防护的需要,对涉及施工安全的重点部位和环节在设计文件中注明,并对防范生产安全事故提出指导意见

正确答案:ABCD

32. 根据《建设工程安全生产管理条例》,下列说法正确的是( )。

A. 建设单位在编制工程概算时,应当确定建设工程安全作业环境及安全施工措施所需费用

B. 依法批准开工报告的建设工程,建设单位应当自开工报告批准之日起 15 日内,将保证安全施工的措施报送建设工程所在地方县级以上人民政府建设行政主管部门

或者其他有关部门备案

    C. 建设单位可以压缩合同约定的工期

    D. 建设工程安全生产管理,坚持质量第一、预防为主的方针

    E. 施工单位在申请领取施工许可证时,应当提供建设工程有关安全施工措施的资料

正确答案:AB

33. (　　　　)应当对设计负责。

    A. 设计单位

    B. 注册建筑师

    C. 其他相关的注册执业设计人员

    D. 建设单位

    E. 监理单位

正确答案:ABC

34. 根据《建设工程安全生产管理条例》,下列说法正确的是(　　　　)。

    A. 工程监理单位应审查施工组织设计中的安全技术措施或者专项施工方案是否符合工程建设强制性标准

    B. 设计单位和注册建筑师等注册执业人员应当对其设计负责

    C. 工程监理单位在实施监理过程中,发现存在安全事故隐患的,应当要求施工单位整改;情况严重的,应及时报告建设单位,但没有权利要求施工单位暂时停止施工

    D. 工程监理单位在实施监理过程中,发现存在安全事故隐患的,应当要求施工单位整改;情况严重的,应当要求施工单位暂时停止施工,并及时报告建设单位

    E. 工程监理单位和监理工程师应当按照法律、法规和工程建设强制性标准实施监理,并对建设工程安全生产承担监理责任

正确答案:ABDE

35. 根据《建设工程安全生产管理条例》,下列说法错误的是(　　　　)。

    A. 采用新结构、新材料、新工艺的建设工程和特殊结构的建设工程,监理单位应当在设计中提出保障施工作业人员安全和预防生产安全事故的措施建议

    B. 工程监理单位应当审查施工组织设计中的安全技术措施或者专项施工方案是否符合工程建设强制性标准

    C. 施工单位在申请领取施工许可证时,应当提供建设工程有关安全施工措施的资料

    D. 工程监理单位在实施监理过程中,发现存在安全事故隐患的,应当要求施工单位整改;情况严重的,应当要求施工单位暂时停止施工,并及时报告建设单位

    E. 依法批准开工报告的建设工程,建设单位应当自开工报告批准之日起15日内,将保证安全施工的措施报送建设工程所在地方县级以上人民政府建设行政主管部门或者其他有关部门备案

正确答案:AC

36. 根据《建设工程安全生产管理条例》,(　　　　)的建设工程,设计单位应当在设计中提出保障施工作业人员安全和预防生产安全事故的措施建议。

    A. 采用新结构　　　　B. 采用新材料　　　　C. 特殊结构

D. 特殊位置　　　　　　　　　　E. 新工艺

正确答案：ABCE

37. 根据《建设工程安全生产管理条例》,下列说法正确的是(　　　　)。
    A. 设计单位应当按照法律、法规和工程建设强制性标准进行勘察,提供的勘察文件应当真实、准确,满足建设工程安全生产的需要
    B. 勘察单位应当考虑施工安全操作和防护的需要,对涉及施工安全的重点部位和环节在设计文件中注明,并对防范生产安全事故提出指导意见
    C. 设计单位应当考虑施工安全操作和防护的需要,对涉及施工安全的重点部位和环节在设计文件中注明,并对防范生产安全事故提出指导意见
    D. 勘察单位在勘察作业时,应当严格执行操作规程,采取措施保证各类管线、设施和周边建筑物、构筑物的安全
    E. 监理单位应当考虑施工安全操作和防护的需要,对涉及施工安全的重点部位和环节在设计文件中注明,并对防范生产安全事故提出指导意见

正确答案：CD

38. 根据《建设工程安全生产管理条例》,下列说法正确的是(　　　　)。
    A. 设计单位应当考虑施工安全操作和防护的需要,对涉及施工安全的重点部位和环节在设计文件中注明,并对防范生产安全事故提出指导意见
    B. 采用新结构、新材料、新工艺的建设工程和特殊结构的建设工程,监理单位应当在设计中提出保障施工作业人员安全和预防生产安全事故的措施建议
    C. 工程监理单位应当审查施工组织设计中的安全技术措施或者专项施工方案是否符合工程建设强制性标准
    D. 工程设计单位应当审查施工组织设计中的安全技术措施或者专项施工方案是否符合工程建设强制性标准
    E. 监理单位应当考虑施工安全操作和防护的需要,对涉及施工安全的重点部位和环节在设计文件中注明,并对防范生产安全事故提出指导意见

正确答案：AC

39. 根据《建设工程安全生产管理条例》,下列说法正确的是(　　　　)。
    A. 工程设计单位在实施施工过程中,发现存在安全事故隐患的,应当要求施工单位整改;情况严重的,应当要求施工单位暂时停止施工,并及时报告建设单位
    B. 工程监理单位应审查施工组织设计中的安全技术措施或者专项施工方案是否符合工程建设强制性标准
    C. 工程监理单位和监理工程师应当按照法律、法规和工程建设强制性标准实施监理,并对建设工程安全生产承担监理责任
    D. 设计单位应当考虑施工安全操作和防护的需要,对涉及施工安全的重点部位和环节在设计文件中注明,并对防范生产安全事故提出指导意见
    E. 采用新结构、新材料、新工艺的建设工程和特殊结构的建设工程,监理单位应当在设计中提出保障施工作业人员安全和预防生产安全事故的措施建议

正确答案：CD

40. 根据《建设工程安全生产管理条例》,出租的机械设备和施工机具及配件,应当具有( )。
  A. 生产(制造)许可证 B. 产品合格证 C. 生产日期
  D. 生产厂家 E. 出租许可证

正确答案:AB

41. 安装、拆卸施工起重机械和整体提升脚手架、模板等自升式架设设施时( )。
  A. 应当编制拆装方案 B. 制定安全施工措施
  C. 由专业技术人员现场监督 D. 必须由具有相应资质的单位承担
  E. 可以由非专业人员进行

正确答案:ABCD

42. 施工起重机械和整体提升脚手架、模板等自升式架设设施安装完毕后( )。
  A. 安装单位应该自检
  B. 安装单位应出具自检合格证明
  C. 安装单位应向施工单位进行安全说明
  D. 安装单位应向建设单位进行安全说明
  E. 安装单位应该办理验收手续并签字

正确答案:ABCE

43. 下列有关施工单位的安全责任正确的是( )。
  A. 施工单位从事建设工程的新建、扩建、改建和拆除等活动,应当具备国家规定的注册资本、专业技术人员、技术装备和安全生产等条件,依法取得相应等级的资质证书,并在其资质等级许可的范围内承揽工程
  B. 施工单位负责人依法对本单位的安全生产工作全面负责
  C. 施工单位应当建立健全安全生产责任制度和安全生产教育培训制度,制定安全生产规章制度和操作规程,保证本单位安全生产条件所需资金的投入,对所承担的建设工程进行定期和专项安全检查,并做好安全检查记录
  D. 施工单位应当设立安全生产管理机构,配备专职安全生产管理人员
  E. 建设工程实行施工总承包的,由总承包单位对施工现场的安全生产负总责

正确答案:ABCDE

44. 下列说法正确的是( )。
  A. 建设工程实行施工总承包的,由分包单位对施工现场的安全生产负总责
  B. 总承包单位和分包单位对分包工程的安全生产承担无限连带责任
  C. 分包单位应当服从总承包单位的安全生产管理,分包单位不服从管理导致生产安全事故的,由总承包单位承担主要责任
  D. 总承包单位应当自行完成建设工程主体结构的施工
  E. 建设工程实行施工总承包的,由总承包单位对施工现场的安全生产负总责

正确答案:DE

45. 根据《建设工程安全生产管理条例》,下列( )达到一定规模的危险性较大的分部分项工程编制专项施工方案,并附具安全验算结果,经施工单位技术负责人、总监

理工程师签字后实施,由专职安全生产管理人员进行现场监督。

A. 基坑支护与降水工程　　　B. 土方开挖工程　　　C. 模板工程

D. 混凝土工程　　　　　　　E. 脚手架工程

正确答案:ABCE

46. 根据《建设工程安全生产管理条例》,施工单位应该在下列(　　　　)处危险部位设置明显的安全警示标志。

A. 施工现场入口处　　　　　B. 电梯井口　　　　　C. 脚手架

D. 分叉路口　　　　　　　　E. 十字路口

正确答案:ABC

47. 根据《建设工程安全生产管理条例》,下列说法正确的是(　　　　)。

A. 施工单位应当根据不同施工阶段和周围环境及季节、气候的变化,在施工现场采取相应的安全施工措施

B. 施工现场暂时停止施工的,施工单位应当做好现场防护,所需费用由施工方承担,或者按照合同约定执行

C. 建设工程施工前,施工单位负责项目管理的技术人员应当对有关安全施工的技术要求向施工作业班组、作业人员作出详细说明,并由双方签字确认

D. 施工单位应当将施工现场的办公、生活区与作业区分开设置,并保持安全距离

E. 施工现场使用的机械设备可不具有产品合格证

正确答案:ACD

48. 根据《建设工程安全生产管理条例》,下列说法正确的是(　　　　)。

A. 在城市的建设工程,施工单位可以对施工现场不实行封闭围挡

B. 在城市市区内的建设工程,施工单位应当对施工现场实行封闭围挡

C. 施工单位不得在尚未竣工的建筑物内设置员工集体宿舍

D. 施工单位可以在尚未竣工但已经监理工程师检验合格的建筑物内设置员工集体宿舍

E. 施工现场暂时停止施工的,应当由建设单位做好现场防护,所需费用由责任方承担,或按照合同约定执行

正确答案:BC

49. 施工单位在使用承租的机械设备和施工机具及配件的,由(　　　　)共同进行验收。

A. 建设单位　　　　　　　　B. 施工总承包单位　　　C. 分包单位

D. 出租单位　　　　　　　　E. 安装单位

正确答案:BCDE

50. 施工单位在采用(　　　　)时,应当对作业人员进行相应的安全生产教育培训。

A. 新工艺　　　　　　　　　B. 新材料　　　　　　　C. 新结构

D. 新设备　　　　　　　　　E. 新技术

正确答案:ABDE

51. 意外伤害保险费由施工单位支付。实行施工总承包的,由总承包单位支付意外伤害保险费。意外伤害保险期限(　　　　)。

A. 自建设工程开工一个月之日起

B. 自建设工程开工之日起

C. 至竣工之日止

D. 至竣工验收合格止

E. 由负责人决定

正确答案：BD

52. 根据《建设工程安全生产管理条例》，下列说法正确的(　　　　)。

A. 在城市市区内的建设工程，施工单位应当对施工现场实行封闭围挡

B. 施工单位应当自施工起重机械和整体提升脚手架、模板等自升式架设设施验收合格之日起15日内，向建设行政主管部门或者其他有关部门登记

C. 施工单位的主要负责人、项目负责人、专职安全生产管理人员应当经培训后方可任职

D. 施工单位应当为施工现场从事危险作业的人员办理意外伤害保险

E. 施工单位应当向作业人员提供安全防护用具和安全防护服装，并书面告知危险岗位的操作规程和违章操作的危害

正确答案：ADE

53. 根据《建设工程安全生产管理条例》，下列说法正确的(　　　　)。

A. 意外伤害保险费由施工单位支付

B. 意外伤害保险费由建设单位支付

C. 意外伤害保险期限自建设工程开工之日起至竣工验收合格止

D. 意外伤害保险期限自建设工程开工之日起至竣工结算时止

E. 实行施工总承包的，由总承包单位支付意外伤害保险费

正确答案：ACE

54. 县级以上人民政府负有建设工程安全生产监督管理职责的部门在各自的职责范围内履行安全监督检查职责时，有权采取下列措施(　　　　)

A. 要求被检查单位提供有关建设工程安全生产的文件和资料

B. 进入被检查单位施工现场进行检查

C. 纠正施工中违反安全生产要求的行为

D. 对检查中发现的安全事故隐患，责令立即排除

E. 重大安全事故隐患排除前或者排除过程中无法保证安全的，责令从危险区域内撤出作业人员或者暂时停止施工

正确答案：ABCDE

55. 根据《建设工程安全生产管理条例》，下列说法正确的(　　　　)。

A. 国务院负责安全生产监督管理的部门依照《中华人民共和国安全生产法》的规定，对全国建设工程安全生产工作实施综合监督管理

B. 市级以上地方人民政府建设行政主管部门依照《中华人民共和国安全生产法》的规定，对本行政区域内建设工程安全生产工作实施综合监督管理

C. 县级以上地方人民政府负责安全生产监督管理的部门依照《中华人民共和国安全

《生产法》的规定,对本行政区域内建设工程安全生产工作实施综合监督管理

    D. 市级以上地方人民政府对全国的建设工程安全生产实施监督管理

    E. 国务院铁路、交通、水利等有关部门按照国务院规定的职责分工,负责有关专业建设工程安全生产的监督管理

正确答案:ACE

56. 根据《建设工程安全生产管理条例》,施工单位发生生产安全事故(　　　　)。

    A. 应当按照国家有关伤亡事故报告和调查处理的规定,及时、如实地向负责安全生产监督管理的部门、建设行政主管部门或者其他有关部门报告

    B. 实行施工总承包的建设工程,由总承包单位负责上报事故

    C. 特种设备发生事故的,不用同时向特种设备安全监督管理部门报告

    D. 特种设备发生事故的,还应当同时向特种设备安全监督管理部门报告

    E. 接到报告的部门应当按照国家有关规定,如实上报

正确答案:ABDE

57. 根据《建设工程安全生产管理条例》,发生生产安全事故后(　　　　)。

    A. 马上报警

    B. 施工单位应当采取措施防止事故扩大

    C. 需要移动现场物品时,应当做出标记和书面记录,妥善保管有关证物

    D. 保护事故现场

    E. 施工单位不许采取任何措施

正确答案:BCD

58. 违反《建设工程安全生产管理条例》的规定,县级以上人民政府建设行政主管部门或者其他有关行政管理部门的工作人员,有下列行为之一的,给予降级或者撤职的行政处分;构成犯罪的,依照刑法有关规定追究刑事责任(　　　　)。

    A. 对不具备安全生产条件的施工单位颁发资质证书的

    B. 对没有安全施工措施的建设工程颁发施工许可证的

    C. 对本职工作不尽责的

    D. 发现违法行为不予查处的

    E. 不依法履行监督管理职责的其他行为

正确答案:ABDE

59. 违反《建设工程安全生产管理条例》的规定,对建设单位有以下要求:(　　　　)。

    A. 逾期未改正的,责令该建设工程停止施工

    B. 逾期未改正的,责令对该工程进行罚款

    C. 建设单位未提供建设工程安全生产作业环境及安全施工措施所需费用的,责令限期改正

    D. 建设单位未将保证安全施工的措施或者拆除工程的有关资料报送有关部门备案的,责令限期改正,给予警告

    E. 建设单位未提供建设工程安全生产作业环境及安全施工措施所需费用的,责令该建设工程停止施工

60. 违反《建设工程安全生产管理条例》的规定,建设单位有下列行为之一的,责令限期改正,处 20 万元以上 50 万元以下的罚款;造成重大安全事故,构成犯罪的,对直接责任人员,依照刑法有关规定追究刑事责任;造成损失的,依法承担赔偿责任( )。

A. 将建设工程发包给不具有相应资质等级的施工单位的

B. 对勘察、设计、施工、工程监理等单位提出不符合安全生产法律、法规和强制性标准规定的要求的

C. 要求施工单位压缩合同约定的工期的

D. 将拆除工程发包给不具有相应资质等级的施工单位的

E. 建设单位将建设工程发包给不具有相应资质等级的勘查、设计或者委托给具有相应资质等级的工程监理单位的

61. 违反《建设工程安全生产管理条例》的规定,勘察单位、设计单位有下列行为之一的,责令限期改正,处 10 万元以上 30 万元以下的罚款;情节严重的,责令停业整顿,降低资质等级,直至吊销资质证书;造成重大安全事故,构成犯罪的,对直接责任人员,依照刑法有关规定追究刑事责任;造成损失的,依法承担赔偿责任:( )。

A. 超越本单位资质等级承揽工程的

B. 允许其他单位或者个人以本单位名义承揽工程的

C. 未按照法律、法规和工程建设强制性标准进行勘察、设计的

D. 采用新结构、新材料、新工艺的建设工程和特殊结构的建设工程,设计单位未在设计中提出保障施工作业人员安全和预防生产安全事故的措施建议的

E. 未取得或以欺诈手段骗取资质证书承揽工程的

62. 违反《建设工程安全生产管理条例》的规定,施工单位有下列行为之一的,责令限期改正;逾期未改正的,责令停业整顿,并处 10 万元以上 30 万元以下的罚款;情节严重的,降低资质等级,直至吊销资质证书;造成重大安全事故,构成犯罪的,对直接责任人员,依照刑法有关规定追究刑事责任;造成损失的,依法承担赔偿责任( )。

A. 安全防护用具、机械设备、施工机具及配件在进入施工现场前未经查验或者查验不合格即投入使用的

B. 使用未经验收或者验收不合格的施工起重机械和整体提升脚手架、模板等自升式架设设施的

C. 委托不具有相应资质的单位承担施工现场安装、拆卸施工起重机械和整体提升脚手架、模板等自升式架设设施的

D. 在施工组织设计中未编制安全技术措施、施工现场临时用电方案或者专项施工方案的

E. 在尚未竣工的建筑物内设置员工集体宿舍的

63. 违反《建设工程安全生产管理条例》的规定,施工单位有下列行为之一的,责令限期改

正;逾期未改正的,责令停业整顿,并处 5 万元以上 10 万元以下的罚款;造成重大安全事故,构成犯罪的,对直接责任人员,依照刑法有关规定追究刑事责任(   )。

A. 施工前未对有关安全施工的技术要求作出详细说明的

B. 未根据不同施工阶段和周围环境及季节、气候的变化,在施工现场采取相应的安全施工措施,或者在城市市区内的建设工程的施工现场未实行封闭围挡的

C. 在尚未竣工的建筑物内设置员工集体宿舍的

D. 施工现场临时搭建的建筑物不符合安全使用要求的

E. 未对因建设工程施工可能造成损害的毗邻建筑物、构筑物和地下管线等采取专项防护措施的

正确答案:ABCDE

64. 违反《建设工程安全生产管理条例》的规定,县级以上人民政府建设行政主管部门或者其他有关行政管理部门的工作人员,有下列行为之一的,给予降级或者撤职的行政处分;构成犯罪的,依照刑法有关规定追究刑事责任(   )。

A. 对不具备安全生产条件的施工单位颁发资质证书的

B. 对没有安全施工措施的建设工程颁发施工许可证的

C. 不依法履行监督管理职责的其他行为

D. 发现违法行为不予查处的

E. 建设单位未将保证安全施工的措施或者拆除工程的有关资料报送有关部门备案的

正确答案:ABCD

65. 违反《建设工程安全生产管理条例》的规定,建设单位有下列行为之一的,责令限期改正,处 20 万元以上 50 万元以下的罚款;造成重大安全事故,构成犯罪的,对直接责任人员,依照刑法有关规定追究刑事责任;造成损失的,依法承担赔偿责任(   )。

A. 对勘察、设计、施工、工程监理等单位提出不符合安全生产法律、法规和强制性标准规定的要求的

B. 要求施工单位压缩合同约定的工期的

C. 将拆除工程发包给不具有相应资质等级的施工单位的

D. 未按照法律、法规和工程建设强制性标准进行勘察、设计

E. 采用新结构、新材料、新工艺的建设工程和特殊结构的建设工程,设计单位未在设计中提出保障施工作业人员安全和预防生产安全事故的措施建议的

正确答案:ABC

66. 根据《建设工程安全生产管理条例》,下列说法正确的是(   )。

A. 施工单位取得资质证书后,降低安全生产条件的,责令限期改正;经整改仍未达到与其资质等级相适应的安全生产条件的,责令停业整顿,降低其资质等级直至吊销资质证书

B. 有关法律、行政法规对建设工程安全生产违法行为的行政处罚决定机关另有规定的,建设工程安全生产管理条例优先

C. 抢险救灾和农民自建低层住宅的安全生产管理,也适用建设工程安全生产管理条例

D. 军事建设工程的安全生产管理,按照中央军事委员会的有关规定执行

E. 军事建设工程的安全生产管理,也适用建设工程安全生产管理条例

正确答案:AD

67. 在中华人民共和国领域内从事生产经营活动的单位的安全生产,适用《安全生产法》;有关法律、行政法规对(　　　)另有规定的,适用其规定。

A. 消防安全　　　　　　　　B. 铁路交通安全　　　　C. 水上交通安全

D. 民用航空安全　　　　　　E. 道路交通安全

正确答案:ABCDE

68. (　　　)单位有进行安全生产宣传教育的义务,有对违反安全生产法律、法规的行为进行舆论监督的权利。

A. 新闻　　　　　　　　　　B. 出版　　　　　　　　C. 广播

D. 电影　　　　　　　　　　E. 电视

正确答案:ABCDE

69. 国家对(　　　)实行安全生产许可制度。

A. 矿山企业　　　　　　　　B. 建筑施工企业　　　　C. 危险化学品生产企业

D. 烟花爆竹生产企业　　　　E. 民用爆破器材生产企业

正确答案:ABCDE

70. 企业取得安全生产许可证,应当具备下列安全生产条件:(　　　)。

A. 建立、健全安全生产责任制,制定完备的安全生产规章制度和操作规程

B. 主要负责人和安全生产管理人员经考核合格

C. 安全投入符合安全生产要求

D. 设置安全生产管理机构,配备专职安全生产管理人员

E. 从业人员经安全生产教育和培训合格

正确答案:ABCDE

71. 安全生产许可证颁发管理机关工作人员有下列行为之一的,给予降级或者撤职的行政处分;构成犯罪的,依法追究刑事责任:(　　　)。

A. 向不符合本条例规定的安全生产条件的企业颁发安全生产许可证的

B. 发现企业未依法取得安全生产许可证擅自从事生产活动,不依法处理的

C. 发现取得安全生产许可证的企业不再具备本条例规定的安全生产条件,不依法处理的

D. 接到对违反本条例规定行为的举报后,不及时处理的

E. 在安全生产许可证颁发、管理和监督检查工作中,索取或者接受企业的财物,或者谋取其他利益的

正确答案:ABCDE

72. 违反企业安全许可证条例,未取得安全生产许可证擅自进行生产的(　　　)。

A. 责令停止生产

B. 没收违法所得

C. 并处 10 万元以上 50 万元以下的罚款

231

D. 造成重大事故或者其他严重后果,构成犯罪的,依法追究刑事责任

E. 并处 50 万元以上的罚款

正确答案:ABCD

73. 中华人民共和国安全生产法规定的行政处罚( )。

    A. 由负责安全生产监督管理的部门决定

    B. 予以关闭的行政处罚由负责安全生产监督管理的部门报请县级以上人民政府按照国务院规定的权限决定

    C. 给予拘留的行政处罚由公安机关依照治安管理处罚条例的规定决定

    D. 有关法律、行政法规对行政处罚的决定机关另有规定的,依照其规定

    E. 由国家安全部门决定

正确答案:ABCD

74. 生产经营单位主要负责人在本单位发生重大生产安全事故时( )。

    A. 不立即组织抢救或者在事故调查处理期间擅离职守或者逃匿的,给予降职、撤职的处分,对逃匿的处十五日以下拘留

    B. 与从业人员订立合同减轻其对从业人员因生产安全事故伤亡依法应承担的责任的,该协议无效

    C. 不立即组织抢救或者在事故调查处理期间擅离职守或者逃匿的,有关部门应当依法吊销其有关证照

    D. 不立即组织抢救或者在事故调查处理期间擅离职守或者逃匿的,给予拘留的行政处罚,由公安机关依照治安管理处罚条例的规定决定

    E. 予以罚款

正确答案:AB

75. 生产经营单位与从业人员订立协议( )。

    A. 除免或者减轻其对从业人员因生产安全事故伤亡依法应承担的责任的,该协议无效

    B. 减轻其对从业人员因生产安全事故伤亡依法应承担的责任的,该协议无效

    C. 除免或者减轻其对从业人员因生产安全事故伤亡依法应承担的责任的,该协议有效

    D. 减轻其对从业人员因生产安全事故伤亡依法应承担的责任的,该协议有效

    E. 除免或者减轻其对从业人员因生产安全事故伤亡依法应承担的责任的,该协议有效与否视情况而定

正确答案:AB

76. 生产经营单位将生产经营项目、场所、设备发包或者出租给不具备安全生产条件或者相应资质的单位或者个人的( )。

    A. 责令限期改正,没收违法所得

    B. 违法所得五万元以上的,并处违法所得一倍以上五倍以下的罚款

    C. 没有违法所得或者违法所得不足五万元的,单处或者并处一万元以上五万元以下的罚款

D. 导致发生生产安全事故给他人造成损害的,与承包方、承租方承担连带赔偿责任

E. 处五万元以上的罚款

正确答案:ABCD

77. 生产经营单位有下列行为之一的,责令限期改正;逾期未改正的,责令停产停业整顿,可以并处二万元以上十万元以下的罚款;造成严重后果,构成犯罪的,依照刑法有关规定追究刑事责任( )。

    A. 生产、经营、储存、使用危险物品,未建立专门安全管理制度、未采取可靠的安全措施或者不接受有关主管部门依法实施的监督管理的

    B. 对重大危险源未登记建档,或者未进行评估、监控,或者未制订应急预案的

    C. 进行爆破、吊装等危险作业,未安排专门管理人员进行现场安全管理的

    D. 未指定专职安全生产管理人员进行安全检查与协调的

    E. 未指定兼职安全生产管理人员进行安全检查与协调的

正确答案:ABC

78. 负有安全生产监督管理职责的部门的工作人员,有下列行为之一的,给予降级或者撤职的行政处分;构成犯罪的,依照刑法有关规定追究刑事责任( )。

    A. 对不符合法定安全生产条件的涉及安全生产的事项予以批准或者验收通过的

    B. 发现未依法取得批准、验收的单位擅自从事有关活动或者接到举报后不予取缔

    C. 对已经依法取得批准的单位不履行监督管理职责,发现其不再具备安全生产条件而不撤销原批准的

    D. 发现未依法取得批准、验收的单位擅自从事有关活动或者接到举报后不依法予以处理的

    E. 对已经依法取得批准的单位不履行监督管理职责,发现安全生产违法行为不予查处的

正确答案:ABCDE

79. 负有安全生产监督管理职责的部门应当建立举报制度( )。

    A. 公开举报电话、信箱或者电子邮件地址

    B. 受理有关安全生产的举报

    C. 受理的举报事项经调查核实后,应当形成书面材料

    D. 需要落实整改措施的,报经有关负责人签字并督促落实

    E. 以上均不对

正确答案:ABCD

80. 安全生产监督检查人员应当忠于职守,坚持原则,秉公执法( )。

    A. 安全生产监督检查人员执行监督检查任务时,必须出示有效的监督执法证件

    B. 对涉及被检查单位的技术秘密和业务秘密,应当为其保密

    C. 安全生产监督检查人员应当将检查的时间、地点、内容、发现的问题及其处理情况,作出书面记录,并由检查人员和被检查单位的负责人签字

    D. 被检查单位的负责人拒绝签字的,检查人员应当将情况记录在案,并向负有安全生产监督管理职责的部门报告

E. 以上均不对

正确答案：ABCD

81. 建设项目需要配套建设的安全生产设施,必须与主体工程(　　　　)。
   A. 同时设计 　　　　　　B. 同时施工 　　　　　C. 同时投产使用
   D. 同时报废 　　　　　　E. 同时竣工

正确答案：ABC

82. 职工有下列情形之一的,应当认定为工伤:(　　　　)。
   A. 在工作时间和工作场所内,因工作原因受到事故伤害的
   B. 患职业病的
   C. 工作时间前后在工作场所内,从事与工作有关的预备性或者收尾性工作受到事故伤害的
   D. 因工外出期间,由于工作原因受到伤害或者发生事故下落不明的
   E. 法律、行政法规规定应当认定为工伤的其他情形

正确答案：ABCDE

83. 职工有下列情形之一的,不得认定为工伤或者视同工伤:(　　　　)。
   A. 因犯罪或者违反治安管理伤亡的
   B. 醉酒导致伤亡的
   C. 自残
   D. 自杀
   E. 患职业病的

正确答案：ABCD

84. 中华人民共和国安全生产法规定的行政处罚(　　　　)。
   A. 由负责安全生产监督管理的部门决定
   B. 予以关闭的行政处罚由负责安全生产监督管理的部门报请县级以上人民政府按照国务院规定的权限决定
   C. 给予拘留的行政处罚由公安机关依照治安管理处罚条例的规定决定
   D. 有关法律、行政法规对行政处罚的决定机关另有规定的,依照其规定
   E. 由各地人民政府建设行政主管部门决定

正确答案：ABCD

85. 《国务院关于特大安全事故行政责任追究的规定》的公布,旨在(　　　　)。
   A. 为了有效地防范特大安全事故的发生
   B. 严肃追究特大安全事故的行政责任
   C. 保障人民群众生命安全
   D. 保障人民群众财产安全
   E. 严肃追究今后所有安全事故的行政责任

正确答案：ABCD

86. 施工单位采购、租赁的安全防护用具,应当具有下列资料:(　　　　)。
   A. 生产(制造)许可证

B. 产品合格证

C. 产品的有关图纸及技术资料

D. 产品的技术性能、安全防护装置的说明

E. 产品的发票

正确答案：AB

87. 注册执业人员未执行法律、法规和工程建设强制性标准的：(   )。

A. 责令停止执业三个月以上一年以下

B. 情节严重的吊销执业资格证书，五年内不予注册

C. 造成重大安全事故的，终身不予注册

D. 构成犯罪的，依法追究刑事责任

E. 降低资质等级

正确答案：ABCD

88. 根据《建设工程安全生产管理条例》，下列说法正确的是：(   )。

A. 建设工程实行施工总承包的，由分包单位对施工现场的安全生产负总责

B. 总承包单位和分包单位联合完成建设工程主体结构的施工

C. 总承包单和分包单位对分包工程的安全生产承担连带责任

D. 分包单位应当服从总承包单位的安全生产管理，分包单位不服从管理导致安全事故的，由分包单位承担主要责任

E. 建设工程专职安全生产管理人员的配备方法由国务院建设行政主管部门会同国务院其他有关部门制定

正确答案：CDE

89. 施工单位主要负责人依法对本单位的安全生产工作全面负责，应该(   )。

A. 建立健全安全生产责任制度

B. 制定安全生产规章制度和操作规程

C. 保证本单位安全生产条件所需资金的投入

D. 对所承担的建设工程进行定期和专项安全检查

E. 建立健全安全生产教育培训制度

正确答案：ABCDE

90. 下列说法正确的是：(   )。

A. 出租的机械设备和施工机具及配件，应当具有产品合格证，出租许可证

B. 出租单位应对出租的机械设备的安全性能进行检测

C. 出租单位在签订租赁协议时，应当出具检测合格证明

D. 出租单位出租的机械应当有生产（制造）许可证

E. 检测不合格的机械设备应折价出租，并提供技术人员维修

正确答案：BCD

91. 某工业厂房进行改建，工业厂房附近有一个二层楼，一楼存放的是白磷、红磷、硫磺等化学物品，二楼暂时闲置。由于空间狭窄，施工单位与建设单位协商使用二层楼，下属说法正确的是：(   )。

A. 二楼可以作为员工宿舍

B. 二楼可以作为现场临时仓储用房

C. 经安全部门同意可作为员工宿舍

D. 整栋楼不得作为员工宿舍

E. 整栋楼不得作办公用房

正确答案：BD

92. 某建筑构件公司由于安全资金投入不足造成二人受伤，（　　　）应当对此承担责任。

A. 企业法定代表人　　　　B. 该公司经理　　　　C. 该公司财务总监

D. 该公司的安全管理人员　　E. 该公司的工会小组负责人

正确答案：AB

93. 某施工单位项目部在城市街区进行深基坑开挖工程，依照《安全生产法》规定，以下表述正确的是（　　　）。

A. 施工单位应当登记建档

B. 施工单位应当指定紧急预案

C. 施工单位作的应急措施应经安全监督部门批准

D. 施工单位作的应急措施应经安全监督部门论证

E. 施工单位作的应急措施应经安全监督部门备案

正确答案：ABE

94. 张某系某施工单位工人，办有工伤社会保险与人身意外伤害保险，在从事某工程外墙面装修时，不慎坠落，造成三级残废，下列表述中正确的是（　　　）。

A. 张某可要求享受工伤保险

B. 张某有权要求本单位赔偿

C. 张某享受工伤保险，但不得要求单位赔偿

D. 张某享受工伤保险，还可要求单位赔偿

E. 张某向保险公司主张人身意外伤害保险索赔外时，就不得要求工伤社会保险

正确答案：ABD

95. 安全生产监督管理部门的下述做法错误的是（　　　）。

A. 要求施工单位购买其认可的安全防护用品

B. 向施工单位推荐安全设备产品目录

C. 在安全设备检验时，仅收取检验成本费

D. 在检查中发现事故隐患，责令立即排除

E. 在检查中发现从业人员未戴安全帽，即要求停工整顿

正确答案：ACE

96. 关于《建设工程安全生产管理条例》的适用范围说法正确的是（　　　）。

A. 适用于施工企业　　　　B. 不适用于建设单位

C. 不适用于监理单位　　　D. 适用于设计单位

E. 适用于材料供应单位

正确答案：AD

97. 某开发商拟拆除某商场,已经办理拆迁许可证,按照法律规定,还应当将(　　　)资料报送建设工程所在地的县级以上地方人民政府建设行政主管部门备案。

　　A.施工单位资质等级证明

　　B.拟拆除建筑物、构筑物及可能危及毗邻建筑的说明

　　C.拆除安置补偿方案

　　D.拆除施工组织方案

　　E.供气、供热、通信、广播电视等地下管线资料

正确答案:ABD

98. 某施工单位拟租赁一家设备公司的塔吊,依照《建设工程安全生产管理条例》,设备公司应当出具塔吊的(　　　)。

　　A.发票　　　　　　　　　B.原始合同　　　　　　C.检测合格证明

　　D.生产许可证　　　　　　E.产品合格证

正确答案:CDE

99. 王某被任命为一大型工程的施工项目经理,关于其安全职责的表述正确的有(　　　)。

　　A.应当制定安全生产规章制度

　　B.落实安全生产责任制度

　　C.确保安全生产费用的有效使用

　　D.安全生产规章制度和操作规程

　　E.制定安全施工措施、清除安全事故隐患

正确答案:BC

100. 下列关于脚手架工程表述正确的有(　　　)。

　　A.登高架设作业人员须取得特种操作资格证书后,方可上岗

　　B.登高架设作业人员经过企业的安全教育培训合格后,即可上岗

　　C.脚手架工程应编制专项施工方案,并附具安全验算

　　D.脚手架工程的施工方案必须经专家论证

　　E.脚手架工程的施工方案经总监理工程师签字后方可实施

正确答案:ACE

101. 根据《建设工程安全生产管理条例》规定,必须按照国家有关规定经过专门的安全作业培训,并取得特种作业操作资格证书后,方可上岗作业的人员有(　　　)。

　　A.垂直运输机械作业人员　　B.安装拆卸工　　　　　C.爆破作业人员

　　D.起重信号工　　　　　　　E.钢筋工

正确答案:ABCD

102. 在下列(　　　)建设工程中,设计单位应当在设计中提供保障施工人员安全和预防生产安全事故的措施建议。

　　A.全部使用国有资金投资的

237

B. 国家重点

C. 关系公共利益和公共安全的

D. 采用新结构、新材料、新工艺的

E. 特殊结构的

正确答案: DE

103. 工程监理单位在实施监理过程中, 发现安全事故隐患, 其能够采取的措施有 (　　　　)。

A. 罚款　　　　　　　　　　　　B. 要求施工单位整改

C. 要求施工单位暂时停工　　　　D. 要求施工单位停业整顿

E. 向有关主管部门报告

正确答案: BCE

104. 下边对于安全生产许可证的说法正确的是(　　　　)。

A. 安全生产许可证的有效期为 5 年

B. 未取得安全生产许可证的企业, 不得从事建筑施工活动

C. 建设主管部门在颁发施工许可证时, 必须审查安全生产许可证

D. 企业未发生死亡事故的, 许可证有效期届满时自动延期

E. 企业未发生事故的, 许可证有效期届满时, 经原办证机关同意, 可延期

正确答案: BCE

105. 《建筑施工企业安全生产许可证管理规定》其适用范围为建筑施工企业, 是指从事 (　　　　)的新建、扩建、改建等有关活动的企业。

A. 土木工程　　　　　　B. 线路工程　　　　　　C. 设备安装工程

D. 装修工程　　　　　　E. 电子工程

正确答案: ABCD

106. 下列属于安全许可证取得条件的是(　　　　)。

A. 建立、健全安全生产责任制

B. 保证本单位安全生产条件所需资金投入

C. 参加工伤保险

D. 施工监理单位需配备专人负责安全生产

E. 施工单位必须为工程质量投保

正确答案: ABC

107. 制定《生产安全事故报告和调查处理条例》是为了(　　　　)。

A. 规范生产安全事故的报告

B. 规范生产安全事故的调查处理

C. 落实生产安全事故责任追究制度

D. 防止和减少生产安全事故制定

E. 加强政府行政主管部门对安全生产事故报告和调查处理

正确答案: ABCD

108. (　　　　)的报告和调查处理不适用《生产安全事故报告和调查处理条例》。

A. 环境污染事故

B. 核设施事故

C. 国防科研生产事故

D. 生产经营活动中发生的造成人身伤亡

E. 工程质量事故

正确答案: ABC

109. 事故报告应当及时、准确、完整, 任何单位和个人对事故不得(   )。

A. 迟报   B. 漏报

C. 谎报或者   D. 瞒报

E. 通报

正确答案: ABCD

110. 报告事故应当包括(   )。

A. 事故发生单位概况

B. 事故发生的时间、地点以及事故现场情况

C. 事故的简要经过

D. 已经采取的措施

E. 事故处理结果

正确答案: ABCD

111. 因抢救人员、防止事故扩大以及疏通交通等原因, 需要移动事故现场物件的, 应当
(   )。

A. 做出标志   B. 绘制现场简图并做出书面记录

C. 直接移动   D. 妥善保存现场重要痕迹、物证

E. 等待处理

正确答案: ABD

112. 事故调查组应(   )。

A. 查明事故发生的经过、原因、人员伤亡情况及直接经济损失

B. 认定事故的性质和事故责任

C. 提出对事故责任者的处理建议

D. 总结事故教训, 提出防范和整改措施

E. 向事故发生单位直接下达处理通知

正确答案: ABCD

113. 事故调查组成员在事故调查工作中应当(   )。

A. 诚信公正、恪尽职守   B. 遵守事故调查组的纪律

C. 保守事故调查的秘密   D. 可随时发布有关事故的信息

E. 可直接发布事故处理结果

正确答案: ABC

114. 《安全生产培训管理办法》中, 安全培训目的是(   )。

A. 提高安全监管监察人员安全素质

B. 提高生产经营单位从业人员安全素质

C. 提高从事安全生产工作的相关人员的安全素质

D. 提高政府行政管理人员的办事效率

E. 以上都不是

正确答案：ABC

115. 从事安全生产工作的相关人员有（　　　　）。

A. 从事安全教育培训工作的教师

B. 危险化学品的登记人员

C. 承担安全评价、咨询、检测、检验的人员及注册安全工程师

D. 行政执法的安全生产监察员

E. 以上都不是

正确答案：ABC

116. 安全培训机构申请一级资质证书，应当具备（　　　　）。

A. 注册资金或者开办费 100 万元以上

B. 有专职的管理人员

C. 有 15 名以上具有本科以上学历的专职或者兼职教师

D. 有固定、独立和相对集中并且能够满足同期 100 人以上规模培训需要的教学及生活设施

E. 有 20 名以上具有本科以上学历的专职或者兼职教师

正确答案：ABCD

117. 安全培训机构申请三级资质证书，应当具备（　　　　）。

A. 注册资金或者开办费 50 万元以上

B. 有专职或者兼职的管理人员

C. 有健全的机构章程、管理制度、工作规则

D. 有 8 名以上具有本科以上学历的专职或者兼职教师

E. 有 10 名以上具有本科以上学历的专职或者兼职教师

正确答案：ABCD

118. 安全培训机构资质证书（　　　　）。

A. 不得出借给其他机构或者个人

B. 不得出租给其他机构或者个人

C. 可出借、出租给其他机构

D. 可出借、出租给个人

E. 经批准可出借、出租给其他机构和个人

正确答案：AB

三、判断题（本题型每题题干下有 2 个答案，只有 1 个选择，正确或是错误）

例：按照国务院规定的权限和程序批准开工报告的建筑工程，不再领取施工许可证。（ A ）

A. 正确   B. 错误

1. 《建筑法》是属于行政法规的范畴。   (   )
   A. 正确   B. 错误

正确答案：B

2. 《安全生产法》是属于行政法规的范畴。   (   )
   A. 正确   B. 错误

正确答案：B

3. 《建设工程安全生产管理条例》是属于法律的范畴。   (   )
   A. 正确   B. 错误

正确答案：B

4. 从事建筑活动的专业技术人员,应当依法取得相应的执业资格证书,取得证书后可以
   从事任何建筑活动。   (   )
   A. 正确   B. 错误

正确答案：B

5. 发包单位及其工作人员在建筑工程发包中不得收受贿赂、回扣或者索取其他好处。

                                                                              (   )
   A. 正确   B. 错误

正确答案：A

6. 建设工程招标的,应当按照招标文件规定的评标标准和程序对标书进行评价比较,在
   具备相应资质条件的投标者中,按报价最低原则选定中标者。   (   )
   A. 正确   B. 错误

正确答案：B

7. 承包建筑工程的单位应当持有依法取得的资质证书,取得证书后可以承揽任何工程。

                                                                              (   )
   A. 正确   B. 错误

正确答案：B

8. 禁止承包单位将其承包的全部建筑工程转包给他人,禁止承包单位将其承包的全部建
   筑工程肢解以后以分包的名义分别转包给他人。   (   )
   A. 正确   B. 错误

正确答案：A

9. 施工总承包的,建筑工程主体结构的施工必须由总承包单位自行完成。   (   )
   A. 正确   B. 错误

正确答案：A

10. 分包单位可以将其承包的工程再分包。   (   )
    A. 正确   B. 错误

正确答案：B

11. 禁止总承包单位将工程分包给不具备相应资质条件的单位。   (   )

12. 工程监理人员认为工程施工不符合工程设计要求、施工技术标准和合同约定的,有权要求建筑施工企业改正。　　　　　　　　　　　　　　　　（　　）

A. 正确　　　　　　　B. 错误

正确答案：A

13. 建筑工程设计应当符合按照国家规定制定的建筑安全规程和技术规范,保证工程的安全性能。　　　　　　　　　　　　　　　　　　　　　　（　　）

A. 正确　　　　　　　B. 错误

正确答案：A

14. 施工现场对毗邻的建筑物、构筑物和特殊作业环境可能造成损害的,建筑施工企业无义务采取安全防护措施。　　　　　　　　　　　　　　　　（　　）

A. 正确　　　　　　　B. 错误

正确答案：B

15. 建设行政主管部门负责建筑安全生产的管理,并依法接受劳动行政主管部门对建筑安全生产的指导和监督。　　　　　　　　　　　　　　　　（　　）

A. 正确　　　　　　　B. 错误

正确答案：A

16. 建筑施工企业应当建立健全劳动安全生产教育培训制度,加强对职工安全生产的教育培训;但因客观条件限制未经安全生产教育培训的人员,也可以上岗作业。（　　）

A. 正确　　　　　　　B. 错误

正确答案：B

17. 工程监理单位应当根据建设单位的委托,按建设单位的意见执行监理任务。　（　　）

A. 正确　　　　　　　B. 错误

正确答案：B

18. 建设工程安全生产管理必须坚持"安全第一、预防为主"的方针,建立、健全安全生产的责任制度和群防群治制度。　　　　　　　　　　　　　　（　　）

A. 正确　　　　　　　B. 错误

正确答案：A

19. 工程监理单位不按照委托监理合同的约定履行监理义务,对应当监督检查的项目不检查或者不按照规定检查,给建设单位造成损失的,应当承担相应的赔偿责任。

（　　）

A. 正确　　　　　　　B. 错误

正确答案：A

20. 设计单位应当向建筑施工企业提供与施工现场相关的地下管线资料,建筑施工企业应当采取措施加以保护。　　　　　　　　　　　　　　　　（　　）

A. 正确　　　　　　　B. 错误

正确答案：B

21. 建筑施工企业和作业人员在施工过程中,应当遵守有关安全生产的法律、法规和建筑行业安全规章、规程,不得违章指挥或者违章作业。 （　　　）

A. 正确　　　　　　　　　　B. 错误

正确答案:A

22. 结构比较复杂的建筑工程,可以由两个以上的承包单位联合共同承包。 （　　　）

A. 正确　　　　　　　　　　B. 错误

正确答案:B

23. 建设单位必须向有关的勘察、设计、施工、工程监理等单位提供与建设工程有关的原始资料。 （　　　）

A. 正确　　　　　　　　　　B. 错误

正确答案:A

24. 建设工程发包单位不得迫使承包方以低于成本的价格竞标,不得任意压缩合同约定工期。 （　　　）

A. 正确　　　　　　　　　　B. 错误

正确答案:A

25. 实行监理的建设工程,建设单位应当委托具有相应资质等级的工程监理单位进行监理,不能委托具有工程监理相应资质等级并与被监理工程的施工承包单位没有隶属关系或者其他利害关系的该工程的设计单位进行监理。 （　　　）

A. 正确　　　　　　　　　　B. 错误

正确答案:B

26. 涉及建筑主体和承重结构变动的装修工程,建设单位应当在施工前委托原设计单位或者具有相应资质等级的设计单位提出设计方案;没有设计方案的,不得施工。

（　　　）

A. 正确　　　　　　　　　　B. 错误

正确答案:A

27. 房屋建筑使用者在装修过程中,可以擅自变动房屋建筑主体和承重结构。 （　　　）

A. 正确　　　　　　　　　　B. 错误

正确答案:B

28. 施工单位不得转包或者违法分包工程。 （　　　）

A. 正确　　　　　　　　　　B. 错误

正确答案:A

29. 施工单位应当建立、健全教育培训制度,加强对职工的教育培训;未经教育培训或者考核不合格的人员,不得上岗作业。 （　　　）

A. 正确　　　　　　　　　　B. 错误

正确答案:A

30. 为了加强建设工程安全生产监督管理,提高建设活动的经济效益,根据《中华人民共和国建筑法》、《中华人民共和国安全生产法》,制定《建设工程安全生产管理条例》。

（　　　）

A. 正确　　　　　　　　　B. 错误

正确答案：A

31. 在中华人民共和国境内从事建设工程的新建、扩建、改建和拆除等有关活动及实施对建设工程安全生产的监督管理，必须遵守《建设工程安全生产管理条例》。　（　　）

A. 正确　　　　　　　　　B. 错误

正确答案：A

32. 建设工程安全生产管理，坚持"安全第一、预防为主"的方针。　（　　）

A. 正确　　　　　　　　　B. 错误

正确答案：A

33. 建设单位、勘察单位、设计单位、施工单位、工程监理单位及其他与建设工程安全生产有关的单位，必须遵守安全生产法律、法规的规定，保证建设工程的经济效益及技术先进性。　（　　）

A. 正确　　　　　　　　　B. 错误

正确答案：B

34. 建设单位不得对勘察、设计、施工、工程监理等单位提出不符合建设工程安全生产法律、法规和强制性标准规定的要求，不得压缩合同约定的工期。　（　　）

A. 正确　　　　　　　　　B. 错误

正确答案：A

35. 建设单位在编制工程概算时，不必确定建设工程安全作业环境及安全施工措施所需费用。　（　　）

A. 正确　　　　　　　　　B. 错误

正确答案：B

36. 建设单位不得明示或者暗示施工单位购买、租赁、使用不符合安全施工要求的安全防护用具、机械设备、施工机具及配件、消防设施和器材。　（　　）

A. 正确　　　　　　　　　B. 错误

正确答案：A

37. 建设单位在申请领取施工许可证时，不必提供建设工程有关安全施工措施的资料。
　　　　　　　　　　　　　　　　　　　　　　　　　　　（　　）

A. 正确　　　　　　　　　B. 错误

正确答案：B

38. 依法批准开工报告的建设工程，建设单位应当自开工报告批准之日起 30 日内，将保证安全施工的措施报送建设工程所在地的县级以上地方人民政府建设行政主管部门或者其他有关部门备案。　（　　）

A. 正确　　　　　　　　　B. 错误

正确答案：B

39. 建设单位应当将拆除工程发包给具有相应资质等级的施工单位。　（　　）

A. 正确　　　　　　　　　B. 错误

正确答案：A

40. 勘察单位应当按照法律、法规和工程建设强制性标准进行勘察,提供的勘察文件应当真实、准确,满足建设工程安全生产的需要。 ( )

A. 正确　　　　　　　　　　　B. 错误

正确答案:A

41. 设计单位应当按照法律、法规和工程建设强制性标准进行设计,防止因设计不合理导致生产安全事故的发生。 ( )

A. 正确　　　　　　　　　　　B. 错误

正确答案:A

42. 设计单位应当考虑施工安全操作和防护的需要,对涉及施工安全的重点部位和环节在设计文件中注明,但不应对防范生产安全事故提出指导意见。 ( )

A. 正确　　　　　　　　　　　B. 错误

正确答案:B

43. 采用新结构、新材料、新工艺的建设工程和特殊结构的建设工程,设计单位不应当在设计中提出保障施工作业人员安全和预防生产安全事故的措施建议。 ( )

A. 正确　　　　　　　　　　　B. 错误

正确答案:B

44. 设计单位和注册建筑师等注册执业人员不必对其设计负责。 ( )

A. 正确　　　　　　　　　　　B. 错误

正确答案:B

45. 工程监理单位应当审查施工组织设计中的安全技术措施或者专项施工方案是否符合工程建设强制性标准。 ( )

A. 正确　　　　　　　　　　　B. 错误

正确答案:A

46. 工程监理单位在实施监理过程中,发现存在安全事故隐患的,应当要求施工单位整改;情况严重的,应当要求施工单位暂时停止施工,并及时报告建设单位。施工单位拒不整改或者不停止施工的,工程监理单位应当予以处罚。 ( )

A. 正确　　　　　　　　　　　B. 错误

正确答案:B

47. 工程监理单位和监理工程师应当按照法律、法规和工程建设强制性标准实施监理,并对建设工程安全生产承担监理责任。 ( )

A. 正确　　　　　　　　　　　B. 错误

正确答案:A

48. 为建设工程提供机械设备和配件的单位,应当按照安全施工的要求配备齐全有效的保险、限位等安全设施和装置。 ( )

A. 正确　　　　　　　　　　　B. 错误

正确答案:A

49. 出租的机械设备和施工机具及配件,可以没有生产(制造)许可证、产品合格证。

( )

A. 正确　　　　　　　　　　B. 错误

正确答案：B

50. 禁止出租检测不合格的机械设备和施工机具及配件。　　　　　　（　　）
A. 正确　　　　　　　　　　B. 错误

正确答案：A

51. 在施工现场安装、拆卸施工起重机械和整体提升脚手架、模板等自升式架设设施,必须由具有相应资质的单位承担。　　　　　　　　　　　　　　（　　）
A. 正确　　　　　　　　　　B. 错误

正确答案：A

52. 安装、拆卸施工起重机械和整体提升脚手架、模板等自升式架设设施,应当编制拆装方案、制定安全施工措施,并由专业技术人员现场监督。　　　　　（　　）
A. 正确　　　　　　　　　　B. 错误

正确答案：A

53. 施工起重机械和整体提升脚手架、模板等自升式架设设施安装完毕后,安装单位应当自检,出具自检合格证明,并向监理单位进行安全使用说明,办理验收手续并签字。
（　　）
A. 正确　　　　　　　　　　B. 错误

正确答案：B

54. 施工起重机械和整体提升脚手架、模板等自升式架设设施的使用达到国家规定的检验检测期限的,必须经具有专业资质的检验检测机构检测。经检测不合格的,不得继续使用。　　　　　　　　　　　　　　　　　　　　　　　　　　　（　　）
A. 正确　　　　　　　　　　B. 错误

正确答案：A

55. 检验检测机构对检测合格的施工起重机械和整体提升脚手架、模板等自升式架设设施,应当出具安全合格证明文件,但不对检测结果负责。　　　　　　（　　）
A. 正确　　　　　　　　　　B. 错误

正确答案：B

56. 施工单位从事建设工程的新建、扩建、改建和拆除等活动,应当具备国家规定的注册资本、专业技术人员、技术装备和安全生产等条件,依法取得相应等级的资质证书,并在其资质等级许可的范围内承揽工程。　　　　　　　　　　　　　（　　）
A. 正确　　　　　　　　　　B. 错误

正确答案：A

57. 施工单位专职安全生产管理人员依法对本单位的安全生产工作全面负责。（　　）
A. 正确　　　　　　　　　　B. 错误

正确答案：B

58. 施工单位应当建立健全安全生产责任制度和安全生产教育培训制度,制定安全生产规章制度和操作规程,保证本单位安全生产条件所需资金的投入,对所承担的建设工程进行定期和专项安全检查,并做好安全检查记录。　　　　　　　　　（　　）

A. 正确 　　　　　　　　　B. 错误

正确答案:A

59. 施工单位的项目负责人应当由取得相应执业资格的人员担任,对建设工程项目的安全施工负责,落实安全生产责任制度、安全生产规章制度和操作规程,确保安全生产费用的有效使用,并根据工程的特点组织制定安全施工措施,消除安全事故隐患,及时、如实报告生产安全事故。　　　　　　　　　　　　　　(　)

A. 正确 　　　　　　　　　B. 错误

正确答案:A

60. 施工单位对列入建设工程概算的安全作业环境及安全施工措施所需费用,可以挪作他用。　　　　　　　　　　　　　　　　　　　　　　　　　　　(　)

A. 正确 　　　　　　　　　B. 错误

正确答案:B

61. 施工单位视情况决定是否设立安全生产管理机构,配备专职安全生产管理人员。

(　)

A. 正确 　　　　　　　　　B. 错误

正确答案:B

62. 专职安全生产管理人员负责对安全生产进行现场监督检查。　　　(　)

A. 正确 　　　　　　　　　B. 错误

正确答案:A

63. 项目经理负责对安全生产进行现场监督检查。　　　　　　　　　(　)

A. 正确 　　　　　　　　　B. 错误

正确答案:B

64. 建设工程实行施工总承包的,由监理单位对施工现场的安全生产负总责。 (　)

A. 正确 　　　　　　　　　B. 错误

正确答案:B

65. 总承包单位依法将建设工程分包给其他单位的,分包合同中应当明确各自的安全生产方面的权利、义务。总承包单位和分包单位对分包工程的安全生产承担连带责任。

(　)

A. 正确 　　　　　　　　　B. 错误

正确答案:A

66. 建设工程实行施工总承包的,分包单位应当服从总承包单位的安全生产管理,分包单位不服从管理导致生产安全事故的,由分包单位承担主要责任。　　(　)

A. 正确 　　　　　　　　　B. 错误

正确答案:A

67. 建设工程施工前,施工单位负责项目管理的技术人员应当对有关安全施工的技术要求向施工作业班组、作业人员作出详细说明,并由双方签字确认。　　(　)

A. 正确 　　　　　　　　　B. 错误

正确答案:A

68. 施工单位应当在施工现场入口处、施工起重机械、临时用电设施、脚手架、出入通道口、楼梯口、电梯井口、孔洞口、桥梁口、隧道口、基坑边沿、爆破物及有害危险气体和液体存放处等危险部位,设置明显的安全警示标志。安全警示标志必须符合地区和行业标准。　　　　　　　　　　　　　　　　　　　　　　　　　　　（　　）

  A. 正确   B. 错误

正确答案:B

69. 施工单位应当根据不同施工阶段和周围环境及季节、气候的变化,在施工现场采取相应的安全施工措施。　　　　　　　　　　　　　　　　　　　　　　　　　　　（　　）

  A. 正确   B. 错误

正确答案:A

70. 施工现场暂时停止施工的,监理单位应当做好现场防护。　　　　　　　　　（　　）

  A. 正确   B. 错误

正确答案:B

71. 施工单位不得在尚未竣工的建筑物内设置员工集体宿舍。　　　　　　　　　（　　）

  A. 正确   B. 错误

正确答案:A

72. 施工现场临时搭建的建筑物应当符合安全使用要求。施工现场使用的装配式活动房屋应当具有产品合格证。　　　　　　　　　　　　　　　　　　　　　　　　（　　）

  A. 正确   B. 错误

正确答案:A

73. 建设单位对因建设工程施工可能造成损害的毗邻建筑物、构筑物和地下管线等,应当采取专项防护措施。　　　　　　　　　　　　　　　　　　　　　　　　　（　　）

  A. 正确   B. 错误

正确答案:B

74. 在城市市区内的建设工程,施工单位应当对施工现场实行封闭围挡。　　　（　　）

  A. 正确   B. 错误

正确答案:A

75. 施工单位应当在施工现场建立消防安全责任制度,确定消防安全责任人,制定用火、用电、使用易燃易爆材料等各项消防安全管理制度和操作规程,设置消防通道、消防水源,配备消防设施和灭火器材,并在施工现场入口处设置明显标志。　　　　（　　）

  A. 正确   B. 错误

正确答案:A

76. 施工单位应当向作业人员提供安全防护用具和安全防护服装,并口头或书面告知危险岗位的操作规程和违章操作的危害。　　　　　　　　　　　　　　　　　　（　　）

  A. 正确   B. 错误

正确答案:B

77. 在施工中发生危及人身安全的紧急情况时,作业人员有权立即停止作业或者在采取必要的应急措施后撤离危险区域。　　　　　　　　　　　　　　　　　　（　　）

A. 正确　　　　　　　　　　　　B. 错误

正确答案：A

78. 施工单位采购、租赁的安全防护用具、机械设备、施工机具及配件,如果具有生产(制造)许可证、产品合格证,在进入施工现场前可以不再进行查验。　　　（　　）

A. 正确　　　　　　　　　　　　B. 错误

正确答案：B

79. 施工单位应当自施工起重机械和整体提升脚手架、模板等自升式架设设施验收合格之日起 3 个月内,向建设行政主管部门或者其他有关部门登记。　　　（　　）

A. 正确　　　　　　　　　　　　B. 错误

正确答案：B

80. 施工单位的主要负责人、项目负责人、专职安全生产管理人员应当经建设行政主管部门或者其他有关部门考核合格后方可任职。　　　（　　）

A. 正确　　　　　　　　　　　　B. 错误

正确答案：A

81. 作业人员进入新的岗位或者新的施工现场前,应当接受安全生产教育培训。未经教育培训或者教育培训考核不合格的人员,不得上岗作业。　　　（　　）

A. 正确　　　　　　　　　　　　B. 错误

正确答案：A

82. 施工单位应当为施工现场从事危险作业的人员办理意外伤害保险。意外伤害保险费由建设单位支付。　　　（　　）

A. 正确　　　　　　　　　　　　B. 错误

正确答案：B

83. 建设行政主管部门在审核发放施工许可证时,应当对建设工程是否有安全施工措施进行审查,对没有安全施工措施的,不得颁发施工许可证。　　　（　　）

A. 正确　　　　　　　　　　　　B. 错误

正确答案：A

84. 建设行政主管部门或者其他有关部门对建设工程是否有安全施工措施进行审查时,可以收取费用。　　　（　　）

A. 正确　　　　　　　　　　　　B. 错误

正确答案：B

85. 建设行政主管部门或者其他有关部门不得将施工现场的监督检查委托给建设工程安全监督机构具体实施。　　　（　　）

A. 正确　　　　　　　　　　　　B. 错误

正确答案：B

86. 施工单位应当制定本单位生产安全事故应急救援预案,建立应急救援组织或者配备应急救援人员,配备必要的应急救援器材、设备,并定期组织演练。　　　（　　）

A. 正确　　　　　　　　　　　　B. 错误

正确答案：A

87. 实行施工总承包的建设工程,由总承包单位负责上报事故。 （　　）

A. 正确　　　　　　　　　　　B. 错误

正确答案:A

88. 企业未取得安全生产许可证的,不得从事生产活动。 （　　）

A. 正确　　　　　　　　　　　B. 错误

正确答案:A

89. 国家建设部门负责中央管理的建筑施工企业安全生产许可证的颁发和管理。（　　）

A. 正确　　　　　　　　　　　B. 错误

正确答案:B

90. 国务院质量安全主管部门负责民用爆破器材生产企业安全生产许可证的颁发和管理。 （　　）

A. 正确　　　　　　　　　　　B. 错误

正确答案:B

91. 有生产安全事故应急救援预案、应急救援组织或者应急救援人员,配备必要的应急救援器材、设备。 （　　）

A. 正确　　　　　　　　　　　B. 错误

正确答案:A

92. 安全生产许可证颁发管理机关应当自收到申请之日起 30 日内审查完毕,经审查符合本条例规定的安全生产条件的,颁发安全生产许可证。 （　　）

A. 正确　　　　　　　　　　　B. 错误

正确答案:B

93. 安全生产许可证由省、自治区、直辖市人民政府安全生产监督管理部门规定统一的式样。 （　　）

A. 正确　　　　　　　　　　　B. 错误

正确答案:B

94. 安全生产许可证的有效期为 2 年。安全生产许可证有效期满需要延期的,企业应当于期满前 6 个月向原安全生产许可证颁发管理机关办理延期手续。 （　　）

A. 正确　　　　　　　　　　　B. 错误

正确答案:B

95. 煤矿企业安全生产许可证颁发管理机关、建筑施工企业安全生产许可证颁发管理机关、民用爆破器材生产企业安全生产许可证颁发管理机关,应当每年向同级安全生产监督管理部门通报其安全生产许可证颁发和管理情况。 （　　）

A. 正确　　　　　　　　　　　B. 错误

正确答案:A

96. 国务院安全生产监督管理部门和省、自治区、直辖市人民政府、县级市人民政府安全生产监督管理部门对建筑施工企业、民用爆破器材生产企业、煤矿企业取得安全生产许可证的情况进行监督。 （　　）

A. 正确　　　　　　　　　　　B. 错误

97. 企业不得转让、冒用安全生产许可证或者使用伪造的安全生产许可证。 （ ）

    A. 正确   B. 错误

正确答案:A

98. 国家对在改善安全生产条件、防止生产安全事故、参加抢险救护等方面取得显著成绩的单位和个人,给予奖励。 （ ）

    A. 正确   B. 错误

正确答案:A

99. 生产经营单位应当具备的安全生产条件所必需的资金投入,由生产经营单位的决策机构、主要负责人或者个人经营的投资人予以保证即可。 （ ）

    A. 正确   B. 错误

正确答案:B

100. 矿山、建筑施工单位和危险物品的生产、运输、经营、储存单位,应当设置安全生产管理机构或者配备专职安全生产管理人员。 （ ）

    A. 正确   B. 错误

正确答案:B

101. 矿山、建筑施工单位和危险物品的生产、经营、储存单位,从业人员超过一百人的,应当设置安全生产管理机构或者配备专职安全生产管理人员;从业人员在一百人以下的,应当配备专职或者兼职的安全生产管理人员,或者委托具有国家规定的相关专业技术资格的工程技术人员提供安全生产管理服务。 （ ）

    A. 正确   B. 错误

正确答案:B

102. 生产经营单位的主要负责人和安全生产管理人员必须具备与本单位所从事的生产经营活动相应的安全生产知识和管理能力。 （ ）

    A. 正确   B. 错误

正确答案:A

103. 危险物品的生产、经营、储存单位以及矿山、建筑施工单位的主要负责人和安全生产管理人员,应当由有关主管部门对其安全生产知识和管理能力考核合格后方可任职。考核费用自理。 （ ）

    A. 正确   B. 错误

正确答案:B

104. 生产经营单位的特种作业人员必须按照国家有关规定经专门的安全作业培训,取得特种作业操作资格证书,方可上岗作业。 （ ）

    A. 正确   B. 错误

正确答案:A

105. 建设项目安全设施的设计人、设计单位应当对安全设施设计负责。 （ ）

    A. 正确   B. 错误

正确答案:A

106. 生产经营单位应当在有较大危险因素的生产经营场所和有关设施、设备上,设置明显的安全警示标志。 （ ）

A. 正确 B. 错误

正确答案:A

107. 国家对严重危及生产安全的工艺、设备实行改进制度。生产经营单位不得使用国家明令淘汰、禁止使用的危及生产安全的工艺、设备。 （ ）

A. 正确 B. 错误

正确答案:B

108. 生产、经营、运输、储存、使用危险物品或者处置废弃危险物品的,由有关主管部门依照有关法律、法规的规定和国家标准或者行业标准审批并实施监督管理。 （ ）

A. 正确 B. 错误

正确答案:A

109. 生产经营单位进行爆破、吊装等危险作业,应当安排人员进行现场安全管理,确保操作规程的遵守和安全措施的落实。 （ ）

A. 正确 B. 错误

正确答案:B

110. 生产经营单位应当安排用于配备劳动防护用品、进行安全生产培训的经费。（ ）

A. 正确 B. 错误

正确答案:A

111. 生产经营单位必须依法参加工伤社会保险,为从业人员缴纳保险费。 （ ）

A. 正确 B. 错误

正确答案:A

112. 生产经营单位的从业人员有权了解其作业场所和工作岗位存在的危险因素、防范措施及事故应急措施,有权对本单位的安全生产工作提出建议。 （ ）

A. 正确 B. 错误

正确答案:A

113. 从业人员发现直接危及人身安全的紧急情况时,不得自行停止作业或者在采取可能的应急措施后撤离作业场所。 （ ）

A. 正确 B. 错误

正确答案:B

114. 从业人员发现事故隐患或者其他不安全因素,应当立即向现场安全生产管理人员或者本单位负责人报告;接到报告的人员应当及时予以处理。 （ ）

A. 正确 B. 错误

正确答案:A

115. 任何单位或者个人对事故隐患或者安全生产违法行为,均有权向负有安全生产监督管理职责的部门报告或者举报。 （ ）

A. 正确 B. 错误

正确答案:A

116. 核设施事故适用《生产安全事故报告和调查处理条例》。 （　　）

A. 正确　　　　　　　　　B. 错误

正确答案：B

117. 一般事故，是指造成 3 人以下死亡，或者 10 人以下重伤，或者 1000 万元以下直接经济损失的事故，其中的"以下"包括本数。 （　　）

A. 正确　　　　　　　　　B. 错误

正确答案：B

118. 事故发生后，事故现场有关人员应当立即向本单位负责人报告。 （　　）

A. 正确　　　　　　　　　B. 错误

正确答案：A

119. 情况紧急时，事故现场有关人员可以直接向事故发生地县级以上人民政府安全生产监督管理部门和负有安全生产监督管理职责的有关部门报告。 （　　）

A. 正确　　　　　　　　　B. 错误

正确答案：A

120. 安全生产监督管理部门和负有安全生产监督管理职责的有关部门不可以越级上报事故情况。 （　　）

A. 正确　　　　　　　　　B. 错误

正确答案：B

121. 事故报告后出现新情况的，不用及时补报。 （　　）

A. 正确　　　　　　　　　B. 错误

正确答案：B

122. 事故发生后，有关单位和人员应当妥善保护事故现场以及相关证据。 （　　）

A. 正确　　　　　　　　　B. 错误

正确答案：A

123. 安全生产监督管理部门和负有安全生产监督管理职责的有关部门应当向社会公布值班电话，受理事故报告和举报。 （　　）

A. 正确　　　　　　　　　B. 错误

正确答案：A

124. 上级人民政府认为必要时，可以调查由下级人民政府负责调查的事故。 （　　）

A. 正确　　　　　　　　　B. 错误

正确答案：A

125. 事故调查组有权向有关单位和个人了解与事故有关的情况，并要求其提供相关文件、资料，有关单位和个人不得拒绝。 （　　）

A. 正确　　　　　　　　　B. 错误

正确答案：A

126. 事故调查中需要进行技术鉴定的，事故调查组应当委托具有国家规定资质的单位进行技术鉴定，不可以直接组织专家进行技术鉴定。 （　　）

A. 正确　　　　　　　　　B. 错误

正确答案:B

127. 事故调查中需要进行技术鉴定的,技术鉴定所需时间不计入事故调查期限。（　　）
 A. 正确　　　　　　　　　　B. 错误

正确答案:A

128. 事故调查组成员可随时发布有关事故的信息。（　　）
 A. 正确　　　　　　　　　　B. 错误

正确答案:B

129. 事故调查报告报送负责事故调查的人民政府后,事故调查工作即告结束。（　　）
 A. 正确　　　　　　　　　　B. 错误

正确答案:A

130. 上一级安全培训机构可以承担下一级安全培训机构的培训工作。（　　）
 A. 正确　　　　　　　　　　B. 错误

正确答案:A

131. 安全培训机构的教师接受专门的培训后就可上岗。（　　）
 A. 正确　　　　　　　　　　B. 错误

正确答案:B

132. 对安全培训机构及其教师的考核发证,适当收取费用。（　　）
 A. 正确　　　　　　　　　　B. 错误

正确答案:B

133. 任何单位或者个人对安全培训机构的违法违纪行为,均有权向安全生产监督管理部门、煤矿安全监察机构报告或者举报。（　　）
 A. 正确　　　　　　　　　　B. 错误

正确答案:A

四、案例题（根据背景提出 4 个问题,每个问题有 4 个备选答案或有两个判断是否正确的答案,其中只有 1 个答案是正确的）

例:大地公司在甲县大王乡进行一小型建筑工程建设,于 2004 年 4 月 1 日向有关部门申请领取安全许可证。
（1）建设单位应当按照国家有关规定向（A）申请领取安全许可证。
 A. 甲县人民政府建设行政主管部门
 B. 大王乡人民政府建设行政主管部门
 C. 甲县人民政府
 D. 大王乡人民政府
（2）若大地公司符合领取施工许可证的条件,则有关部门应在（D）前颁发安全许可证。
 A. 4 月 20 日　　　　　　　　B. 4 月 5 日
 C. 4 月 10 日　　　　　　　　D. 4 月 15 日

（3）若大地公司的建筑工程是国务院建设行政主管部门确定的限额以下的小型工程，则可以不领取安全许可证。　　　　　　　　　　　　　　　　　　　（A）

    A. 正确　　　　　　　　　　　　B. 错误

（4）若大地公司的建筑工程是国务院规定的权限和程序批准开工报告的建筑工程，则可以不再领取安全许可证。　　　　　　　　　　　　　　　　　　　　（A）

    A. 正确　　　　　　　　　　　　B. 错误

1. 大地公司在东征县小李乡进行一项建筑工程建设。已于2004年2月1日领取安全许可证。但因故不能施工，故需向有关部门申请延期。请回答大地公司董事长向您咨询的几个问题：

（1）大地公司应当向（　　　）申请延期。

    A. 东征县建设局　　　　　　　　B. 小李乡建设行政主管部门
    C. 东征县人民政府　　　　　　　D. 小李乡人民政府

正确答案：A

（2）大地公司应当在（　　　）之前申请延期。

    A. 2004年2月29日　　　　　　B. 2004年3月31日
    C. 2004年4月30日　　　　　　D. 2004年5月31日

正确答案：C

（3）大地公司申请延期以（　　　）次为限。

    A. 2　　　　　B. 3　　　　　C. 4　　　　　D. 不限次

正确答案：A

（4）大地公司申请延期，每次不超过（　　　）个月。

    A. 1　　　　　B. 2　　　　　C. 3　　　　　D. 4

正确答案：C

2. 大地公司在东征县小李乡进行一项建筑工程建设，已合法开工。因资金不足，该工程于2004年3月1日停工。该公司董事长知道应该向主管部门报告，但不了解具体情况，请回答他的几个问题：

（1）人地公司应当自中止施工之日起（　　　）内，向有关部门报告。

    A. 1个月　　　　B. 2个月　　　　C. 3个月　　　　D. 6个月

正确答案：A

（2）大地公司应当向（　　　）报告，并按照规定做好建筑工程的维护管理工作。

    A. 中国建筑业协会　　　　　　　B. 当地人民政府
    C. 施工许可证发证机关　　　　　D. 设计单位

正确答案：C

（3）工程恢复施工时，应当向（　　　）报告。

    A. 中国建筑业协会　　　　　　　B. 施工许可证发证机关
    C. 当地人民政府　　　　　　　　D. 设计单位

正确答案：B

（4）若工程于2004年7月1日恢复施工,建设单位是否应当报发证机关核验安全许可证？　　　　　　　　　　　　　　　　　　　　　　（　　）

A. 不应当　　　　　　　　　　　　　　B. 应当

C. 视情况决定　　　　　　　　　　　　D. 由发证机关决定

正确答案:B

3. 大发公司在原南县进行一项建筑工程建设,由原南县建筑设计局设计,原南第二建筑公司承建,委托正平监理公司监理。有一高层建筑毗邻施工地点,可能会因大发公司的工程而产生地基下降。

（1）原南第二建筑公司在编制施工组织设计时,应当根据建筑工程的特点制定相应的安全技术措施。　　　　　　　　　　　　　　　　　　　　　　（　　）

A. 正确　　　　　　　　　　　　　　B. 错误

正确答案:A

（2）因为可能会造成毗邻高层建筑物的地基下降,所以原南第二建筑公司应当采取安全防护措施。　　　　　　　　　　　　　　　　　　　　　　　　（　　）

A. 正确　　　　　　　　　　　　　　B. 错误

正确答案:A

（3）（　　）应当向原南第二建筑公司提供与施工现场相关的地下管线资料,原南第二建筑公司应当采取措施加以保护。

A. 大发公司　　　　　　　　　　　　B. 原南县建筑设计局

C. 正平监理公司　　　　　　　　　　D. 原南县人民政府

正确答案:A

（4）（　　）应当遵守有关环境保护和安全生产的法律、法规的规定,采取控制和处理施工现场的各种粉尘、废气、废水、固体废物以及噪声、振动对环境的污染和危害的措施。

A. 大发公司　　　　　　　　　　　　B. 原南第二建筑公司

C. 原南县建筑设计局　　　　　　　　D. 正平监理公司

正确答案:B

4. 原南第二建筑公司是原南友谊酒店扩建项目的总承包商,大政公司、大发公司是部分工程的分包商。原南第二建筑公司的董事长是张三,负责该项目的项目经理叫李四,王五是原南第二建筑公司的安全生产部门经理。

（1）（　　）对原南第二建筑公司的安全生产负责。

A. 张三　　　　　　　　　　　　　　B. 李四

C. 王五　　　　　　　　　　　　　　D. 张三和王五

正确答案:A

（2）施工现场安全由（　　）负责。

A. 大政公司　　　　　　　　　　　　B. 大发公司

C. 原南友谊酒店　　　　　　　　　　D. 原南第二建筑公司

（3）大政公司、大发公司应当服从原南第二建筑公司对施工现场的安全生产管理。

                （ ）

  A. 正确   B. 错误

（4）原南第二建筑公司必须为从事危险作业的职工办理意外伤害保险，支付保险费。

                （ ）

  A. 正确   B. 错误

5. 东平建筑公司承建原北市白云山隧道项目，现缺乏一种进口挖掘机，公司领导决定采用租赁方式向原北市建筑机械租赁公司租赁，以节约资金。

 （1）若原北市建筑机械租赁公司的此种进口挖掘机确实性能良好，但缺少产品合格证，能否对外出租？   （ ）

  A. 不能

  B. 可以

  C. 经原北市建筑局批准后可以出租

  D. 经原北市人民政府批准后可以出租

 （2）因为工期紧迫，东平建筑公司需要立即使用此挖掘机，在这种情况下原北市建筑机械租赁公司是否需要对出租的机械设备和施工机具及配件的安全性能进行检测，并在签订租赁协议时，出具检测合格证明？   （ ）

  A. 应当检测

  B. 可以不检测

  C. 经原北市建筑局批准后可以不检测

  D. 经原北市人民政府批准后可以不检测

 （3）若该挖掘机经检测不合格，能否出租给东平建筑公司？ （ ）

  A. 可以出租

  B. 不能出租

  C. 经原北市建筑局批准后可以出租

  D. 经原北市人民政府批准后可以出租

 （4）原北市建筑机械租赁公司应当按照安全施工的要求配备齐全有效的保险、限位等安全设施和装置。   （ ）

  A. 正确   B. 错误

6. 东平建筑公司承建原北市市政府办公楼项目，由具有相应资质的原北二建承担在施工现场安装、拆卸施工起重机械和整体提升脚手架、模板等自升式架设设施的任务，整个工程由原北市建筑设计院设计,大政监理公司监理,部分工程分包给原北二建、原北三建。

(1) 为赶工期,东平建筑公司可以和原北二建共同在施工现场安装、拆卸施工起重机械。 ( )

    A. 正确   B. 错误

正确答案:B

(2) 因为原北二建经常安装、拆卸施工起重机械和整体提升脚手架、模板等自升式架设设施,所以对此项目不必单独编制拆装方案、制定安全施工措施。 ( )

    A. 正确   B. 错误

正确答案:B

(3) 施工起重机械和整体提升脚手架、模板等自升式架设设施安装完毕后,原北二建应当自检,出具自检合格证明,并向东平建筑公司进行安全使用说明,办理验收手续并签字。 ( )

    A. 正确   B. 错误

正确答案:A

(4) 大政监理公司监理时应偏向东平建筑公司。 ( )

    A. 正确   B. 错误

正确答案:B

7. 东平建筑公司是原南市一件建筑施工企业,单位主要负责人是张三,该公司现承建原北市市政府办公楼项目,由李四担任项目经理,王五担任项目副经理,赵六是东平建筑公司的安全生产部门经理。

(1) ( ) 对本单位的安全生产工作全面负责。

    A. 张三   B. 李四   C. 王五   D. 赵六

正确答案:A

(2) ( ) 对原北市市政府办公楼项目的安全施工负责。

    A. 张三   B. 李四   C. 王五   D. 赵六

正确答案:B

(3) 东平建筑公司机构调整后,为精简机构,可以不再设置安全生产管理机构。 ( )

    A. 正确   B. 错误

正确答案:B

(4) 赵六对本单位的安全生产工作全面负责。 ( )

    A. 正确   B. 错误

正确答案:B

8. 东平建筑公司承建原北市市政府办公楼项目,部分工程分包给原北二建、原北三建,整个工程由原北市建筑设计院设计,大政监理公司监理。

(1) 由( )对该项目施工现场的安全生产负总责。

    A. 东平建筑公司   B. 原北二建

      C. 大政监理公司   D. 原北市市政府

正确答案：A

（2）办公楼项目主体结构的施工必须由东平建筑公司完成。   （   ）

    A. 正确   B. 错误

正确答案：A

（3）东平建筑公司和原北二建、原北三建对分包工程的安全生产承担连带责任。

                                             （   ）

    A. 正确   B. 错误

正确答案：A

（4）原北二建不服从东平建筑公司管理导致生产安全事故的，由（   ）承担主要责任。

    A. 东平建筑公司   B. 原北二建

    C. 大政监理公司   D. 原北市市政府

正确答案：B

9. 太平建筑公司承建黄平市友好饭店的扩建项目，该项目由黄平市建筑设计院设计，广平监理公司监理。

（1）太平建筑公司在施工现场入口处、施工起重机械、临时用电设施、脚手架、出入通道口、楼梯口、电梯井口、孔洞口、桥梁口、隧道口、基坑边沿、爆破物及有害危险气体和液体存放处等危险部位，设置了明显的安全警示标志。这些安全警示标志必须符合（   ）。

    A. 行业标准   B. 地区标准

    C. 黄平市建筑局的要求   D. 国家标准

正确答案：D

（2）（   ）应当根据不同施工阶段和周围环境及季节、气候的变化，在施工现场采取相应的安全施工措施。

    A. 太平建筑公司   B. 黄平市友好饭店

    C. 黄平市建筑设计院   D. 广平监理公司

正确答案：A

（3）因为黄平市友好饭店未按约定提供施工所需建筑材料，致使工程暂时停止施工，（   ）应当做好现场防护。

    A. 黄平市建筑设计院   B. 广平监理公司

    C. 太平建筑公司   D. 黄平市友好饭店

正确答案：C

（4）第3题中所说的现场防护所需费用由（   ）承担。

    A. 黄平市建筑设计院   B. 广平监理公司

    C. 太平建筑公司   D. 黄平市友好饭店

正确答案：D

10. 太平建筑公司承建黄平市友好饭店的扩建项目，部分工程分包给黄平二建、黄平三

建,整个项目由亚冬监理公司监理。太平建筑公司董事长对生产安全事故的应急救援和调查处理提出以下问题,请回答:

(1) 太平建筑公司( )制定本单位生产安全事故应急救援预案,建立应急救援组织或者配备应急救援人员,配备必要的应急救援器材、设备,并定期组织演练。

A. 不必   B. 应当

C. 视情况决定是否需要   D. 按黄平市建设局的要求

正确答案:B

(2) 此项目应由太平建筑公司统一组织编制建设工程生产安全事故应急救援预案。

( )

A. 正确   B. 错误

正确答案:A

(3) 若黄平二建负责部分的工程在施工中发生生产安全事故,应由( )负责上报事故。

A. 太平建筑公司   B. 黄平二建

C. 亚冬监理   D. 黄平市建筑局

正确答案:A

(4) 发生生产安全事故后,( )应当采取措施防止事故扩大,保护事故现场。

A. 太平建筑公司   B. 黄平二建

C. 亚冬监理   D. 黄平市建筑局

正确答案:A

11. 某省对本省建筑市场进行整顿,发现以下单位和个人有违规行为,对此依据《建设工程安全生产管理条例》应分别采取何种处罚?

(1) 野原市建筑局对没有安全施工措施的建设工程颁发施工许可证,对直接负责的工作人员应( )。

A. 给予降级或者撤职的行政处分

B. 处20万元以上50万元以下的罚款

C. 处1万元以上5万元以下的罚款

D. 处1万元以下的罚款

正确答案:A

(2) 大栋建筑公司未提供所承建项目的安全生产作业环境及安全施工措施所需费用,对此应( )。

A. 责令限期改正;逾期未改正的,责令该建设工程停止施工

B. 处20万元以上50万元以下的罚款

C. 处1万元以上5万元以下的罚款

D. 处1万元以下的罚款

正确答案:A

(3) 东正建筑公司未将保证安全施工的措施或者拆除工程的有关资料报送有关部门备案,对此应( )。

A. 处 20 万元以上 50 万元以下的罚款

B. 处 1 万元以上 5 万元以下的罚款

C. 责令限期改正,给予警告

D. 处 1 万元以下的罚款

正确答案:C

（4）野原市友好饭店在饭店扩建时,为尽快恢复营业要求施工单位压缩合同约定的工期,所幸未造成重大安全事故,对此应(   )。

A. 责令限期改正,处 20 万元以上 50 万元以下的罚款

B. 责令限期改正,给予警告

C. 责令限期改正,处 1 万元以上 5 万元以下的罚款

D. 责令限期改正,处 1 万元以下的罚款

正确答案:A

12. 某省对本省建筑市场进行整顿,发现以下单位和个人有违规行为,对此依据《建设工程安全生产管理条例》应分别采取何种处罚?

（1）平原县啤酒厂在迁厂改建时将拆除工程发包给不具有相应资质等级的施工单位,所幸未造成重大安全事故,对此应(   )。

A. 责令限期改正,处 20 万元以上 50 万元以下的罚款

B. 责令限期改正,给予警告

C. 责令限期改正,处 1 万元以上 5 万元以下的罚款

D. 责令限期改正,处 1 万元以下的罚款

正确答案:A

（2）平原县建筑设计院未按照法律、法规和工程建设强制性标准进行设计,但情节轻微,未造成重大安全事故,对此应(   )。

A. 责令限期改正,处 20 万元以上 50 万元以下的罚款

B. 责令限期改正,处 10 万元以上 30 万元以下的罚款

C. 责令限期改正,处 1 万元以上 5 万元以下的罚款

D. 责令限期改正,处 1 万元以下的罚款

正确答案:B

（3）正平监理公司未对平原三建公司承建的宏福大厦项目施工组织设计中的安全技术措施或者专项施工方案进行审查,但情节轻微,未造成重大安全事故,对此应(   )。

A. 责令限期改正;逾期未改正的,责令停业整顿,并处 10 万元以上 30 万元以下的罚款

B. 责令限期改正,处 20 万元以上 50 万元以下的罚款

C. 责令限期改正,处 1 万元以上 5 万元以下的罚款

D. 责令限期改正,处 1 万元以下的罚款

正确答案:A

（4）监理工程师王某对其所负责建立的项目未执行法律、法规和工程建设强制性标

准,但情节轻微,未造成重大安全事故,对此应（　　）。

A. 责令停止执业 3 个月以上 1 年以下

B. 吊销执业资格证书,5 年内不予注册

C. 吊销执业资格证书,终身不予注册

D. 吊销执业资格证书,10 年内不予注册

正确答案:A

13. 某省对本省建筑市场进行整顿,发现以下单位和个人有违规行为,对此依据《建设工程安全生产管理条例》应分别采取何种处罚?

(1) 平原市建筑器材租赁公司违反《建设工程安全生产管理条例》的规定,为某建设工程提供机械设备和配件时未按照安全施工的要求配备齐全有效的保险、限位等安全设施和装置,对此应（　　）。

A. 责令停业整顿,并处 5 万元以上 10 万元以下的罚款;造成损失的,依法承担赔偿责任

B. 责令限期改正,处合同价款 1 倍以上 3 倍以下的罚款;造成损失的,依法承担赔偿责任

C. 责令限期改正,处 20 万元以上 50 万元以下的罚款

D. 责令限期改正,处 1 万元以上 5 万元以下的罚款

正确答案:B

(2) 黄平市建筑器材租赁公司违反《建设工程安全生产管理条例》的规定,出租未经安全性能检测或者经检测不合格的机械设备和施工机具及配件,对此应（　　）。

A. 责令限期改正,处 20 万元以上 50 万元以下的罚款

B. 责令限期改正,处 1 万元以上 5 万元以下的罚款

C. 责令限期改正,处合同价款 1 倍以上 3 倍以下的罚款;造成损失的,依法承担赔偿责任

D. 责令停业整顿,并处 5 万元以上 10 万元以下的罚款;造成损失的,依法承担赔偿责任

正确答案:D

(3) 黄平二建未设立安全生产管理机构、配备专职安全生产管理人员或者分部分项工程施工时无专职安全生产管理人员现场监督,所幸未造成重大安全事故,依据《建设工程安全生产管理条例》对此应（　　）。

A. 责令限期改正;逾期未改正的,责令停业整顿,依照《中华人民共和国安全生产法》的有关规定处以罚款

B. 责令停业整顿,并处 5 万元以上 10 万元以下的罚款

C. 责令限期改正,处 1 万元以上 5 万元以下的罚款

D. 责令限期改正,处 20 万元以上 50 万元以下的罚款

正确答案:A

(4) 黄平三建未向作业人员提供安全防护用具和安全防护服装,所幸未造成重大安全事故,依据《建设工程安全生产管理条例》对此应（　　）。

A. 责令限期改正,处 1 万元以上 5 万元以下的罚款

B. 责令限期改正,处 20 万元以上 50 万元以下的罚款

C. 责令限期改正;逾期未改正的,责令停业整顿,依照《中华人民共和国安全生产法》的有关规定处以罚款

D. 责令停业整顿,并处 5 万元以上 10 万元以下的罚款

正确答案:C

14. 肥东市白云饭店为提高饭店档次,经单位负责人决定对饭店进行装修,工程由肥东三建负责施工。此次装修将涉及承重结构的变动。请就此案例回答下列问题:

(1) 为降低工程造价,白云饭店可以要求肥东三建使用不合格的建筑设备。（　　）

　　A. 正确　　　　　　　　　　　B. 错误

正确答案:B

(2) 白云饭店应当在施工前委托饭店原设计单位或者具有相应资质等级的设计单位提出设计方案。　　　　　　　　　　　　　　　　　　　（　　）

　　A. 正确　　　　　　　　　　　B. 错误

正确答案:A

(3) 为赶工期,可否在设计方案提出前就进行施工?　　　　　　（　　）

　　A. 可以　　　　　　　　　　　B. 不可以

　　C. 经肥东市人民政府批准后可以　　D. 经肥东市建设局批准后可以

正确答案:B

(4) 在装修过程中原租用白云饭店 15 层写字间的宏富贸易公司可以按自己的需要自行变动房屋的承重结构。　　　　　　　　　　　　　（　　）

　　A. 正确　　　　　　　　　　　B. 错误

正确答案:B

15. 肥东市鸿发娱乐有限公司欲建一大型水上乐园,对此项目的设计进行了公开招投标,有甲、乙、丙、丁四家设计单位参与竞标,请回答下列问题:

(1) 丁设计单位在其资质等级许可的范围内不能承揽该水上乐园工程,但若经肥东市人民政府批准则可以承揽该工程。　　　　　　　　　　（　　）

　　A. 正确　　　　　　　　　　　B. 错误

正确答案:B

(2) 丁设计单位虽然没有承揽该工程的相应资质,但经肥东市人民政府批准后可以以肥东市建筑设计院的名义承揽工程。　　　　　　　　　　（　　）

　　A. 正确　　　　　　　　　　　B. 错误

正确答案:B

(3) 甲设计单位中标后,认为此工程利润太小,经肥东市人民政府批准可以把工程转包给乙设计单位。　　　　　　　　　　　　　　　　（　　）

　　A. 正确　　　　　　　　　　　B. 错误

正确答案:B

（4）甲设计单位中标后,即使认为此工程利润太小不愿自行完成设计任务,也不得将该工程分包给乙、丙、丁三家设计单位。　　　　　　　　　　　　（　　）

    A. 正确　　　　　　　　　　　　　　B. 错误

正确答案:A

16. 元广建设集团是一大型建筑公司,根据《中华人民共和国安全生产法》和《中华人民共和国安全许可证条例》的有关规定应领取安全生产许可证,请回答该公司董事长提出的下述问题:

（1）若元广建设集团未领取安全生产许可证,是否可以从事生产活动?（　　　　）

    A. 可以　　　　　　　　　　　　　　B. 不可以

    C. 由建设部决定　　　　　　　　　　D. 由中国建筑业协会决定

正确答案:B

（2）若元广建设集团是中央管理的建筑施工企业,则它的安全生产许可证的颁发和管理由（　　）负责。

    A. 国务院　　　　　　　　　　　　　B. 国务院建设行政主管部门

    C. 中国建筑业协会　　　　　　　　　D. 国务院安全主管部门

正确答案:B

（3）若元广建设集团不是中央管理的建筑施工企业,则它的安全生产许可证的颁发和管理由（　　）负责。

    A. 所在省、自治区、直辖市人民政府建设主管部门

    B. 国务院

    C. 国务院建设主管部门

    D. 中国建筑业协会

正确答案:A

（4）元广建设集团向安全生产许可证颁发管理机关申请领取安全生产许可证,安全生产许可证颁发管理机关应当自收到申请之日起（　　）日内审查完毕。

    A. 30　　　　　　B. 45　　　　　　C. 15　　　　　　D. 60

正确答案:B

17. 元广建设集团是一大型建筑公司,根据《中华人民共和国安全生产法》和《中华人民共和国安全许可证条例》的有关规定应领取安全生产许可证,请判断下列论述是否正确:

（1）安全生产许可证由国务院安全生产监督管理部门规定统一的式样。　　（　　）

    A. 正确　　　　　　　　　　　　　　B. 错误

正确答案:A

（2）安全生产许可证的有效期为5年。　　　　　　　　　　　　　　　（　　）

    A. 正确　　　　　　　　　　　　　　B. 错误

正确答案:B

（3）安全生产许可证有效期满需要延期时,元广建设集团应当于期满前3个月向原安全生产许可证颁发管理机关办理延期手续。　　　　　　　　　　（　　）

A. 正确   B. 错误

正确答案:A

(4) 元广建设集团在安全生产许可证有效期内,严格遵守有关安全生产的法律法规,未发生死亡事故的,安全生产许可证有效期届满时,经原安全生产许可证颁发管理机关同意,不再审查,安全生产许可证有效期延期5年。   ( )

A. 正确   B. 错误

正确答案:B

18. 元广建设集团是一大型建筑公司,根据《中华人民共和国安全生产法》和《中华人民共和国安全许可证条例》的有关规定应领取安全生产许可证,在领取安全生产许可证后集团领导不知集团的下列行为是否可行,请回答:

(1) 若因建筑市场竞争激烈利润太少,元广建设集团决策层决定退出建筑业,则可以把本企业的安全生产许可证转给别的企业。   ( )

A. 正确   B. 错误

正确答案:B

(2) 金一公司的安全生产许可证还未发下,为尽快开始生产可以借用于本企业有密切关系的元广建设集团的生产许可证。   ( )

A. 正确   B. 错误

正确答案:B

(3) 元广建设集团取得安全生产许可证后,不得降低安全生产条件,并应当加强日常安全生产管理,接受安全生产许可证颁发管理机关的监督检查。   ( )

A. 正确   B. 错误

正确答案:A

(4) 安全生产许可证颁发管理机关在对元广建设集团的监督检查中发现其不再具备《中华人民共和国安全许可证条例》规定的安全生产条件,应当暂扣或者吊销安全生产许可证。   ( )

A. 正确   B. 错误

正确答案:A